Vor Gericht

Thomas Flemming · Bernd Ulrich

Vor Gericht

**DEUTSCHE PROZESSE
IN OST UND WEST
NACH 1945**

be.bra verlag

© be.bra verlag GmbH
Berlin-Brandenburg, 2005
KulturBrauerei Haus S
Schönhauser Allee 37, 10435 Berlin
post@bebraverlag.de
Lektorat: Gabriele Dietz, Berlin
Umschlag: Bauer & Möhring, Berlin, unter Verwendung von Bildern
von F. Neuwirth / SV-Bilderdienst (oben) und Ullstein-Bilderdienst (unten)
Satz: typegerecht berlin GbR
Schrift: Dante MT Regular 10,5 pt, Frutiger Bold Condensed
Druck und Bindung: GGP Media GmbH, Pößneck

ISBN 3-89809-063-9

www.bebraverlag.de

Inhalt

Geschichte vor Gericht

Im Dezember 1792 wurde der französische König Ludwig XVI. vom revolutionären Konvent angeklagt. Das Todesurteil und die Hinrichtung des Regenten am 21. Januar 1793, nun unter seinem bürgerlichen Namen Louis Capet, markierten einen radikalen Bruch mit der jahrhundertealten Vorstellung vom Gottesgnadentum der Monarchen. Die französischen Revolutionäre zerstörten demonstrativ die Unantastbarkeit des Königs und öffneten nicht zuletzt mit diesem Akt revolutionärer Justiz das Tor zur bürgerlichen Epoche. Dass wenige Jahre später Napoleon sich zum Kaiser krönte und auch die Bourbonen bald wieder vorübergehend auf den Thron zurückkehrten, tut weder der epochalen Bedeutung der Französischen Revolution noch jenes Prozesses gegen den König Abbruch.

In den 1890er Jahren erregte ein anderer Prozess in Frankreich wie in ganz Europa Aufsehen. Im Mittelpunkt stand der Offizier Alfred Dreyfus, der 1894 in einem fragwürdigen Verfahren wegen Landesverrats zu lebenslänglicher Verbannung verurteilt wurde. Schon bald zeigte sich, dass in dem Prozess die jüdische Herkunft des Angeklagten, der stets seine Unschuld beteuerte, eine wichtigere Rolle spielte als irgendwelche Fakten. Der Fall Dreyfus wurde zur Staatsaffäre. Nicht allein zahlreiche liberale Bürger ergriffen für Dreyfus Partei, darunter der Schriftsteller Emile Zola, der zugunsten des Verurteilten einen flammenden Artikel mit der Überschrift »J'accuse!« (Ich klage an!) veröffentlichte. Die Dreyfus-Affäre zwang die französische Gesellschaft, sich mit ihrem offenen und versteckten Antisemitismus auseinanderzusetzen. Dreyfus selbst wurde zwar nach rund fünfjähriger Verbannung vollständig rehabilitiert und wieder in die Armee aufgenommen. Aber die Affäre wirkte weiter nach. Der gesellschaftliche und publizistische Kampf gegen den Justizskandal hatte letztendlich dazu geführt, dass die politische Linke 1899 die Macht im Lande übernehmen konnte.

Diese zwei Beispiele – andere mehr ließen sich benennen – verdeutlichen vor allem eines: Auch Prozesse machen Geschichte. Sie beeinflussen historische Entwicklungen oder bilden Kulminationspunkte für gesellschaftliche Strömungen, die zuvor untergründig verliefen und nun vor den Schranken des Gerichts zu Tage treten. Kurz: In ihnen – und nicht zuletzt in ihrem öffentlichen Echo – verdichten sich politisch-gesellschaftliche Entwicklungen. Herausragende Gerichtsverfahren bilden mitunter geradezu eine Scheidelinie und vermögen die Richtung der gesellschaftlichen Entwicklung zu verändern. Gerichtsprozesse können sowohl historische Impulse geben, wie der gegen Ludwig XVI., als auch Indikatoren sein für den jeweiligen politischen, kulturellen oder moralischen Zustand einer Gesellschaft, wie etwa der Dreyfus-Prozess. Sie zwingen die Menschen, in den Spiegel zu schauen.

Ein Prozess im 20. Jahrhundert erfüllt die genannten Kriterien in besonderer Weise: der Nürnberger Prozess von 1945/46 gegen die deutschen Hauptkriegsverbrecher. Schon einmal, nach dem Ersten Weltkrieg, hatten die damaligen alliierten Sieger über das wilhelminische Kaiserreich ein Strafverfahren gegen deutsche Kriegsverbrecher, darunter gegen Kaiser Wilhelm II. selbst, geplant. Doch gaben sie ihre Absicht wieder auf, nachdem sich Deutschland bereit erklärt hatte, diese Verfahren in eigener Regie zu führen. Allerdings zeigten die daraufhin vor dem Reichsgericht in Leipzig angestrengten Prozesse, dass die deutsche Justiz damals nicht fähig und in den meisten Fällen auch nicht willens war, zu einer objektiven Beurteilung der zur Verhandlung stehenden Taten zu gelangen. Die meisten Verfahren wurden eingestellt und nur wenige Beschuldigte zu milden Haftstrafen verurteilt. Nicht zuletzt durch diese oft nationalistisch gefärbte Rechtsprechung fühlten sich nach 1933 die Verantwortlichen in Militär und Regierung gestärkt in ihrem Verständnis dessen, was in einem Krieg erlaubt und was nicht erlaubt war.[1] Vor allem der Vernichtungskrieg gegen die Sowjetunion ab 1941 sollte zur Anschauung bringen, von welcher Maßlosigkeit dieses Verständnis geprägt war.

So konnte erst in Nürnberg, vor den Augen der Weltöffentlichkeit, etwas in der Geschichte bislang Einmaliges geschehen. Erstmals mussten sich führende Repräsentanten eines Staates vor einem international besetzten Gericht für die von ihnen begangenen bzw. angeordneten oder veranlassten Untaten verantworten. Worum es eigentlich ging in Nürnberg, sprach der amerikanische Chefankläger Robert H. Jackson in seinem Eröffnungsplädoyer aus: »Die Untaten, die wir zu verurteilen und zu bestrafen suchen, waren so ausgeklügelt, so böse und von so verwüstender Wirkung, dass die menschliche Zivilisation sie nicht dulden kann. (…) Sie würde sonst eine Wiederholung solchen Unheils nicht überleben.«[2]

Das Gericht bestand aus US-amerikanischen, sowjetischen, britischen und französischen Richtern. Auch die Anklage wurde von Juristen der vier Siegermächte des Zweiten Weltkriegs vertreten. Den Angeklagten standen deutsche Anwälte ihrer Wahl zur Seite. Am 1. Oktober 1946 verkündete der Internationale Militärgerichtshof die Urteile. Zwölf Angeklagte wurden zum Tode durch den Strang verurteilt, zwei zu je 20 Jahren Gefängnis, einer zu zehn Jahren, drei wurden freigesprochen. Allerdings wurden gegen die Nürnberger Prozesse schon bald Einwände erhoben. Sie betrafen insbesondere seine völkerrechtliche Grundlage und das Rechtsprinzip »Keine Strafe ohne Gesetz« (Nulla poena sine lege). Zur Entkräftung dieser Einwände beriefen sich die Nürnberger Richter auch auf übergeordnete Rechtsgüter, die etwa »Verbrechen gegen die Menschlichkeit«, auch wenn dieser Tatbestand vor 1945 noch nicht formuliert war, unter Strafe stellten.

Mit den Nürnberger Prozessen waren große Hoffnungen für die Zukunft der Völkergemeinschaft verbunden. Nicht zufällig wurden grundlegende Beschlüsse zum Internationalen Militärtribunal in zeitlicher Nähe zur Gründung der Vereinten Nationen im Juni 1945 gefasst. 1948 beschloss die Vollversammlung der Vereinten Nationen eine Konvention gegen den Völkermord. Angriffskriege und Massenmorde bis hin zu Völkermorden mit Hunderttausenden von Opfern konnten dadurch zwar nicht verhindert werden, doch haben die Nürnberger Prozesse insofern Schule gemacht, als der UN-Sicherheitsrat 1993 bzw. 1994 die Einrichtung von Internationalen Strafgerichtshöfen zur Verfolgung der Verbrechen im Jugoslawien-Krieg und in Ruanda beschloss. Als Meilenstein des Völkerrechts gilt die Einrichtung eines ständigen Internationalen Strafgerichtshofs im Juli 2002 (»Statut von Rom«) mit Sitz in Den Haag, der besonders schwere Verbrechen wie Völkermord, Verbrechen gegen die Menschlichkeit und Kriegsverbrechen verfolgt.

Obwohl die Nürnberger Prozesse nach Auffassung vieler Deutscher ein Akt der »Siegerjustiz« waren und die juristische Aufarbeitung der NS-Verbrechen in der Bundesrepublik zunächst nicht fortgesetzt, sondern sogar behindert und verschleppt wurde, bewirkten die Prozesse doch einen prinzipiellen Einstellungswandel. So nahmen alle ab Ende der fünfziger Jahre in der Bundesrepublik geführten NS-Prozesse Bezug auf Nürnberg. Wenngleich die juristische Aufarbeitung der NS-Gewaltverbrechen in Ost wie West in unterschiedlichem Maße erfolgreich war, wurde in ihr doch der Wahrnehmung und Erfahrung der Opfer zum ersten Mal Raum gegeben.[4]

Die deutsche Nachkriegsgeschichte ab 1949 kennt weitere Gerichtsverfahren, in denen sich wie in Nürnberg der gesellschaftliche Zustand in seinen politischen, kulturellen und moralischen Aspekten verdichtet und im öffentlichen Echo widerspiegelt. Von ihnen wird im Folgenden die Rede sein. Mit den ausgewählten

Verfahren soll eine »Nachkriegsgeschichte in Prozessen« entstehen. In den Blick genommen werden dabei Gerichtsverfahren in der Bundesrepublik und der DDR sowie im wiedervereinigten Deutschland. Die Auswahl der behandelten Prozesse orientiert sich an den skizzierten Kriterien, das heißt an ihrer Bedeutung für die weitere politische Entwicklung in West und Ost oder für die Zustandsbeschreibung der Gesellschaft zum Zeitpunkt des Verfahrens. Dabei kann es nicht allein um solche mit politischem Hintergrund gehen, sondern auch um Kriminalfälle, bei denen – ob in der Person des Täters, des Opfers oder in der öffentlichen Anteilnahme – gesellschaftliche Auffassungen zum Ausdruck kommen.

Prozesse begleiten und beeinflussen den Gang der Geschichte. Das gilt für Aufsehen erregende Strafprozesse ebenso wie für Entscheidungen des Bundesverfassungsgerichtes, wie jene über die Auflösung des Bundestages oder über das Tragen religiöser Symbole im öffentlichen Dienst (»Kopftuch-Urteil«). In solchen »Fällen« treten für den aktuellen Zustand der Gesellschaft wichtige Konflikte offen zu Tage. Diese Konflikte werden in aller Regel durch die gerichtlichen Entscheidungen nicht aus der Welt geschafft. Aber durch ihre juristische Behandlung besteht zumindest die Chance, sie zu versachlichen, das heißt, etwa im Falle von Gewaltdelikten gegenüber Kindern, öffentliche Gefühlsausbrüche zu kanalisieren und einer rationalen Bearbeitung zuzuführen.

Es versteht sich von selbst, dass die getroffene Auswahl notwendig subjektiv ist. Die Autoren hoffen jedoch, die für eine deutsche Nachkriegsgeschichte im Spiegel von Prozessen wichtigsten Verfahren berücksichtigt zu haben.

Thomas Flemming
Bernd Ulrich

Berlin, im September 2005

Ein widerständiges Leben

Der Fall John – 1956

Otto John stand seit früher Jugend eigentümlich quer zur Welt. Schon als junger Mann war er kein angepasster oder seine Ansichten schnell ändernder Mensch. An entscheidenden Gabelungen seines Lebensweges wählte er den zumeist für sich unbequemeren. Politisch liberal eingestellt, immun gegen die vermeintlich einfachen Lösungen jeder Diktatur, konnte es nicht ausbleiben, dass er im Fluss deutscher Zeitläufte des 20. Jahrhunderts allzu oft gegen den Strom schwimmen musste. Untergegangen ist er dabei nicht, wie zu erwarten gewesen wäre, im Verlaufe seines Widerstandes gegen das Naziregime. Erst das neue Deutschland, auf das er in Form der Bundesrepublik so viele Hoffnungen setzte, vermochte ihn seelisch zu brechen. Getrieben von dem Glauben, die deutsche Wiedervereinigung erreichen und die Wiederaufrüstung im Zeichen des Kalten Krieges verhindern zu können, in der klaren Erkenntnis, in wie starkem Maße die junge Westrepublik den braunen Ballast der jüngsten Vergangenheit mit sich schleppte, und verklärt in seinem Blick auf die kommunistische Diktatur, geriet er auf die Nachtseite des Lebens. Wer sich heute an ihn erinnert, erinnert sich nicht an den deutschen Patrioten, der er auch und in erster Linie war, ein Solitär, einer der wenigen aus dem deutschen Bürgertum, der Widerstand geleistet hatte. Otto John wurde zum »Fall Otto John«. Seine Geschichte ist eine deutsche Geschichte; sie ging nicht gut aus.[1]

Als Sohn eines höheren Beamten und Reserveoffiziers 1909 geboren, aufgewachsen in dem hessischen Städtchen Treysa und in

Wiesbaden, schien Otto Johns bürgerlicher Karriereweg nach dem Abitur vorgezeichnet. Nach einem kurzen Umweg als Lehrling in einer chemisch-pharmazeutischen Firma in Mainz, begann er ein Jurastudium in Frankfurt am Main. Er beendete es im Alter von 25 Jahren 1934 in Berlin mit der Promotion. Zwei Jahre später erfolgt sein Eintritt in die Rechtsabteilung der Deutschen Lufthansa – und es begann seine Arbeit im bürgerlich-militärischen, deutschen Widerstand gegen den Nationalsozialismus.

Diese ungewöhnlich frühe Hinwendung zum Widerstand verdankte sich nicht allein dem Zufall in Gestalt des damals 36-jährigen Klaus Bonhoeffers. Bonhoeffer, ein Bruder des bekannten Theologen Dietrich Bonhoeffer, verheiratet mit einer Tochter des Historiker Hans Delbrück und durch seine Frau wiederum verschwägert mit der Familie des Theologen Adolf von Harnack, war zu jenem Zeitpunkt Leiter der Rechtsabteilung der Lufthansa. Die Bonhoeffers, Delbrücks und Harnacks gehörten in Teilen ihrer Familien zu den zentralen Personen des Widerstandes aus dem deutschen Bürgertum. Und auch Klaus Bonhoeffer war ein überzeugter Gegner des Terrorregimes. Er führte Otto John in die Widerstandskreise ein.

Johns Engagement ist umso erstaunlicher, als er eigentlich der so genannten »Kriegsjugendgeneration der zwischen 1900 und 1910 Geborenen« angehörte. Die aber erlebte den Ersten Weltkrieg nach einem Wort Sebastian Haffners »als großes, aufregend-begeistertes Spiel der Nationen«, eine Atmosphäre, in der die mentale »Grundvision des Nazismus« gedeihen und im Kampf gegen die Weimarer Republik reifen konnte: eine Vision der »Simplizität« und »Aktionslust«, der »Intoleranz und Grausamkeit gegen den innenpolitischen Gegner«. In diesem Umfeld entstand die eigentliche »Generation des Nazismus«. In ihr ging zusammen, was im Nachhinein so unbegreiflich scheint: Eine »kultivierte Erscheinung« und skrupellose Täterschaft. Es waren Männer wie etwa der »Architekt des Führers« Albert Speer, durchaus mit bürgerlichem Hintergrund, versehen mit Diplomen und Doktortiteln, Anfang der dreißiger Jahre bedroht durch Arbeitslosigkeit und umso eifriger die beruflichen Aufstiegschancen nutzend, die durch die »Machtergreifung«, die folgende Aufrüstung und den Ausbau des Unrechtsstaates geboten wurden.[2]

Otto Johns Herkunft und Erziehung lieferten eine Fülle von Vorgaben, die einen ähnlichen Werdegang wie vorgezeichnet scheinen ließen. »Ich war«, wie er in seiner Autobiografie schreibt, »auf dem Land unter der Autorität von Thron und Altar aufgewachsen. Ihre Normen bestimmten meine Kindheit.« Die Revolution im November 1918, die er im Alter von neun Jahren erlebte, war in seinen Augen damals »ein Verbrechen am Volk«. Der Unterricht und die Erziehung auf dem Gymnasium waren »streng deutschnational«. Erst nachdem er mit seinen Eltern in die »Weltkurstadt Wiesbaden« umgezogen war, begann sich »im Laufe der zwanziger Jahre mein Bild von der Welt und den Menschen« massiv zu ändern: »Unter dem Einfluß der damals fortschrittlichen deutschen und ausländischen Literatur näherte ich mich liberalen Zielvorstellungen. Seit meiner Studienzeit war mir Albert Schweitzer ein Vorbild.«[3]

Klaus Bonhoeffer war es, der John sein Vorhaben ausredete, Deutschland für immer zu verlassen. John wollte auf keinen Fall im heraufdämmernden Krieg für den nationalsozialistischen Staat kämpfen. Deshalb plante er ursprünglich, für die südamerikanischen Vertretungen der Lufthansa zu arbeiten und sich in Ecuador anzusiedeln. Reklamiert vom Heeresamt der Wehrmacht, in dem die militärischen Widerständler wichtige Positionen besetzen konnten, avancierte er Anfang der vierziger Jahre zum Syndikus der Lufthansavertretung in Madrid. Von hier aus war es ihm möglich, über Verbindungsmänner den Kontakt zur angloamerikanischen Seite zu organisieren und zu sondieren, wie sie den deutschen Widerstand beurteilte und was sie von dessen Plänen hielt. Nachdem Oberst Graf Schenk von Stauffenberg der Kopf des militärischen Widerstandes geworden und zum »Tyrannenmord« nunmehr fest entschlossen war, erhielt John im November 1943 und im Februar 1944 von Stauffenberg den Auftrag, über die amerikanische Botschaft in Madrid einen Kontakt zum Oberbefehlshaber der alliierten Streitkräfte, General Dwight D. Eisenhower, herzustellen. Es sollte geklärt werden, ob sich die Westalliierten auf eine Teilkapitulation Deutschlands nach der Beseitigung Hitlers einlassen würden und womöglich sogar bereit wären, gemeinsam mit dem von den Widerständlern erhofften »Neuen Deutschland« gegen die Sowjetunion zu kämpfen. Der Bericht, den John im März 1944 vorlegte und in Berlin Stauffenberg übergab, sprach eine deutliche und ernüchternde Sprache. Klar wurde nicht allein, dass die Alliierten die Landung in Westeuropa planten, sondern auch, dass sie die bedingungslose Kapitulation Nazi-Deutschlands als zwingend betrachteten, bevor es zu weiteren Verhandlungen kommen konnte.[4]

Am Tag des Attentates auf Adolf Hitler hielt sich John wieder in Berlin auf. Aus nächster Nähe erlebte er den 20. Juli 1944 im Oberkommando des Heeres in der Berliner Bendlerstraße, wo er bis zum frühen Abend um halb neun blieb. So verpasste er die interne Revolte hitlertreuer Offiziere, die sich – nachdem endgültig klar geworden war, dass Hitler überlebt hatte – im Gebäude in der Bendlerstraße zusammentaten und noch vor dem Sturm des Wachbataillons unter Major Remer die Verschwörer überwältigten und festsetzten. Einer der wenigen Widerständler, denen mit viel Glück die Flucht gelang, war John. Er entkam nach Madrid. Die meisten seiner Mitverschwörer wurden noch in der Nacht zum 21. Juli und in den folgenden Monaten hingerichtet. Wie groß die Gefahr für ihn war, zeigte das Schicksal seines jüngeren Bruders Hans. Er war nur mittelbar am Widerstand beteiligt und wurde trotz seiner hohen Kriegsauszeichnungen rasch festgenommen und noch in den letzten Tagen des Krieges hingerichtet. Die Ermordung seines Bruders traf Otto John tief; seine Abneigung gegen den Nationalsozialismus und alle, die in diesem System

»mitgemacht« hatten, verstärkte sich nochmals und sollte sein künftiges Leben bestimmen.

Otto John verbrachte nur kurze Zeit in der spanischen Hauptstadt, bevor er, da die Auslieferung durch das Franco-Regime drohte, ins neutrale Portugal floh und von dort aus Ende 1944 England erreichte. Nach kurzer Internierung als »feindlicher Ausländer« wurde er Mitarbeiter des »Soldatensenders Calais«, eines der wirkungsvollsten Propagandamittel des englischen Abwehrdienstes, mit dem deutsche Truppen durch ein umfangreiches Unterhaltungs- und Informationsprogramm zur Aufgabe motiviert werden sollten. Unmittelbar nach Kriegsende war John schließlich im Auftrag der britischen Entnazifizierungsbehörde als Berater, Zeuge und Übersetzer in Verhandlungen gegen deutsche Militärs und SS-Führer tätig. Vor allem der Prozess gegen den ehemaligen Feldmarschall Erich von Manstein im Jahr 1949 erregte große Aufmerksamkeit. Es gelang den alliierten Anklägern, die von Manstein und anderen Generälen behauptete Unkenntnis über die Ermordung der Juden bzw. die Nichtbeteiligung der Wehrmacht an den Mordaktionen zu widerlegen.

Das Schlüsseldokument der Anklage bildete das Kriegstagebuch der von Manstein befehligten 11. Armee, das Otto John für den Prozess auszuwerten hatte. Dabei fiel ihm auf, dass verschiedentlich Passagen des Tagebuches überklebt worden waren. Nach ihrer Freilegung enthüllten sie in der Sprache des Befehls, dass Manstein und sein Stab sehr wohl Bescheid gewusst hatten. Die britischen Militärrichter verhängten daraufhin gegen den ehemaligen Feldmarschall, dessen Aussagen über die »sauber gebliebene« Wehrmacht noch in den Nürnberger Prozessen die Verurteilung des deutschen Generalstabes als »verbrecherische Organisation« verhindert hatten, eine achtzehnjährige Haftstrafe. Das Urteil provozierte einen Aufschrei der Entrüstung im Kreis der Ewiggestrigen; insbesondere die entscheidende Aussage Johns machte ihn offen und insgeheim zur Zielscheibe derer, die – wieder zu Amt und

Würden gelangt – die Restauration, ja die Renazifizierung der jungen Republik betrieben.

Johns vorgeblich dreifacher »Verrat« – als Mann des 20. Juli, als Propagandist eines englischen Soldatensenders und als Berater und Zeuge in Prozessen gegen deutsche Generäle – verfolgte ihn von nun an wie ein Schatten. Eugen Kogon, Herausgeber der »Frankfurter Hefte«, in den fünfziger und sechziger Jahren eine Art moralisches Gewissen Westdeutschlands, beschrieb in einem Beitrag vom September 1954 die »stille, allmähliche, schleichende, unaufhaltsame Wiederkehr der Gestrigen«, die das »Schicksal der Bundesrepublik« zu bestimmen schienen. Noch standen, so Kogon, gegen diese Fronde der nicht vergehenden Vergangenheit »die wenigen Verbliebenen«, zu denen er nicht zuletzt sich selbst als ehemaligen Buchenwald-Häftling gezählt haben dürfte, mithin jene, »die gemeint haben, so hätte es nicht kommen dürfen, und die meinen, vielleicht doch noch daran arbeiten zu müssen, dass nicht alle Typen und Figuren wiederkehren, die seinerzeit, ehe es vollends finster wurde, schrecklich geschäftig und schrecklich wirksam, an der totalen Verdunkelung arbeiteten (...).«[5]

John selbst mag sich als einen solchen »Verbliebenen« empfunden haben. Seine Tätigkeit für die britischen Besatzungsmacht, namentlich in der Entnazifizierungsbehörde, qualifizierte ihn nach deren Dafürhalten für den Posten des Präsidenten des 1950 neu gegründeten Bundesamtes für Verfassungsschutz (BfV). Es sollte den ein Jahr zuvor gegründeten Weststaat nach den Erfahrungen der Weimarer Republik wirkungsvoll gegen links- wie rechtsradikale Umtriebe schützen. Nach längerem Hin und Her konnte zunächst kein Bewerber gefunden werden, der die Zustimmung der deutschen Regierung und der Vertreter der Alliierten fand. So wurde das Amt schließlich mit britischer Unterstützung Otto John angeboten, der nach kurzer Bedenkzeit annahm.

Von Anfang an jedoch war John in der bundesrepublikanischen Ministerialbürokratie kaum wohlgelitten. Bundeskanzler Konrad

Adenauer, der aus Proporzgründen einen Beamten aus dem Innenministerium favorisiert hatte, mochte offensichtlich John persönlich nicht, blieb an der neuen Behörde uninteressiert und verweigerte John fast ein ganzes Jahr lang die offizielle Ernennung. Dennoch machte sich dieser, zunächst nur als kommissarischer Präsident des BfV, ans Werk, indessen in der festen Überzeugung, dass »allen, die auf eine Wiederverwendung in Bonn warteten, (…) mein Amt und damit ich persönlich ein Schreckgespenst« war: »Sie befürchteten, ich könnte ihre braune Vergangenheit aufdecken«[6]. John mag im Nachhinein subjektiv seine Rolle als »Symbolfigur des Widerstandes« überschätzt haben. Zwar wurden, wie er selbst schreibt, »die nationalsozialistischen Ressentiments« mehr und mehr »vom Wirtschaftswunder aufgesogen«[7], doch hat es an Intrigen und Anfeindungen gegen ihn und sein Amt nicht gefehlt, mitunter mit mehr oder weniger offensichtlicher Deckung durch das Bundeskanzleramt.

Darüber hinaus aber waren es internationale Entwicklungen, die zu Beginn der fünfziger Jahre die Geschicke in Deutschland zu beeinflussen begannen. Vor allem der am 25. Juni 1950 beginnende Koreakrieg hatte massive Auswirkungen auf die Geschichte beider deutscher Staaten. Sie waren und blieben Teile einer bipolaren Welt, die eben im Begriff war, in Korea den ersten Heißen im Kalten Krieg zu führen. In Europa, namentlich in Deutschland, löste der Konflikt im Fernen Osten größte Befürchtungen aus. Zum einen leitete der Koreakrieg in der Bundesrepublik einen wirtschaftlichen Aufschwung ein, der sich in erster Linie in einem rasanten Anstieg der westdeutschen Exportwirtschaft niederschlug. Zum anderen schien aber nun auch ein dritter Weltkrieg möglich. Und während in Ostdeutschland der Überfall Nordkoreas auf Südkorea als gerechter Kampf gegen den amerikanischen Imperialismus dargestellt wurde, verstärkte er in Westdeutschland – wo es zu Antikriegsdemonstrationen und eiligen Hamsterkäufen kam – die seit 1945 lauernde Angst vor einem Angriff aus dem

Osten. Nicht allein bei Bundeskanzler Konrad Adenauer, auch unter den alliierten Siegermächten, so kommentierte die »Frankfurter Allgemeine Zeitung« schon am 14. Juli 1950, breite sich die Forderung nach einer deutschen Wiederbewaffnung »aus wie ein Ölfleck«. Zwar hatte es auch schon zuvor Überlegungen und Angebote gegeben, die Bundesrepublik in ein westliches Verteidigungsbündnis zu integrieren. Doch der Koreakrieg beschleunigte diese Entwicklung, die nach der Gründung der Bundeswehr im Jahr 1956 mit einem Zugewinn an staatlicher Souveränität für die Bundesrepublik verbunden war und ihre von Adenauer gewollte Westintegration zementierte.

John betrachtete diese Entwicklung mit Bitterkeit. Sie speiste sich nicht allein aus der von ihm als misslich empfundenen Wiederaufrüstung, die im Rahmen einer seit den frühen fünfziger Jahren geplanten »Europäischen Verteidigungsgemeinschaft« (EVG) konkrete Züge annahm. In erster Linie resultierte sie aus der mit der Remilitarisierung verbundenen strikten Westbindung der Bundesrepublik und der daraus folgenden Festschreibung der deutschen Teilung. In Johns Wahrnehmung stand diese Entwicklung in enger Beziehung zum Wirken so vieler ehemaliger Nazis in Ministerien und Verwaltung, für die sich in der alternativlosen Frontstellung gegen die UdSSR die alten Wunschträume aus der Nazizeit fortzusetzen schienen.

John stand mit seiner Kritik an diesen Entwicklungen keineswegs allein. Ganz abgesehen davon, dass die Propaganda in der DDR sie wirkungsvoll zu nutzen verstand und nicht müde wurde, das Abdriften der Bundesrepublik in einen faschistischen Nachfolgestaat des Hitlerregimes zu beschwören. Das war reine Propaganda, aber die personelle Kontinuität zwischen Drittem Reich und Westdeutschland war unübersehbar. Sie wird auch von der jüngeren zeitgeschichtlichen Forschung bestätigt.[8]

An der insgesamt geglückten Westbindung der Bundesrepublik im Zeichen des Kalten Krieges hat all dies indessen nichts geändert.

Aber die ethisch-moralische Dimension dieser Entwicklung hat John nicht zur Ruhe kommen lassen. Männer wie Theodor Oberländer (seit 1953 bundesdeutscher Vertriebenenminister), der schon 1923 am so genannten Hitler-Putsch teilgenommen und nach 1933 den »Bund Deutscher Osten« geleitet hatte, der umstrittene Hans Globke, Staatssekretär und eine Art graue Eminenz im Bundeskanzleramt, der in der NS-Zeit Auslegungskommentare zu den Nürnberger Rassegesetzen verfasst hatte, um ihre Umsetzung zu erleichtern, und nicht zuletzt Reinhard Gehlen, Anfang der fünfziger Jahre Chef der Vorgängerorganisation des späteren Bundesnachrichtendienstes und einst Leiter der Abteilung Fremde Heere Ost – es waren solche Männer und ihre Karrieren, die Johns Befürchtungen gleichsam ein Gesicht gaben. Manche Politiker in Westdeutschland sahen vor diesem Hintergrund keine andere Möglichkeit des Protestes mehr, als in die DDR überzusiedeln. Was sich ihnen in den Stichworten »Renazifizierung«, »Restauration«, »Wiederbewaffnung« und »Westbindung« zu einer völlig falschen Richtung der Politik verdichtete und mit der Person Konrad Adenauers verband, trübte ihren Blick für die Verhältnisse im ostdeutschen Polizeistaat. So erschien als Alternative, was tatsächlich ohne Zukunft war. Schon im Juli 1952 hatte etwa der kurzzeitige niedersächsische Innen- und Landwirtschaftsminister Günter Gereke (CDU) die Seiten gewechselt.[9]

»Am frühen Morgen des 21. Juli 1954 wurden alle westlichen Geheimdienste alarmiert. Ich war in der Nacht nach den Feiern zum zehnjährigen Gedenken an unseren misslungenen Aufstand gegen Hitler nicht in mein Hotel zurückgekehrt. Ich lag narkotisiert in tiefem Schlaf in einem Haus des sowjetischen Geheimdienstes in Berlin-Karlshorst. Wie ich dorthin verschleppt worden war, ist in allen Einzelheiten bis heute noch nicht geklärt.«[10]

So beschrieb John selbst in seinen Erinnerungen, was zum größten Politskandal der jungen Bundesrepublik werden sollte. Bis an sein Lebensende hielt er daran fest, dass er nicht freiwillig in den Ostsektor Berlins gegangen war. Vielmehr hätte der sowjetische Geheimdienst den KGB-Agenten und Arzt Wolfgang Wohlgemut, den John 1942 im Hause des Chirurgen Sauerbruch kennen und durch die Behandlung seines kriegsverletzten Bruders schätzen gelernt hatte, gezielt auf ihn angesetzt. Wohlgemut hätte ihm bei einem kurzfristig anberaumten Treffen in seiner Berliner Wohnung Betäubungsmittel in den Kaffee gemischt und nach Ost-Berlin verschleppt. Alles, was dann folgte und bis zu seiner Flucht zurück in den Westen am 12. Dezember 1955 im Dienste der DDR-Propaganda geschah, wäre nur dem Umstand geschuldet gewesen, heil wieder aus dieser Gefangenschaft herauskommen zu wollen.

Heute, nach dem Ende der deutschen Teilung und der damit verbundenen Öffnung der Archive, besteht wenig Zweifel daran, dass John, wie es der damalige Chef des KGB in Berlin, Vitali Tschernjawski, später formulierte, »freiwillig gekommen, aber nicht freiwillig geblieben« ist.[11] Tatsächlich belegen die Akten, dass John durchaus positiv auf ein durch Wohlgemut vor dem 20. Juli 1954 überbrachtes Angebot des sowjetischen Geheimdienstes reagiert hatte, im Osten Berlins Geheimgespräche mit Angehörigen der DDR-Regierung und sowjetischen Diplomaten über die deutsche Wiedervereinigung bzw. über »gemeinsame Maßnahmen gegen die Nazis in Westdeutschland« zu führen.[12] Dabei spielte das Symbolische – die Wahl des 20. Juli 1954, an dem zum ersten Mal in der Bundesrepublik des deutschen Widerstandes gedacht wurde – ebenso eine Rolle wie der konspirative Charakter der geplanten Gespräche. Diese Wahl der Mittel gegen die restaurativen Tendenzen in Westdeutschland war John aus der Zeit seiner Widerstandstätigkeit als Mittler zwischen den Alliierten und dem Kreis um Claus Graf Schenk von Stauffenberg wohlbekannt.

Die eigentliche Absicht der Geheimdienste jedoch war, John zu einer öffentlichen Figur zu stilisieren, die mit der Politik Adenauers gebrochen hatte, und ihn als Propagandisten in dem durch den Kalten Krieg diktierten innerdeutschen Systemkonflikt zu missbrauchen. Es hieße Otto Johns politisches Gespür zu unterschätzen, wenn man annimmt, er hätte diese Absichten nach seiner Fahrt in den Osten nicht erkannt. Sie wurden ihm überdies mehr oder weniger verklausuliert vom KGB offeriert, wobei es zuvor offenbar tatsächlich zu einer Betäubung gekommen sein muss, um ihn gegen seinen Willen in das Ost-Berliner Hauptquartier des Geheimdienstes in Berlin-Karlshorst zu bringen.

Offensichtlich unterdrückte John seine Bedenken gegen die geplante Instrumentalisierung seiner Person zugunsten der von ihm selbst verfolgten Ziele, bis er sich im Dezember 1955 endlich zur fluchtartigen Rückkehr in den Westen entschloss. Ob diese Rückkehr Resultat eines längeren Erfahrungsprozesses war oder ob es ein einschneidendes Erlebnis gegeben hat, das John motivierte, ist bis heute nicht eindeutig geklärt. Er selbst hat in seinen Erinnerungen und ganz im Sinne der von ihm autosuggestiv als einzige Wahrheit empfundenen Entführungsthese erklärt, er hätte seine Flucht von dem Moment an geplant, »als ich nach meinem Erwachen bei den Stalinisten in Karlshorst wieder einen klaren Kopf hatte!«[13] Wahrscheinlicher ist – darauf deuten Briefe und Karten hin, die er an Freunde schrieb –, dass John Anfang 1955 vom Scheitern seines Übertritts und der damit verbundenen Hoffnungen überzeugt war.

Während seines fast siebzehnmonatigen Aufenthaltes in der DDR hat Otto John ein beeindruckendes Programm öffentlicher Auftritte absolviert sowie diverse Artikel und Broschüren publiziert. Nach wie vor erscheint es wenig plausibel, dass all dies gleichsam nur als Finte, als bloß vorgetäuschtes Mittun geschehen sein soll, wie John später ein ums andere Mal versicherte. Bereits am 11. August 1954, fünf Wochen nach seiner »Entführung«, trat er in einer Pressekonferenz auf, die von dem ostdeutschen »Ausschuss für Deutsche Einheit« einberufen worden war. Die Quintessenz seiner Ausführungen, die bald darauf veröffentlicht wur-

Otto John bei seiner Pressekonferenz in Ost-Berlin am 11. August 1954

den (»Ich wählte Deutschland«, 1954), lautete, dass die DDR für ihn der einzige deutsche Staat wäre, in dem er für die Wiedervereinigung und gegen die drohende Kriegsgefahr tätig sein könnte.

Die offiziellen Reaktionen in der Bundesrepublik changierten in den ersten Tagen nach dem 20. Juli zwischen ungläubigem Staunen und der Gewissheit, der Verfassungsschutzpräsident John könne nur vom sowjetischen Geheimdienst entführt worden sein. Gleichzeitig und noch bevor die Pressekonferenz am 11. August scheinbar Klarheit schaffte, brach in der Bundesrepublik eine Presse- und Broschürenkampagne los. Sie offenbarte, in welchem Ausmaß der Widerstand des 20. Juli 1944 einem großen Teil der westdeutschen Bevölkerung suspekt war; ein Ressentiment, das auch auf jegliche Emigranten übertragen wurde.

Vor allem die »alten Kameraden« in Presse und Rundfunk sahen in Johns Seitenwechsel die willkommene Gelegenheit, seinen vermeintlich aktuellen an den behaupteten historischen »Verrat« im Kontext des 20. Juli zu koppeln. Hans Zehrer, Chefredakteur der »Welt« und einst wichtigster Vertreter der »Konservativen Revolution« der späten zwanziger Jahre, in deren Umkreis das »Weimarer System« ebenso abgelehnt wie der nationale Sozialismus herbeigesehnt wurde, hatte die Perfidie, John seine Flucht ins Ausland nach dem Attentat auf Hitler und seinen Einsatz bei der Verurteilung deutscher Generäle vorzuwerfen: »Vor zehn Jahren ließ er die Kameraden, darunter seinen Bruder, in den Fängen Hitlers und Freislers zurück. Wenig später lieferte er selbst Deutsche ans Messer.« Andere Beispiele mehr wären zu nennen. Einem der Intimfeinde Johns, Generalmajor a.D. Reinhard Gehlen, blieb es schließlich vorbehalten, zunächst im internen Kreis, rasch aber einer bereitwilligen Öffentlichkeit kolportiert, die Sache auf den Punkt zu bringen: »Einmal Verräter, immer Verräter!« Dieser innerhalb weniger Tage anschwellende Chor der Verächtlichmachung rief, auch das sollte nicht unerwähnt bleiben, schließlich Bundeskanzler Adenauer auf den Plan, der am 6. August 1954 eine Art Ehrenerklärung für die aus dem Land Vertriebenen und für den deutschen Widerstand im Rundfunk verlas.[14]

John kehrte am 12. Dezember 1955 mithilfe des dänischen Journalisten Henrik Bonde-Henriksen unbehelligt nach West-Berlin zurück und flog sofort weiter nach Bonn. Elf Tage nach seiner Rückkehr wurde Otto John verhaftet. Er bleibt fast ein Jahr in Untersuchungshaft, bevor ihm am 22. Dezember 1956 der 3. Senat des Bundesgerichtshofes in Karlsruhe das Urteil verkündete. Das Gericht unter dem Vorsitz des ehemaligen Wehrmachtrichters Dr. Geier ging noch über den Antrag des Bundesstaatsanwaltes hinaus – er hatte zwei Jahre beantragt – und verurteilte John zu vier Jahren Gefängnis. Grundlage des Urteils war der bald darauf gestrichene Paragraph 100, Absatz 2 und 3 des Strafgesetzbuches. Danach war es strafwürdig – um es in einer allgemeinverständlichen, das Obskure dieses Paragraphen offenlegenden Sprache zu erklären – wenn jemand einen Sachverhalt behauptet, der real nicht besteht, der jedoch, bestünde er, ein Staatsgeheimnis darstellte. Konkret bezog sich dies im Falle John auf den vermuteten Verrat von Geheimabsprachen, die im Zusammenhang der »Europäischen Verteidigungsgemeinschaft« einen möglichen Präventivkrieg gegen die kommunistischen Bündnispartner regelten. Weder diese Geheimabsprachen noch überhaupt ein solcher Plan haben je existiert.

Von Landesverrat gemäß Paragraph 100, Absatz 1 (den es auch weiterhin gibt) war nach Auffassung des Gerichts nicht auszugehen. Dienstgeheimnisse aus seinem Amt hat John gleichwohl gegenüber dem KGB preisgegeben. Das belegen die Protokolle der Verhöre, die mit ihm zwischen Ende August und Mitte Dezember 1954 in Moskau geführt wurden. Die Akten wurden in Abschrift auch dem Staatssicherheitsdienst der DDR übergeben und konnten nach der deutschen Einigung eingesehen werden.[15] Wären sie zum Zeitpunkt des Urteils bekannt gewesen, wäre es mit Sicherheit höher ausgefallen.

Kein Wort fand sich in der Urteilsbegründung über den biografisch und idealistisch begründeten Antrieb Johns, gegen die Politik des Westens zu opponieren, oder gar über das Selbstverständnis seines Widerstandsbegriffes. Dies vor allem hätte – ungeachtet der wegen seiner wiederholten und dezidiert antibundesrepublikanischen Auftritte kaum glaubhaften Entführungsthese – eine mildere oder gar positive Interpretation seines Verhaltens ermöglicht. Indessen war ihm das Urteil schon zuvor durch die öffentliche Meinung gesprochen. Sie konnte sich in ihrer antikommunistischen Haltung, deren Rituale an dem »Verräter« John durchexerziert wurden, durch den Aufstand in Ungarn und seine brutale Niederschlagung durch die Rote Armee im November 1956 bestätigt fühlen. Dass dem Gericht in der Urteilsbegründung Rückgriffe auf den biografischen Hintergrund des Angeklagten nicht grundsätzlich fremd waren, belegte der negativ interpretierte Hinweis auf Johns Rolle als Zeuge und Berater in alliierten Kriegsverbrecherprozessen.

Otto John wurde am 28 Juli 1958 vorzeitig aus der Haft entlassen. Er war zutiefst von seiner Unschuld überzeugt und hielt zäh an seiner Darstellung der Ereignisse fest. Doch in fünf Versuchen, eine Wiederaufnahme seines Verfahrens zu erreichen, scheiterte er. Noch zwei Jahre vor seinem Tode schien sein Revisionsantrag beim Berliner Kammergericht endlich auf günstige Aufnahme zu stoßen. Der einstige Botschafter der UdSSR in Bonn, Valentin Falin, hatte auf Vermittlung des ehemaligen Bundespräsidenten Richard von Weizsäcker eidesstattlich versichert, ihm wäre Ende der fünfziger Jahre von einem Agenten, der John verhört hatte, versichert worden dass der BfV-Chef seinerzeit tatsächlich von Wohlgemut darüber im Unklaren gelassen wurde, wohin er ihn bringen würde, nämlich zum KGB. Eine Entführung unter Einsatz von Betäubungsmitteln wäre mithin möglich gewesen. Auf keinen Fall wäre John dazu bereit gewesen, die Seiten zu wechseln. Allerdings schaltete sich daraufhin Generalbundesanwalt Kay Nehm, der Antragsgegner Johns zu diesem Zeitpunkt, ein und empfahl dem Berliner Kammergericht, Falins Einlassung zu verwerfen, weil sie auf einer mündlichen, lange zurückliegenden Mitteilung beruhe.

So geschah es. Das mochte nach Recht und Gesetz entschieden sein. Aber damit wurde zugleich die letzte Chance vertan, Otto John mehr Gerechtigkeit widerfahren zu lassen als zur beginnenden Hochzeit des Kalten Krieges, in der sein Urteil gesprochen wurde. Am 26. März 1997 ist Otto John in seinem selbst gewählten österreichischen »Exil« in Innsbruck gestorben, verbittert bis zuletzt. Wie schon während des nazistischen Terrorregimes hatte sich Otto John im gespaltenen Nachkriegsdeutschland subjektiv einer Situation ausgesetzt gesehen, in der ihm nur das eigene Gewissen und nicht die Zwänge seines Amtes oder der politischen Großwetterlage sein Handeln vorschrieb. Es war diese Haltung, die seinen Widerstand in der Diktatur überhaupt erst ermöglichte – und die ihn im Nachkriegsdeutschland scheitern ließ.

Justiz als Herrschaftsinstrument

Die Waldheimer Prozesse – 1950

Eigentlich war es eine erfreuliche Meldung, die am 17. Januar 1950 im SED-Zentralorgan »Neues Deutschland« zu lesen war. Aus dem abgedruckten Briefwechsel zwischen dem Chef der Sowjetischen Kontrollkommission, General Wassili I. Tschuikow, und dem stellvertretenden Ministerpräsidenten Walter Ulbricht ging hervor, dass die Sowjetunion die letzten drei ihrer Internierungslager in der DDR auflösen werde. Dabei handelte es sich um die berüchtigten »Speziallager« Bautzen, Buchenwald und Sachsenhausen.[1] Die rund 10 000 wegen NS-Taten oder Verbrechen gegen die Besatzungsherrschaft verurteilten Häftlinge würden, so hieß es weiter, zur Verbüßung ihrer Reststrafen an die Behörden der DDR übergeben. Das »Neue Deutschland« beeilte sich, die Auflösung der Lager als »Akt der Großmut« und des »Vertrauens« in die Führung der erst drei Monate zuvor, am 7. Oktober 1949, gegründeten DDR zu feiern. In der Tat hätte man die Überstellung der Häftlinge an die DDR-Justiz auf den ersten Blick als Ausdruck einer neu gewonnenen Souveränität der DDR betrachten können. Die Realität sah jedoch anders aus. Die Häftlinge profitierten keineswegs davon, dass nun deutsche Behörden für sie zuständig waren. Im Gegenteil. »Wir hatten große Hoffnung auf die Deutschen, aber die waren schlimmer als die Russen«, erinnerte sich ein ehemaliger Lager-Insasse.[2]

Unter den von den Sowjets übergebenen Häftlingen befanden sich auch 3432 noch nicht verurteilte Personen, gegen die nunmehr vor deutschen Gerichten verhandelt werden sollte. Wie aber die Justiz sich dieser Aufgabe entledigte und wie sie dabei mit den Beschuldigten verfuhr, gehört zu den dunkelsten Kapiteln der Geschichte der DDR. Seither steht Waldheim – der Name der sächsischen Kleinstadt, in dem diese Prozesse stattfanden – für die völlige Indienstnahme der DDR-Gerichte zu politischen Zwecken und begründete den Ruf der DDR-Justiz als eines willfährigen Erfüllungsorgans der SED-Führung. Recht und Gesetz waren in der DDR von Anfang an, das zeigten die Waldheimer Prozesse in aller Drastik, politischem Kalkül unterworfen und meist bloßes Instrument zur Machtausübung der SED.

Die politische Richtschnur gab ein hoher SED-Funktionär den beteiligten Justizangehörigen in einer Ansprache bekannt: »Es gilt, die Menschen, die von unseren Freunden [d.h. den Sowjets, d.Verf.] bisher festgehalten wurden, auch weiterhin in Haft zu behalten, da sie Feinde unseres Aufbaus sind. (…) Es gilt also, sie unter allen Umständen hoch zu verurteilen. (…) Dabei darf keine Rücksicht genommen werden, welches Material vorhanden ist, sondern man muss die zu verurteilende Person ansehen. Urteile unter zehn Jahren dürfen nicht gefällt werden …«[3]

Die allermeisten jener 3432 noch zu Verurteilenden waren von den Sowjets unter dem Vorwurf von NS- und Kriegsverbrechen interniert worden. Und so hatte die Art und Weise, wie die nunmehr zuständige DDR-Justiz diese Fälle »bearbeitete«, auch viel mit dem propagierten Selbstverständnis der DDR als einem »antifaschistischen« Staat zu tun, der sich insbesondere durch die Konsequenz, mit der er zum einen die »gesellschaftlichen Wurzeln des Faschismus« beseitigte und zum anderen NS-Täter juristisch verfolgte, positiv von der Bundesrepublik unterscheiden wollte. In Westdeutschland nämlich, so wurde die SED-Propaganda nicht müde zu betonen, seien viele Schaltstellen in Politik und Wirtschaft bereits wieder von früheren Nazis besetzt.

Es ist unbestritten, dass diese Vorwürfe nicht völlig aus der Luft gegriffen waren, da sich in den frühen Jahren der Bundesrepublik tatsächlich etliche NS-Täter und ehemalige Nazi-Funktionäre relativ leicht strafrechtlicher Verfolgung entziehen und bald wieder führende Posten in Wirtschaft, Justiz und Verwaltung erlangen konnten. Es hat aber auch in der DDR nicht wenige Fälle von ehemaligen NS-Funktionären und Wehrmachtsoffizieren gegeben, die unter den neuen Verhältnissen insbesondere bei Polizei und Armee rasch Karriere machten.[4]

Die Waldheimer Prozesse sollten nun zeigen, wie ernst die DDR es mit der Verfolgung und Bestrafung von NS-Tätern meinte. Andererseits bot die SED den einfachen früheren NSDAP-Mitgliedern an, sich am Aufbau der »antifaschistisch-demokratischen Ordnung« zu beteiligen. Sie folgte damit einer Vorgabe, welche die sowjetische Besatzungsmacht im SMAD-Befehl 201 vom August 1947 formuliert hatte: »Es ist nun zu unterscheiden zwischen ehemaligen aktiven Faschisten, Militaristen und Personen, die tatsächlich schuldig sind an den Kriegs- und Naziverbrechen einerseits, und nominellen, nicht aktiven Faschisten andererseits, die wirklich mit der Vergangenheit brechen und zusammen mit den demokratischen Schichen des deutschen Volkes an den gemeinsamen Anstrengungen zum Aufbau eines friedlichen, demokratischen Deutschlands teilnehmen wollen.«[5] Auch das war eine Botschaft der Waldheimer Prozesse: Strenge gegenüber schwer belasteten NS-Tätern, das Angebot der Integration in das »neue Deutschland« für »kleine Nazis«.

Juristische Grundlage war die Kontrollratsdirektive Nr. 38 vom Dezember 1946 über die »Verhaftung und Bestrafung von Kriegsverbrechern, Nationalsozialisten und Militaristen und Internierung, Kontrolle und Überwachung von möglicherweise gefährlichen Deutschen«. Auf Basis dieser Direktive 38 hatten bereits die Sowjetischen Militärtribunale Tausende Verfahren geführt und dabei oft pauschale Urteile von 25 Jahren Haft gefällt.

Damit sie ihren politischen und propagandistischen Zweck erfüllten, mussten die nun anstehenden Verfahren nach dem Willen der SED-Führung in allen Einzelheiten vorbereitet werden. Als Internierungs- und Gerichtsort wurde die Haftanstalt Waldheim in der Nähe von Chemnitz ausgewählt. Da das aus dem 19. Jahrhundert stammende Gefängnis für lediglich 1800 Gefangene eingerichtet war, mussten die 3400 im Februar 1950 nach Waldheim transportierten Häftlinge unter katastrophalen Haftbedingungen existieren. Die Zellen waren überbelegt, zeitweise mussten sich fünf Personen eine Einzelzelle teilen.[6] Entsprechend desolat waren die hygienischen Verhältnisse, und auch die Behandlung der Häftlinge durch das Wachpersonal war meist rüder als in den sowjetischen Lagern.[7]

Die SED-Führung ordnete an, dass die »Angelegenheit« noch im Frühjahr 1950 innerhalb weniger Wochen zu erledigen sei. Die Ermittlungen und anschließenden Prozesse erfolgten mit entsprechend hohem personellen Aufwand und in rasender Geschwindigkeit. Mit den Ermittlungen zu den einzelnen Angeklagten machten es sich die insgesamt 159 Untersuchungsbeamten in der Regel sehr einfach. Grundlage waren die so genannten »Protokolle«, welche seinerzeit die sowjetischen Untersuchungsorgane von den Vernehmungen der Beschuldigten angefertigt hatten. Diese enthielten häufig aber neben Angaben über Parteizugehörigkeit und Funktionen im NS-Apparat kaum konkrete Beschuldigungen, so dass eine individuelle Anklageerhebung in vielen Fällen nicht möglich war. Eingehende Ermittlungen zur Sache jedoch ließ der enorme Zeitdruck nicht zu. Sie hätten auch der offiziellen Einschätzung widersprochen, dass die Sowjets »diese Ermittlungen mit größter Sorgfalt geführt und in mühevoller Kleinarbeit die Beweise für die Schuld der übergebenen Verbrecher erbracht« hätten, wie es in einem Bericht an die SED-Führung hieß.[8] Die Praxis sah anders aus: Ermittlungen und Anklageschrift wurden meist innerhalb von zwei Tagen fertig gestellt.

Mit Blick auf die öffentliche Wirkung entschloss sich die SED-Führung zu einer Zweiteilung der Verfahren. Während die Masse der Prozesse im Schnellverfahren und unter Ausschluss der Öffentlichkeit durchgepeitscht wurde, inszenierte die DDR-Justiz im Juni 1950 insgesamt zehn Schauprozesse vor ausgesuchtem Publikum. Die Anklagen dieser zehn Verfahren waren sorgfältig vorbereitet, den Angeklagten standen, anders als in den übrigen Prozessen, Verteidiger zur Seite und sie endeten mit differenzierten Strafmaßen. Dies alles sollte den Eindruck vermitteln, dass auch die übrigen Waldheimer Verfahren korrekt verliefen. Davon konnte jedoch keine Rede sein.

Um einen reibungslosen Ablauf der über 3 000 Waldheimer Prozesse zu gewährleisten, wählte die SED die beteiligten Ermittlungsbeamten, Richter und Schöffen sorgfältig aus. Es sollten nur verlässliche, parteitreue, »klassenbewusste« Personen zum Einsatz kommen. In den allermeisten Fällen gelang das auch, doch gab es Ausnahmen. So machte sich bei einem in Aussicht genommenen Richter »ein Hang zum Objektivismus bemerkbar«, der ihn erklären ließ: »Wenn Beweise nicht da sind, gebe ich die Sache zurück, bis die Staatsanwaltschaft die Beweise gefunden hat.« Eine andere Richterin antwortete in einem Vorgespräch auf die Frage, »wie sie sich verhalten würde, wenn die Partei ihr eine Anweisung gebe bezüglich des Strafmaßes ...: ›Die Partei kann das doch gar nicht tun, das ist doch unmöglich.‹« Solche Leute konnte die SED in Waldheim natürlich nicht gebrauchen.[9] Nicht immer hatte eine derartige Widersetzlichkeit gravierende Folgen, wie das Beispiel des »Volksrichters« Hans Reinwarth zeigte, der Zweifel an einer Urteilsfindung ohne Beweise äußerte, darum nicht in Waldheim eingesetzt wurde und dennoch später zum Richter am Obersten Gerichtshof der DDR aufstieg.[10] Auch zwei der insgesamt 29 ausgewählten Schöffen baten schon nach wenigen Verhandlungstagen um Entbindung von ihrer Tätigkeit, da sie den Gang der Verfahren aus Gewissensgründen nicht billigen konnten.

Die beteiligten Staatsanwälte, Richter und Schöffen wurden vor Beginn der Prozess-Serie genauestens instruiert, wobei alle wesentlichen Entscheidungen über Ablauf und Ergebnis der Verfahren vom Zentralsekretariat der SED getroffen wurden. Unter den Richtern gab es zahlreiche so genannte »Volksrichter«, Frauen und Männer ohne juristische Vorbildung, die nach 1945 in knapp einjährigen Lehrgängen[11] auf den Justizdienst vorbereitet worden waren. Nicht wenige von ihnen hatten als politisch Verfolgte während der NS-Herrschaft selbst unter einer Willkür-Justiz gelitten.

Unmittelbar angeleitet und kontrolliert wurden die Verfahren von der ZK-Abteilung Staatliche Verwaltung, die einen speziellen »Berater für die Kriegsverbrecherprozesse« nach Waldheim entsandte. Als sich dessen Eintreffen verzögerte, schickte die örtliche Polizei-Verwaltung einen »Hilferuf« an die Zentrale: »Der Vertreter des Parteivorstands ist bisher nicht eingetroffen. Seine Anwesenheit wird für dringlich erforderlich gehalten, um in der politischen Linie bei der Justiz bestehende Unklarheiten zu beheben. In einigen Fällen ist Einwirken auf die Angehörigen der Justiz dringlich erforderlich.«[12] Wie diese »politische Linie« konkret aussah, zeigt etwa der Beschluss des Zentralsekretariats der SED vom 4. März 1950, wonach Urteile deutscher Gerichte nicht zu weit von entsprechenden Urteilen sowjetischer Militärtribunale abweichen dürften, auch wenn der Beweis einer konkreten Schuld nicht zu erbringen sei.[13]

Zur Abwicklung der Prozesse wurden am Landgericht Chemnitz insgesamt 12 Große und acht Kleine Strafkammern gebildet, die am 26. April 1950 mit ihrer Arbeit begannen. Nach vier Tagen waren bereits 53 Prozesse abgeschlossen.[14] Zu den »Anlaufschwierigkeiten« in Waldheim gehörte, dass die geplanten zehn Urteile pro Tag zunächst nicht erreicht wurden und auch die verhängten Strafen häufig unter zehn Jahren Zuchthaus – also unter den Vorgaben der SED – blieben. Der »Beraterstab« der SED verstärkte daraufhin Einflussnahme und Kontrolle. Täglich wurden Sitzungen mit Ermittlern, Staatsanwälten und Richtern abgehalten, um die Urteile des folgenden Tages abzusprechen, und Anfang Mai konnten die Instrukteure nach Berlin berichten, dass sowohl das Tempo der Prozesse sich erhöht als auch die Urteile sich verschärft hatten. So wurden etwa zwischen dem 3. und 11. Mai in 499 Prozessen 31 Angeklagte zu lebenslänglich Zuchthaus verurteilt.

Wie ein derartiger Prozess ablief, schilderte später einer der Verurteilten: »Ich wurde aufgerufen und bekam Handschellen angelegt. ... (Wir) fuhren zu einem gegenüberliegenden Gebäude, das auch zum Zuchthaus gehörte. Geredet haben die hinter dem Richtertisch, und in was für einem Ton! Ich brauchte nicht viel zu sagen und bekam nach ein paar Minuten das Urteil: wegen Verbreitung tendenziöser Gerüchte und Hetze zum neuen Krieg – sechs Jahre Gefängnis ohne Anrechung der Internierungshaft.« Ein anderer Waldheim-Häftling erlebte seinen Prozess wie folgt: »In der Frühe ... wurden wir für die Hauptverhandlung hergerichtet. Unter Aufsicht einiger Vopo-Wachtmeister erhielten wir mit gelber Lackfarbe ein Andreas-Kreuz über den ganzen Rücken unsres Ziviljacketts ... gemalt. Dann warteten wir bis zum Aufruf der Verhandlungen in einem leeren Kartoffelkeller. Alle halben Stunden wurden acht Gefangene mit der ›grünen Minna‹ zur Verurteilung gefahren. (...) Meine Wächter schlossen die Fesseln auf, ich trat in den ›Gerichtssaal‹, der von Zigarettenrauch erfüllt war. (...) Mein Wächter verkörperte die Öffentlichkeit. Das Dekorum war scheinbar gewahrt worden, nur einen Verteidiger hatte ich nicht. Das gleiche Frage-und-Antwort-Spiel wie bei der Vernehmung rollte ab. (...) Darauf die Beratung des Gerichts – in Wirklichkeit eine Zigarettenpause ... ich saß auf einem Stuhl vor der Türe, neben mir ein Vopo-Wachtmeister. Wenige Minuten später wurde mein Urteil verkündet: 20 Jahre Zuchthaus und Vermögenseinzug.«[15]

Immer wieder kam es in der Anfangsphase zu Verzögerungen, weil einige wenige Richter und Schöffen sich nicht in jedem Fall an die Vorgaben hielten. Dazu hieß es in einem Bericht vom 19. Mai 1950: »Überwiegend wurde die politische Schwäche der Kammern festgestellt, wenn es sich um Fälle handelte, wo eine Verurteilung

aus politischen Gründen erfolgen muss und die für die formal-ju-
ristische Urteilsfindung erforderliche ›lückenlose Beweisführung‹
fehlt.«[16] Auch dem Beisitzenden Richter Otto P. war nicht ganz
wohl bei seiner Arbeit in Waldheim, wie aus einer »Beurteilung«
hervorging: »Genosse P. war dieser politischen Aufgabenstellung
hier nicht gewachsen. Er zeigte Tendenzen zum bürgerlichen Objektivismus. Dies kommt vor allem zum Ausdruck, indem er sagte: ›Ich muss davon überzeugt sein, dass der Betreffende auch seine Strafe zu recht verdient hat, denn man kann nicht Gleiches mit
Gleichem vergelten.‹ Die Ursachen dieser Tendenzen zum Objektivismus liegen in erster Linie darin begründet, dass sein Klassen-
bewusstsein nicht entwickelt … ist.«[17] Angesichts derartiger Skru-
pel verstärkten die nach Waldheim entsandten SED-Instrukteure
den Druck auf alle Beteiligten, bis die Justizmaschine weitgehend
ohne Stockungen lief: »10 Verhandlungen in 6 Stunden«, so eine
Zwischenbilanz vom Mai 1950. Selbst den SED-Kontrolleuren war
dieses Tempo zuweilen unheimlich und ließ sie vor »gefährlichem
Schematismus« warnen.[18] Insgesamt aber zeigte man sich auf Seiten der Instrukteure nach Überwindung der »Anlaufschwierigkeiten« sehr zufrieden.

Die Waldheimer Prozesse sprachen jedem rechtsstaatlichen
Prinzip Hohn. Die Angeklagten hatten keinerlei Rechtsbeistand
mit Ausnahme jener in den zehn Schauprozessen. Die Anklageschrift wurde den Betroffenen zumeist erst am Abend vor der Verhandlung für kurze Zeit ausgehändigt. Eine individuelle Beweisführung fand in den wenigsten Fällen statt. Als wichtigstes
Beweisstück galten die Vernehmungsprotokolle sowjetischer Mili-
tärstaatsanwälte.[19]

Doch wurden in Waldheim nicht nur unschuldige Opfer einer
SED-Willkürjustiz verurteilt. Die Mehrheit der Angeklagten hatte
sich während der nationalsozialistischen Gewaltherrschaft tatsächlich in mittleren oder untergeordneten Funktionen an NS-Verbrechen beteiligt, mehrere frühere Gestapo-Angehörige und SS-Offi-

Vereidigung eines Zeugen im Rathaussaal von Waldheim

ziere hatten schwere Verbrechen begangen. Unter den Verurteilten befanden sich erwiesenermaßen auch frühere KZ-Aufseher und einige Richter und Staatsanwälte des berüchtigten »Volksgerichtshofs«. Allerdings war die Art und Weise, wie die Waldheimer Urteile zustande kamen, kaum geeignet, die individuelle Schuld der Angeklagten, darunter auch 194 Frauen, festzustellen und zu einer angemessenen Strafzumessung zu gelangen.[20]

Unter den Angeklagten gab es 29 ehemalige NSDAP-Kreisleiter und 190 Ortsgruppenleiter, 457 Block- oder Zellenleiter sowie 50 Orts- bzw. Kreisbauernführer. Rund 240 Männer waren frühere SS- und 127 ehemalige Gestapo-Angehörige. In diesen Positionen sollten sie sich an zum Teil schweren NS-Verbrechen beteiligt haben – was für viele sicherlich zutraf, doch in den wenigsten Fällen lückenlos nachgewiesen werden konnte. Als zentraler »Nachweis« der Schuld galt in vielen Fällen die bloße Mitgliedschaft in einer NS-Organisation wie NSDAP, HJ, BDM oder NS-Frauenschaft. In den Urteilsbegründungen hieß es dann, der Angeklagte sei durch »führende und langjährige Mitgliedschaft in der NSDAP [oder einer anderen NS-Organisation, d. Verf.] ... der wesentliche(n) Förderung der nationalsozialistischen Gewaltherrschaft« schuldig.[21] Mehrere SS-Offiziere wurden wegen Massenerschießungen von Zivilisten in der Sowjetunion verurteilt.

Lediglich rund 170 Angeklagte standen als »Feinde der neuen Ordnung« vor Gericht, also wegen angeblicher Verbrechen, die sich gegen die sowjetische Besatzungsmacht richteten, wie zum Beispiel das Abreißen von Plakaten zur Bodenreform, die »Verbreitung von Gerüchten« oder »Kriegshetze«. So wurde Heinz L. wegen des Abreißens von Plakaten und »antisowjetischer Hetze« nach Kontrollratsdirektive 38 in einer zehnminütigen Verhandlung zu 10 Jahren Haft verurteilt. Wolfgang V. war 1946 als 17-Jähriger von den Sowjets interniert worden und erhielt in Waldheim wegen der Verteilung von Flugblättern gegen die KPD, was das Gericht als »Agitation gegen die Besatzungsmacht« wertete, eine Strafe von acht Jahren Zuchthaus. In beiden Fällen sah das Gericht die frühere Mitgliedschaft in HJ und Wehrmacht als »wesentliche Unterstützung des NS-Regimes« an, die sich strafverschärfend auswirkte.[22]

Im Unterschied zu den üblichen »Schnellverfahren« gaben sich die Verantwortlichen im Fall der gesondert veranstalteten Schauprozesse bei der Vorbereitung große Mühe, so große, dass statt der ursprünglich geplanten 60 nur zehn zustande kamen. Es wurden Angeklagte ausgewählt, vor allem hohe NS-Funktionäre, Gestapo-Mitarbeiter und ein Lager-Kommandant, denen anhand schlüssiger Beweise tatsächlich schwere Verbrechen nachgewiesen werden konnten. Den Angeklagten standen Verteidiger zur Seite, denen ausreichende Akteneinsicht und Gesprächszeit mit ihren Mandanten eingeräumt wurde.

Alle zehn Prozesse fanden zwischen dem 20. und 28. Juni 1950 vor ausgesuchtem Publikum statt, nicht in stickigen Räumen innerhalb des Gefängniskomplexes, sondern in einem Saal des Waldheimer Rathauses. Unter den Zuschauern waren auch Justizminister Max Fechner und die Vizepräsidentin des Obersten Gerichts der DDR, Hilde Benjamin. Die Presse berichtete ausführlich. So schrieb die »Tägliche Rundschau« am 22. Juni 1950: »Auf dem Gebiet der DDR werden Kriegsverbrecher und Verbrecher gegen die Menschlichkeit ohne Erbarmen festgesetzt und verurteilt. (...) Im Westen hat der Faschist unter amerikanischer Führung wieder große Chancen und damit auch der faschistische Massenmörder. In der DDR wird ihnen das Handwerk für alle Zeit gelegt. Das ist der Sinn der Prozesse von Waldheim.« Klarer konnte man die propagandistische Funktion dieser Verfahren kaum ausdrücken.

Wie zu erwarten, endeten die Schauprozesse zumeist mit harten Urteilen. Ein Mitarbeiter der Gestapo Dresden und Krakau wurde wegen der Misshandlung und Tötung von kommunistischen Widerstandskämpfern zum Tode verurteilt. Die Todesstrafe erhielten auch der stellvertretende Kommandant des Schutzhaftlagers Hohenstein und der frühere Gau-Obmann der Deutschen Arbeitsfront Sachsen. Ein früherer Kriminalsekretär aus Meißen wurden wegen der Tötung von Zwangsarbeitern zu lebenslänglich Zuchthaus verurteilt. Die anderen Urteile lauteten zweimal lebenslänglich und je einmal Zuchthausstrafen von 25, 15, zwölf und acht Jahren.[23]

Der Abschlussbericht der federführenden ZK-Abteilung Staatliche Verwaltung vom 5. Juli 1950 zieht folgende Bilanz aller 3392 Waldheimer Urteile:

Vertagung	84
bis 5 Jahre	14
5-10 Jahre	371
10-15 Jahre	916
15-25 Jahre	1829
lebenslänglich	146
Todesstrafe	32 [24]

Von den 32 zum Tode Verurteilten wurden 24 nach Ablehnung ihrer Gnadengesuche im November 1950 in Waldheim hingerichtet. Die anderen Todesurteile wurden in einem Revisionsverfahren in lebenslängliche Zuchthausstrafen umgewandelt.

So willkürlich die Prozesse abliefen, so drakonisch die Urteile und so schlecht die Haftbedingungen waren – die meisten der in Waldheim Verurteilten wurden innerhalb der folgenden fünf Jahre wieder entlassen. Auf Vorschlag einer vom Politbüro der SED eingesetzten Überprüfungskommission kamen im Oktober 1952 rund 990 Häftlinge frei, für rund 1000 Gefangene wurde das Strafmaß gesenkt. Im Juli 1954 wurden weitere 920 Häftlinge auf freien Fuß gesetzt, Ende Dezember 1955 noch einmal 660 Häftlinge und im April 1956 weitere 220, so dass ab Frühjahr 1956 noch 30 Waldheim-Häftlinge im Zuchthaus saßen. Die letzten Entlassungen erfolgten im Dezember 1963, der letzte der 1950 in Waldheim Verurteilten starb 1965 in der Haft. Zur düsteren Bilanz der Waldheimer Prozesse gehört, dass insgesamt mehr als 600 Häftlinge während der Verbüßung ihrer Strafe verstarben.[25]

Ihre politisch-ideologische Funktion hatten die Waldheimer Prozesse mit den Urteilssprüchen erfüllt. So schrieb das »Neue Deutschland« am 14. September 1950: »... Jahre nach Unterzeichnung des Abkommens von Potsdam kann die Regierung der Deutschen Demokratischen Republik erklären, dass die Durchführung des Abkommens auch in diesem Teil [Verurteilung von Kriegsverbrechern, d.Verf.] grundlegend abgeschlossen ist. Den wesentlichen Abschluss dieser Maßnahmen bildet die jetzt beendete Aburteilung von Personen, die bei Auflösung der Internierungslager im Januar 1950 den deutschen Justizbehörden übergeben wurden und sich schwerer Kriegsverbrechen ... schuldig gemacht haben.« Tatsächlich ging die Zahl der Verfahren gegen NS-Täter in der DDR nach den Waldheimer Prozessen rapide zurück. Verzeichnete die offizielle DDR-Statistik für 1949 noch 2633 und für 1950 insgesamt 4092 Verurteilte, so waren es 1951 noch 331 und 140 Verurteilte im

Jahr 1952. In den Jahren ab 1956 betrug die Zahl der Verurteilten pro Jahr zehn oder weniger.[26] Diese Entwicklung stand in eklatantem Gegensatz zu der in der Bundesrepublik, wo die Zahl der NS-Verfahren infolge eines öffentlichen Bewusstseinswandels im Hinblick auf die Bestrafung von NS-Tätern nach 1959 deutlich zunahm.

Mag sein, dass die Verantwortlichen in der SED sich nach Erfüllung dieser ideologischen Funktion der Waldheimer Prozesse für die »Sühneleistung« der Verurteilten, also die Verbüßung der Haft, gar nicht mehr interessierten. Hatte doch schon vor Beginn der Waldheimer Prozesse ein SED-Instrukteur gegenüber Richtern und Staatsanwälten erklärt: »Urteile unter 10 Jahren dürfen nicht gefällt werden, wobei es heute unwichtig ist, ob diese Strafen auch verbüßt werden.«[27] Schwer ergründen lässt sich, inwieweit auch die zahlreichen Eingaben von Angehörigen der Häftlinge sowie Proteste und Gnadengesuche aus dem Westen die SED-Führung zu ihrer nachträglichen »Großmut« bewogen haben. Unter denen, die sich persönlich an Walter Ulbricht wandten, war auch Thomas Mann. Im Juni 1951 schrieb der Schriftsteller an den SED-Chef: »... ein Gnadenakt, ... summarisch, wie diese Massenverurteilungen von Waldheim es in hohem Maße waren, das wäre eine solche gesegnete Geste, eine Friedenstat. Nutzen Sie Ihre Macht, um diesen Gnadenakt herbeizuführen! Darum bittet, das rät Ihnen ein alter Mann, in dessen Denken und Dichten die Idee der Gnade längst bestimmend hineinwirkt.«[28]

Auch die bundesdeutsche Justiz befasste sich mit den Waldheimer Prozessen, sowohl in den fünfziger Jahren wie auch nach dem Untergang der DDR. Im März 1954 entschied das West-Berliner Kammergericht, dass die Waldheimer Urteile »absolut und unheilbar nichtig« seien. Den in Waldheim Verurteilten »können keinerlei Rechtsnachteile aus den Urteilen erwachsen; sie sind so zu behandeln, als ob kein gerichtliches Verfahren gegen sie durchgeführt ist,

d.h. sie gelten als nicht verurteilt.«[29] Nach Auffassung des Gerichts
hatten in Waldheim demnach gar keine Prozesse im juristischen
Sinne stattgefunden, sondern angeordnete Willkür- und Unrechts-
handlungen in scheinjuristischer Verbrämung. Die bundesdeutschen Richter betonten gleichzeitig, dass diese Feststellung nicht
bedeute, alle in Waldheim Verurteilten seien damit unschuldig.
Vielmehr müsse bei hinreichendem Verdacht in der Bundesrepublik ein Verfahren eingeleitet werden, auch wenn der Betreffende
in Waldheim bereits verurteilt worden sei. Die Feststellung der
Nichtigkeit bedeute nämlich auch, dass das Verbot einer doppelten
Verurteilung, etwa wegen NS-Verbrechen, in diesen Fällen nicht
greifen konnte.

Grund dafür, dass sich das West-Berliner Kammergericht überhaupt mit den Waldheimer Prozessen befasste, war der Fall des in
Waldheim verurteilten Arztes Dr. Paul Reckzeh. Als dieser nach
seiner Entlassung aus der Haft 1952 nach West-Berlin ging, wurde
er dort beschuldigt, während der NS-Herrschaft mehrere Regime-
gegner denunziert zu haben, die daraufhin zum Tode verurteilt
und hingerichtet worden waren. Mit dem zitierten Urteil stellte
das Kammergericht fest, dass einem Verfahren gegen Reckzeh in
West-Berlin keine juristischen Hindernisse im Wege standen. Der
Beschuldigte zog es angesichts des drohenden Prozesses vor, in die
DDR zurückzugehen, wo er sich dem Staatssicherheitsdienst an-
diente und unter dessen Fittichen erneut Karriere machte.[30]

Auch der frühere SS-Obersturmführer Kurt Trimmborn, der
im Mai 1950 in Waldheim zu lebenslänglich Zuchthaus verurteilt
worden war, musste sich in der Bundesrepublik vor Gericht verantworten, nachdem er nach seiner Entlassung 1956 in den Westen gegangen war. Das Schwurgericht München verurteilte ihn
1972 wegen Beihilfe zum gemeinschaftlichen Mord an mindestens
200 Juden zu vier Jahren Haft. Diese sehr milde Strafe begründete
das Münchner Gericht unter anderem mit der zwischen 1945 und
1956 in der SBZ/DDR erlittenen Haft.[31]

Nach der Wiedervereinigung 1990 bemühte sich die Justiz um eine juristische Aufarbeitung der Waldheimer Prozesse. So wurde im September 1993 der 86-jährige Otto Jürgens, der 1950 als Richter und Staatsanwalt an mehreren Urteilen, darunter einem Todesurteil, beteiligt gewesen war, vom Landgericht Leipzig wegen »gemeinschaftlicher Rechtsbeugung in sieben Fällen, jeweils in Tateinheit mit gemeinschaftlicher Freiheitsberaubung« zu zwei Jahren Haft mit Bewährung verurteilt.[32]

Die Waldheimer Prozesse von 1950 waren der »Sündenfall« der DDR-Justiz, die sich damals voll und ganz in den Dienst der Partei- und Staatsführung stellte – eine unheilvolle Verstrickung, aus der sie sich nie mehr befreien konnte. Wann immer die SED politische Probleme mit juristischen Mitteln zu lösen gedachte – sei es in Prozessen gegen »faschistische Provokateure« vom 17. Juni 1953 oder gegen »Saboteure und Agenten«, gegen Fluchtwillige und »Menschenhändler« nach dem Mauerbau, unbotmäßige Jugendliche oder andere Gegner des Systems –, stets waren willige Staatsanwälte und Richter zur Stelle. Indem sie ihr Handeln vor allem ideologisch und politisch begründete, verkam die DDR-Justiz zu einem bloßen Machtinstrument der herrschenden Partei. Friedrich Wolff, der sich als Anwalt in der DDR über Jahrzehnte in seinen Prozessen mehr oder minder erfolgreich um die Wahrung rechtsstaatlicher Prinzipien bemühte, gibt rückblickend eine bittere Einschätzung: »Der Staat war eine Einheit, ob er als Gericht, Staatsanwaltschaft, Verwaltung oder Volkskammer in Erscheinung trat. Alle diese Organe waren nur Teile eines Ganzen, das von einem einheitlichen Willen gesteuert wurde. Ein Wille, der in der Partei entstand. Gewaltenteilung existierte nicht, war theoretisch verpönt, galt auch nicht einmal insgeheim als wünschenswerte Vorstellung.«[33] Waldheim war der Anfang.

Von »verführten Arbeitern« und »faschistischen Provokateuren«

Der 17. Juni 1953

Am 31. Oktober 1953 verurteilte das Bezirksgericht Halle, bestehend aus einem Richter und zwei Schöffen, den Elektromonteur Paul Othma wegen seiner Teilnahme an Streiks und Demonstrationen während des Volksaufstands vom 17. Juni 1953 zu zwölf Jahren Zuchthaus. Damit ging das Gericht noch über den Antrag des Staatsanwalts hinaus, der zehn Jahre gefordert hatte. Das Gericht wertete Othmas Taten als »Verbrechen nach Art. 6« der DDR-Verfassung (»Boykotthetze«) und gegen die Kontrollratsdirektive 38 (unter anderem »Verbrechen gegen den Frieden«).

Der 47-jährige Paul Othma hatte am 17. Juni als Vorsitzender des Bitterfelder Streikkomitees eine führende Rolle bei den Ereignissen im DDR-Chemiedreieck gespielt, wo der SED tatsächlich für mehrere Stunden die Macht aus den Händen gerissen worden war. Am Morgen hatte Othma eine flammende Rede an seine Kollegen gehalten und darin die Hauptforderungen der Streikenden formuliert: »Abschaffung der Normen – Senkung der HO-Preise – Freie Wahlen.«

Sodann stellte er sich an die Spitze eines Demonstrationszuges, der zur zentralen Kundgebung in Bitterfeld marschierte. Es gelang den protestierenden Arbeitern, das Rathaus und auch das Staatssicherheitsgebäude zu besetzen. Das zentrale Streikkomitee erklärte daraufhin die SED-Stadtregierung für abgesetzt und übernahm, mit Othma an der Spitze, selbst die Amtsgeschäfte. Das alles war weitgehend ohne Gewaltanwendung geschehen. Doch am Nachmittag des 17. Juni fuhren sowjetische Panzer und Mannschaftswagen in Bitterfeld auf und bereiteten dem »Machtwechsel für einen Tag« ein Ende.

Nach der Niederschlagung des Aufstandsversuchs waren Othma und zwei andere Mitglieder des Streikkomitees bei Freunden untergetaucht. Während es seinen beiden Mitstreitern gelang, sich nach West-Berlin in Sicherheit zu bringen, wurde Othma Anfang Juli 1953, wahrscheinlich auf Grund einer Denunziation, verhaftet. In wochenlangen, zumeist nächtlichen Verhören räumte er einen Teil der gegen ihn erhobenen Vorwürfe ein. In der Verhandlung widerrief er jedoch diese Geständnisse und erklärte, sie seien mit Gewalt erpresst worden.

Das Ermittlungsverfahren verzögerte sich zunächst, da Othmas Ehefrau Hedwig einen engagierten Rechtsanwalt gefunden hatte, der mehrere entlastende Zeugenaussagen beibringen konnte. Die Ermittlungsbehörden benötigten deshalb zusätzliche Zeit, um weitere Belastungszeugen aufzutreiben, bis die Anklage stand. Mit dem genannten Ergebnis: zwölf Jahre Zuchthaus. Othmas ungewöhnlich aktiver Anwalt war inzwischen auf Druck der Behörden durch zwei im Sinne der DDR-Justiz stärker »kooperationsbereite« Pflichtanwälte ersetzt worden.[1]

Für die SED-gelenkte Presse war der Fall schon vor der Urteilsverkündung klar. Die Betriebszeitung des Elektrochemischen Kombinats Bitterfeld schrieb unter einem Foto von Paul Othma: »Das ist der Faschist Othmar [!], der als Hauptträdelsführer den faschistischen Putsch in unserem Kombinat organisierte und der jetzt seiner gerechten Strafe entgegensieht.«[2]

Das Gericht hielt Paul Othma in der Urteilsbegründung unter anderem vor, bei den Demonstrationen in Bitterfeld SED-feindliche Losungen ausgegeben zu haben, nämlich: »Freiheit für die politischen Gefangenen – Nieder mit der SED – Wir fordern Rücktritt der Regierung.« Er habe als Vorsitzender der Streikleitung sodann versucht, diese Forderungen umzusetzen, indem er in das SED-Kreisbüro eingedrungen sei und an der Besetzung des Bitterfelder Rathauses teilgenommen habe. Damit hätten er und seine drei Mitangeklagten »die Bestrebungen der Feinde unseres Volkes (unterstützt), welche am 17. Juni 1953 … den Sturz unserer demokratischen Regierung und damit die Beseitigung unserer demokratischen Errungenschaften herbeiführen wollten.« Diese »Erkenntnisse« genügten dem Gericht, Paul Othma als »faschistische(n) Provokateur« zu brandmarken.[3]

Ein erstes Gnadengesuch des Verurteilten wurde am 3. Dezember 1957 vom Präsidenten der DDR, Wilhelm Pieck, abgelehnt, wegen »der außerordentlichen Gefährlichkeit der Strafhandlungen für unsere Arbeiter- und Bauernmacht«.[4] Auch weitere Gnadengesuche blieben erfolglos, »weil der notwendige Erziehungserfolg nach wie vor nicht erreicht ist«, wie es in einem Ablehnungsbescheid vom Juni 1964 hieß.[5] Paul Othma wurde erst im September 1964, nach Verbüßung von mehr als elf Jahren seiner Haftstrafe, aus dem Zuchthaus Brandenburg/Havel entlassen.

In der Kleinstadt Niesky bei Görlitz war es am 17. Juni zu besonders schweren Zusammenstößen zwischen demonstrierenden Arbeitern und der bewaffneten Staatsmacht gekommen. Entsprechend hart fielen die Urteile gegen angebliche »Rädelsführer« aus. So wurde beispielsweise Lothar Markwirth, Inhaber eines Fotogeschäfts in Niesky, am 18. Juli 1953 nach nur drei Verhandlungstagen vom Bezirksgericht Dresden wegen »friedensgefährdende(r) Boykotthetze« nach Artikel 6 der DDR-Verfassung und Kontrollratsdirektive 38 zu lebenslanger Haft verurteilt. Seine Mitangeklagten erhielten wegen ihrer Beteiligung an den Unruhen in Niesky Haftstrafen zwischen 6 Monaten und 13 Jahren. Mehrere Angeklagte gaben vor Gericht an, dass ihre Geständnisse von der Staatssicherheit zum Teil durch Schläge erpresst worden waren. Im Protokoll der Gerichtsverhandlung wurden diese Aussagen jedoch unterschlagen.[6]

Markwirth wurde vorgeworfen, als »Rädelsführer« eine führende Rolle bei der Erstürmung des Stasi-Gebäudes in Niesky und bei der Festsetzung von Angehörigen der Staatssicherheit gespielt zu haben. In der Urteilsbegründung hieß es, der Angeklagte habe sich als »Feind unserer demokratischen Ordnung entlarvt und…die Grundlagen unseres demokratischen Staates zerstören wollen…«[7] In aller Ausführlichkeit berichtete die SED-gelenkte Presse über den dreitägigen Schauprozess gegen insgesamt 16 Angeklagte. An den Verhandlungen nahmen auf Betreiben der SED »fortschrittliche Delegationen«, das heißt ausgewählte Personengruppen aus Dresden, als Zuschauer teil. Denn anders als im Falle der Waldheimer Prozesse von 1950 legte die SED diesmal großen Wert darauf, dass die Aburteilung von »Provokateuren« in aller Öffentlichkeit geschah. Zum einen sollte dadurch die offizielle SED-Interpretation der Ereignisse vom 17. Juni als eines »faschistischen Putschversuchs« durch Präsentation entsprechender Angeklagter bewiesen, zum anderen die DDR-Bevölkerung zukünftig von unbotmäßigem Verhalten abgeschreckt werden.

Den 16 Angeklagten aus Niesky waren insgesamt vier vom Bezirksgericht ausgewählte Pflichtverteidiger zugewiesen, die in ihrer Arbeit stark behindert wurden. So lehnte das Gericht beispielsweise die Anhörung von zwei Entlastungszeugen ab, »da dies zur Erforschung der Wahrheit nicht erforderlich« sei.[8]

An Markwirth und seinen Mitangeklagten praktizierte das Gericht auch jene von der SED-Führung ausdrücklich verlangte Unterscheidung zwischen »Rädelsführern« und »verführten Arbeitern«. So hieß es in der Begründung für das Lebenslänglich-Urteil gegen den selbstständigen Fotografen Markwirth, bei ihm habe wegen seiner wirtschaftlichen Lage »kein Grund (vorgelegen), irgendwie verärgert zu sein. Daraus ist ersichtlich, dass er ein ganz anderes Ziel als die Arbeiter im Auge hatte.« Für den Angeklagten Heinke hingegen, den das Gericht für einen »ehrliche(n) Arbeiter« hielt, lautete das Urteil auf sechs Monate Gefängnis. In ihm sah das Gericht einen jener »verführten Arbeiter« im Sinne der SED, dessen Beteiligung an den Ausschreitungen von Niesky im Grunde »unerklärlich« sei.[9] Der Hauptangeklagte Markwirth kam erst 1964, nach elf Jahren Zuchthaus, wieder frei.

Dies sind nur zwei Beispiele für insgesamt rund 2200 Prozesse, die in der DDR gegen Teilnehmer des Volksaufstands vom 17. Juni geführt wurden. Dabei lässt sich die Zahl der Verurteilungen durch DDR-Gerichte ziemlich exakt angeben, nämlich mit etwa 1590 (bis Januar 1954)[10], während es zu den Verurteilungen durch Sowjetische Militärtribunale nur grobe Schätzungen gibt, die zwischen 500 und 750 liegen.[11]

Am 17. Juni 1953 hatte die SED-Führung tatsächlich am Abgrund gestanden und war nur durch den Einsatz sowjetischer Panzer vor dem Machtverlust bewahrt worden. Verschärfte Repressionen und zunehmende Versorgungsmängel infolge des 1952 von Ulbricht angeordneten »planmäßigen Aufbaus des Sozialismus« hatten in der DDR-Bevölkerung eine Stimmung aus Angst und Wut hervorgerufen. Es bedurfte nur eines Funkens, um die gespannte Atmosphäre im Juni 1953 zur Explosion zu bringen.

Aus einer Protestdemonstration von Ost-Berliner Arbeitern gegen Normerhöhungen am 16. und 17. Juni entwickelte sich innerhalb weniger Stunden ein spontaner Aufstandsversuch gegen das SED-Regime, der fast die gesamte DDR erfasste. In mehr als 650 Städten und Gemeinden kam es zu Demonstrationen und Kundgebungen, auf denen soziale bald in politische Forderungen mündeten: »Runter mit den Normen« – »Nieder mit der Regierung« – »Freiheit für alle politischen Gefangenen« – »Freie Wahlen«. An den Protesten nahmen in der gesamten DDR schätzungsweise rund 1,1 Millionen Menschen teil. Brennpunkte der Ereignisse waren neben Ost-Berlin die Industrieregionen im Südwesten und Süden der DDR (Brandenburg, Sachsen-Anhalt, Sachsen), während es im Norden vergleichsweise ruhig blieb. Aufgebrachte Demonstranten rissen Plakate mit SED-Losungen und die allgegenwärtigen Porträts von Ulbricht und Grotewohl von den Wänden. Vielerorts wurden SED-Parteibüros gestürmt, die Einrichtung teilweise zerstört und Akten unter dem Jubel der Menge aus den Fenstern geworfen. Demonstranten drangen in mehrere Dutzend Gerichtsgebäude und Gefängnisse ein und befreiten insgesamt rund 1400 Häftlinge. In Halle und Magdeburg schossen Polizisten vor den Toren der Gefängnisse in die Menge und töteten mehrere Aufständische. In Magdeburg gab es auch auf Seiten der Staatsmacht drei Todesopfer. In einigen wenigen Städten gelang es den Aufständischen sogar, für wenige Stunden die politische Macht zu übernehmen, so in Görlitz und Bitterfeld. Doch am Mittag des 17. Juni kam aus Moskau der Befehl, die Unruhen in der DDR gewaltsam niederzuschlagen. Vor den sowjetischen Panzern zogen sich die Demonstranten zurück. Innerhalb weniger Stunden brach der Aufstandsversuch in sich zusammen. Die SED und Walter Ulbricht blieben an der Macht.

Unverzüglich begann die polizeiliche und juristische »Aufarbeitung« der Ereignisse. Welche Richtung diese Aufarbeitung nehmen würde, ging aus einer offiziellen Erklärung hervor, die Ministerpräsident Otto Grotewohl noch am Abend des 17. Juni verbreiten ließ: Es habe sich um einen »faschistischen Putschversuch« gehandelt, um »das Werk von Provokateuren und faschistischen Agenten ausländischer Mächte und ihren Helfershelfern«.[12] Polizei und Staatssicherheit oblag es nun, jene »Provokateure« und »Agenten« ausfindig zu machen, den Gerichten der DDR, sie zu verurteilen. Das allerdings war gar nicht so leicht, wie der neue Stasi-Chef Ernst Wollweber im November 1953 zugeben musste. Bislang sei es »nicht gelungen, nach dem Auftrag des Politbüros die Hintermänner und die Organisatoren des Putsches vom 17. Juni festzustellen.«[13]

Dabei gaben sich Polizei, Staatssicherheit und Justiz-Apparat alle Mühe. Nach dem 17. Juni 1953 fand in der DDR die größte Verhaftungswelle ihrer 40-jährigen Geschichte statt. Allein bis zum 6. Juli 1953 wurden rund 10 000 Personen von Polizei und Staatssicherheitsdienst verhaftet. In vermindertem Umfang gingen die

Verhaftungen bis Mitte 1955 weiter. Sowjetische Truppen nahmen annähernd 2000 Personen fest, so dass die Gesamtzahl der Verhafteten im Zusammenhang mit dem 17. Juni rund 15 000 betrug.

Wie schon bei den Waldheimer Prozessen 1950 wurde auch nach dem 17. Juni die Justiz von der SED als Instrument zur Machtsicherung missbraucht. Erneut zeigte sich, dass in der DDR von der Unabhängigkeit der Gerichte – Rückgrat eines freiheitlichen Rechtsstaats – keine Rede sein konnte. Die Justiz war kaum mehr als Erfüllungsgehilfe der Partei. Am 20. Juni 1953 wurde in Ost-Berlin ein »Operativstab« zur Lenkung der anstehenden Prozesse gebildet. An seiner Spitze stand die Vizepräsidentin des Obersten Gerichts der DDR, Hilde Benjamin, die wegen ihrer harten Urteile gefürchtet war. Alle Bezirksgerichte erhielten die Anweisung, spezielle Strafsenate für 17. Juni-Prozesse einzurichten und nur mit ausgewählten, das heißt besonders parteitreuen Richtern und Schöffen zu besetzen. Auch als Pflichtverteidiger sollten nur Personen zugelassen werden, die SED-treu oder zumindest leicht lenkbar waren. Zum System der SED-Justiz gehörte ohnehin, dass die Verteidiger kaum über Möglichkeiten verfügten, sich für ihre Mandanten einzusetzen. Nur wenige Rechtsanwälte hatten den Mut, sich nicht sofort mit diesen Maßnahmen abzufinden.[14]

Immer wieder griff der Operativstab direkt in laufende Verfahren ein, wie ein später geflohener Mitarbeiter berichtete. »Die Instrukteure riefen … nachts an und unterbreiteten dem Nachtdienst Fälle zur Entscheidung. Sah der … den Sachverhalt als klar und unkompliziert an, gab er seine Entscheidung über das zu fällende Strafmaß an den anrufenden Instrukteur bekannt.« Kompliziertere Fälle mussten warten, bis sie am nächsten Tag Hilde Benjamin, der Leiterin des Stabes, vorgelegt wurden, die dann persönlich über das Strafmaß entschied. »Es erging kein wichtiges Strafurteil ohne eine solche Weisung.«[15]

Trotzdem lief bei den Verfahren nicht immer alles glatt. Im Juli 1953 beklagte sich Hilde Benjamin, dass »sich beim Obersten

Gericht Tendenzen der Unabhängigkeit zeigen. Es sind schwere Diskussionen notwendig, um die Empfehlungen und Meinungen des Operativstabs durchzusetzen.«[16] Es gab in der Tat einzelne Richter, die auf juristisch korrekten Verfahren bestanden und angesichts dünner Beweislagen milde Urteile sprachen. Doch mittels »schwerer Diskussionen« oder einfach durch Ablösung der betreffenden Richter wurde dieses »Problem« zumeist schnell gelöst. Wie auch im Falle von DDR-Justizminister Max Fechner, der im Parteiblatt »Neues Deutschland« Anfang Juli 1953 eine saubere Beweisführung in 17. Juni-Prozessen gefordert hatte. Zwei Wochen später wurde Fechner verhaftet und 1955 wegen »Verbrechen gegen den Staat« zu acht Jahren Zuchthaus verurteilt. Seine Nachfolgerin wurde Hilde Benjamin.

Am 21. Juni hatte das ZK der SED Weisung gegeben, »mit größter Sorgfalt zu unterscheiden zwischen ehrlichen, um ihre Interessen besorgten Werktätigen ..., die zeitweise den Provokateuren Gehör schenkten, und den Provokateuren selber«.[17] Tatsächlich hielten sich Ermittlungsbehörden und Gerichte weitgehend an diese Vorgabe. Die meisten Verhafteten wurden bis Ende Juni 1953 wieder auf freien Fuß gesetzt und rund 1200 Verfahren noch vor Prozesseröffnung wegen Geringfügigkeit eingestellt. In 433 weiteren Fällen verfügten die Gerichte die Einstellung des Verfahrens gegen »verführte Werktätige«.

Bis Januar 1954 wurden nach einer offiziellen Aufstellung des Justizministeriums der DDR insgesamt 1526 Angeklagte verurteilt. Von diesen »erhielten

> 2 Angeklagte die Todesstrafe
> 3 Angeklagte lebenslänglich Zuchthaus
> 13 Angeklagte Strafen von 10 – 15 Jahren
> 99 Angeklagte Strafen von 5 – 10 Jahren
> 824 Angeklagte Strafen von 1 – 5 Jahren
> 546 Angeklagte Strafen bis zu einem Jahr.«[18]

Hinzu kamen die schätzungsweise einigen hundert Verurteilungen durch Sowjetische Militärtribunale, bei denen die Strafen im Durchschnitt höher ausfielen als vor DDR-Gerichten. Meist betrug das Strafmaß hier zwischen acht und zwölf Jahre, nicht selten wurden aber auch Haftstrafen zwischen 15 und 25 Jahren verhängt. Unmittelbar nach Niederschlagung des Aufstand wurden nach neueren Schätzungen etwa 20 Personen von Militärtribunalen zum Tode verurteilt und hingerichtet. Es verwundert nicht, dass nach Einschätzung der sowjetischen Besatzungsmacht die »gerichtlichen Repressalien ... in den besonders charakteristischen und wichtigen Fällen« von der DDR-Justiz »im wesentlichen richtig« gehandhabt worden seien, das Strafmaß »in vielen Fällen ... jedoch viel zu mild« ausgefallen sei.[19]

Die zwei in der offiziellen Statistik aufgeführten Todesurteile ergingen gegen Erna Dorn, die so genannte »Kommandeuse von Ravensbrück«, und gegen den 42-jährigen Gärtner Ernst Jennrich, dem vorgeworfen wurde, in Magdeburg an der Tötung von zwei Polizisten und einem MfS-Mitarbeiter beteiligt gewesen zu sein. Vor allem Erna Dorn sollte der SED-Propaganda als Beweis dafür dienen, dass es sich am 17. Juni 1953 um einen »faschistischen Putschversuch« gehandelt habe. So schrieb das »Neue Deutschland« am 26. Juni 1953: »Das ist das Gesicht der SS-Bestie Dorn, die faschistische Provokateure am 17. Juni in Halle aus dem Gefängnis ›befreiten‹ ... und die auf dem Hallmarkt die Provokateure zu weiteren Gewalttätigkeiten aufrief.«

Die 42-jährige Dorn war im Mai 1953 zu 15 Jahren Zuchthaus verurteilt worden, weil sie nach Überzeugung des Gerichts als Angehörige des Wachpersonals im KZ Ravensbrück Häftlinge misshandelt hatte. Die Verurteilung basierte allerdings lediglich auf Selbstbezichtigungen der Angeklagten und unsicheren Zeugenaussagen. Nachdem sie am 17. Juni 1953 aus dem Gefängnis befreit wurde, soll Erna Dorn auf der zentralen Kundgebung in Halle gesprochen und dabei zur Gewalt gegen SED-Funktionäre

Aburteilung eines »Provokateurs« in Ost-Berlin

aufgerufen haben. Zudem tauchte ein wirrer, wahrscheinlich authentischer Brief auf, in dem sie davon schrieb, bald wieder in der Gestapo Dienst tun zu wollen. Die Vorgeschichte der Dorn, verbunden mit ihren – nicht hinlänglich bewiesenen – Aktivitäten am 17. Juni 1953, reichten der DDR-Justiz aus, sie in einem Schnellverfahren als »faschistische Provokateurin« zum Tode zu verurteilen und hinzurichten.

Vieles deutet darauf hin, dass Erna Dorn psychisch gestört war und die Aussagen sowohl zu ihrer NS-Vergangenheit als auch zu ihrer Rolle am 17. Juni 1953 ein wirres Gemisch aus Tatsachen und Erfindungen waren. Es scheint, dass sie – ungeachtet ihrer möglichen Verbrechen währen der NS-Herrschaft – einer DDR-Justiz zum Opfer fiel, die nach dem 17. Juni 1953 unbedingt »faschistische Rädelsführer« aufspüren und aburteilen musste.[20]

Ein offenkundiger Justizmord war die Hinrichtung von Ernst Jennrich. Ende August 1953 stand Jennrich erstmals vor dem Magdeburger Bezirksgericht, das ihn wegen Beteiligung an der Erstürmung des Zuchthauses in Magdeburg am 17. Juni 1953 zu lebenslänglich Zuchthaus verurteilte. Für eine Verurteilung wegen der

Tötung von Sicherheitskräften, wie sie die Staatsanwaltschaft gefordert hatte, sah das Gericht keine ausreichenden Beweise. Auf Antrag des Staatsanwalts hob das Oberste Gericht das Urteil jedoch auf und verwies den Fall zur Neuverhandlung an denselben Strafsenat zurück mit der ausdrücklichen Auflage, Jennrich nicht nur wegen »Boykotthetze«, sondern auch wegen Mordes zu verurteilen. »Der Schutz unseres friedlichen demokratischen Staates erfordert für das vom Angeklagten begangene Verbrechen die Todesstrafe«, hieß es in der Entscheidung des Obersten Gerichts vom 8. September 1953. Das Gericht folgte den Weisungen und verurteilte Jennrich trotz unveränderter Faktenlage, das heißt ohne hinreichende Beweise, wegen Mordes zum Tode. Nach Ablehnung sämtlicher Gnadengesuche wurde das Urteil im März 1954 vollstreckt.[21]

Obwohl die Verfahren konstruiert, die Urteilsbegründungen unglaubwürdig waren – die Prozesse gegen Teilnehmer am Volksaufstand vom 17. Juni 1953 verfehlten nicht die von der SED beabsichtigte Wirkung. Sowjetische Panzer und DDR-Justiz hatten mit aller Gewalt die Botschaft vermittelt, dass in der DDR eine grundlegende Änderung der politischen Verhältnisse nicht möglich war. Der »Neue Kurs« mit seinen materiellen Verbesserungen und vorsichtigen Liberalisierungen, zu denen auch die Überprüfung tausender Urteile aus der Zeit vor dem 17. Juni gehörte, mochte es manchen DDR-Bürgern erleichtern, sich mit dieser bitteren Erkenntnis abzufinden. Hunderttausende indes zogen in den folgenden Jahren eine persönliche Konsequenz und flohen in den Westen. Bis auch dies nach dem Bau der Mauer im August 1961 nicht mehr möglich war.

Auch ein Wirtschaftswunder

Rosemarie Nitribitt – 1957

Ohne die drei Brötchentüten, die vor der Tür des Luxusapparte-
ments liegen blieben und endlich einem Mieter des Hauses in der
noblen Frankfurter Stiftstraße auffielen, wäre die Leiche vielleicht
gar nicht so schnell entdeckt worden. Die milde Witterung in jenen Herbstmonaten des Jahres 1957 und die aufgedrehte Zentral-
heizung hatten dazu geführt, dass erste Verwesungsanzeichen
schon unübersehbar waren. Aber die Identifizierung der Toten gelang problemlos: Der menschliche Körper, bekleidet mit einem
anthrazitfarbenen Kostüm, den die herbeigerufene Polizei an diesem 1. November 1957 vorfand – grotesk verrenkt, mit einem Bein
auf dem Cordsofa, während der Oberkörper auf dem Teppich davor lag – gehörte zu Lebzeiten der 24-jährigen stadtbekannten
Prostituierten Rosemarie Nitribitt.
Sie war offensichtlich erwürgt worden und es hatte womöglich
zuvor ein Kampf um Leben und Tod stattgefunden, wovon eine
zentimeterlange Platzwunde am Hinterkopf zeugte. Der genaue
Todeszeitpunkt ließ sich nicht mehr feststellen; die Kriminaltech-
niker hatten schlicht vergessen, die für die genaue Bestimmung
unerlässliche Raumtemperatur am Fundort zu messen. Wahrscheinlich geschah die Tat drei Tage vor dem Auffinden der Leiche, am 29. Oktober 1957. In den ersten Tagen fahndete die Kripo
intensiv nach dem Besitzer eines Herrenhutes, der sich auf dem
Wohnzimmerfußboden fand. Schließlich stellte sich heraus, dass
ein Kriminalhauptkommissar seine Kopfbedeckung bei der Tatort-
besichtigung dort abgelegt hatte.[1]

Die konfus anmutenden Ermittlungspannen wirkten im Nachhinein wie Vorboten der kommenden. Trotz aller Anstrengungen gelang es der Frankfurter Polizei nicht, den Mörder der jungen Frau zu finden. Einer Frau, die auf ihre Weise ihr persönliches Wirtschaftswunder, ihren Aufstieg von ganz unten bewerkstelligt hatte. Unter dem vollständigen Namen Maria Rosalie Auguste Nitribitt als uneheliches Kind am 1. Februar 1933 in Düsseldorf geboren, kam Rosalie, bald nur Rosemarie gerufen, mit ihrer Halbschwester Irmgard in ein Kinderheim in Eschweiler, von wo aus sie Ende Mai 1939 zu Pflegeeltern nach Niedermendig in der Eifel gegeben wurde.[2]

In der kleinen, 3 000 Einwohner zählenden, überwiegend katholischen Gemeinde in der Nähe von Andernach und Koblenz verbrachte Rosemarie Nitribitt ihre Kinderjahre. Sie endeten jäh, als sie im Alter von elf Jahren von einem 18-jährigen Jugendlichen aus Niedermendig in einem als Spielplatz genutzten Wäldchen vergewaltigt wurde. Die Tat wurde nie aufgeklärt – was ernsthaft wohl auch nie versucht worden ist.[3] In den Wirren des Nachkriegs dann reihte sich das Mädchen ein in das Heer »verwahrloster Kinder und Jugendlicher«, wie es damals hieß, die sich in den Trümmerlandschaften der Städte herumtrieben, die Mütter überlastet, die Väter oft im Krieg gefallen oder noch in Gefangenschaft.

Mehr als in größeren Städten fiel in einem kleinen Ort wie Niedermendig abweichendes Verhalten auf. Noch heute kursieren die wildesten Gerüchte und Geschichten über Rosemaries »sittliche Verfehlungen«, nachdem sie sich zunächst mit amerikanischen, dann mit französischen Besatzungssoldaten eingelassen hatte. Das junge Mädchen wurde ab Ende August 1947 zu einem Fall für die Fürsorge und verbrachte die kommenden Jahre in Heimen und Besserungsanstalten, wenn es ihr nicht gelang, zu flüchten und für Wochen unterzutauchen – zumeist in Frankfurt – oder kurzfristig eine vermittelte Stelle als Kellnerin in Cafés und Bierlokalen anzutreten, wobei sich erste Gelegenheiten zur Prostitution ergaben.[4]

Nachdem im August 1953 die gerichtlich angeordnete Fürsorgeerziehung aufgehoben wurde, begann sich Rosemarie im Alter von zwanzig Jahren endlich ihren Platz im geliebten Frankfurt zu erobern. Die Geschäfte liefen bald immer besser – sie arbeitete nicht nur als Prostituierte, sondern auch als Tisch- und Bardame in einem Künstlerlokal – und erlaubten schließlich im Mai 1956 die Anschaffung des legendären schwarzen Mercedes 190 SL.[5] In diesem Coupé mit roten Ledersitzen fuhr sie gemeinhin zwischen Frankfurter Hauptwache und Kaiserplatz herum und lud potenzielle Kunden ein, sie nach Hause oder ins Hotel zu begleiten. Ein Pudel als weiterer Blickfang war immer dabei – ein erstes Exemplar hörte auf den Namen »Joe«, ein zweites, das sich auch zur Tatzeit in der Wohnung befand, hieß »Showing«.

Gern wurden auch Lichthupe und laute Radiomusik genutzt, um den auf der Kaiserstraße schlendernden Männern zu signalisieren, dass sie nicht nur spazieren fuhr. Das war neu in der jungen Bundesrepublik, dass und wie sich eine Prostituierte recht ungeniert und ganz öffentlich anbot. In einer Zeit fern aller Pornoläden und Swinger-Clubs, da unter einem »Sexshop« noch ein »Geschäft für Ehehygiene« verstanden wurde und »Liebesratgeber« und »Eheberatungsbücher«, zumeist Neuauflagen aus den vierziger und frühen fünfziger Jahren, unter Titeln wie »Liebe und Geschlecht« (1963), »Die verstandene Frau« (1961), »Von Mann zu Mann« (1944) oder »Unter vier Augen« (1949) in immensen Auflagen den Markt überschwemmten und immer nur ein Ziel hatten, nämlich die Ehe, das Familienglück und die Zeugung von Nachkommenschaft anzupreisen und zu fördern – in einer solchen Zeit musste das Verhalten der Nitribitt provokativ wirken.

Dabei war juristisch gesehen die Art und Weise der Kundenwerbung, wie sie Rosemarie Nitribitt praktizierte, nicht ganz ungefährlich. Zwar galt grundsätzlich die Gewerbefreiheit, die auch die »Gewerbsunzucht« einschloss, und die Prostitution war damals wie heute nicht per se verboten. Ein strafwürdiger Tatbestand konnte sich indessen ergeben – jedenfalls sobald sich ein Zeuge fand –, wenn das »öffentliche Anbieten und Auffordern zur Unzucht in auffälliger Weise« geschah, »die geeignet ist, einzelne oder die Allgemeinheit zu belästigen«.[6] Allerdings gab es in den Frankfurter Jahren der Nitribitt niemanden, der ihr Auftreten in der Öffentlichkeit als so »belästigend« empfand, dass es aktenkundig geworden wäre.

Rosemarie Nitribitt hatte erwiesenermaßen keinen Zuhälter, sie war in ihrem Beruf als Hure ganz auf sich gestellt und entwickelte in der Anwerbung ihrer Kundschaft ihre eigenen Methoden. Sie kulminierten in einer Art verfeinerter Straßenprostitution, das heißt, die Nitribitt gehörte nicht zu einem Bordell oder zu den Callgirls, die es bereits gab und deren Gewerbe im damaligen Behördendeutsch seit den zwanziger Jahren als »Telefonkuppelei« bezeichnet wurde. Dabei spiegelten schon die Spitznamen, unter denen Rosemarie Nitribitt auftrat, ihre eher höhere Stellung in der Hierarchie der Frankfurter Prostituierten wieder: »Gräfin Mariza«, »Rebekka« oder »Kapitän-Lady«.[7] Doch wie immer auch ihre Position zu definieren war, es blieb eine in der Rangfolge der Huren, worüber aller wirtschaftlicher Erfolg ihres Unternehmens und die durchaus bürgerliche Herkunft ihrer Kundschaft nicht hinwegtäuschen konnte. Der Soziologe Helmut Schelsky hatte in seiner 1955 publizierten »Soziologie der Sexualität« diesen Umstand treffend charakterisiert, als er feststellte, dass neben der »Gewerbsmäßigkeit, der Wahllosigkeit und der flüchtigen Beziehung zu vielen Partnern« die Prostitution auch dadurch konstituiert wird, dass sie zwar »eine erlaubte Geschlechtsbeziehung«, aber eben auch »immer eine sozial verachtete darstellt«.[8]

Der Publizist Erich Kuby veröffentlichte bereits wenige Tage nach dem Mord, der schnell ein riesiges Medienecho fand, eine Glosse in der »Süddeutschen Zeitung«. Treffsicher spießte er darin den motorisierten Kundenfang der Rosemarie Nitribitt auf, der so gar nichts mit den damals üblichen Gewohnheiten in den verschwiemelten wie abgeschotteten urbanen Sperrzonen der Lust zu tun hatte: »Rosemarie hatte die Zeichen der Zeit verstanden, sie wusste, wie deren Leitbilder aussehen, und hatte sich mit dem Leitbild aller Leitbilder, dem des Erfolgs, ausgedrückt in elegant verkleideten PS, identifiziert. Damit machte sie ihr blühendes Geschäft und nicht mit den Versprechungen irgendwelcher Sexlektionen.«[9]

In dem Artikel Kubys klang kritisch schon an, was künftig die nach Skandalen dürstende Berichterstattung dominieren sollte: die Nitribitt und ihr Reichtum – sie hinterließ die damals enorme Summe von 120 000 DM –, ihr dazu im bürgerlichen Kontext so gar nicht passender Lebenswandel, die Zahl ihrer Freier, in ihrer Mehrzahl angeblich aus hohen und höchsten Polit- und Wirtschaftskreisen, und ihr als provozierend empfundenes Auftreten in der Öffentlichkeit, kurz: »Rebekka« wurde zum Inbegriff der in der Adenauer-Ära vorherrschenden Doppelmoral. Die zeigte sich schon, als die Staatsanwaltschaft zunächst Bedenken hatte, Auskünfte über die Vermögensverhältnisse der Nitribitt (neben der hohen Summe Geld zählten dazu noch wertvolle Schmuckstücke und Modellkleider, Nerz-Capes, kostbares Porzellan und Chippendale-Möbel) an die Presse weiterzugeben. Man befürchtete, dass »damit andere Mädchen angereizt würden, ein ähnliches Leben zu führen«. Und womöglich ähnlich tragisch endeten wie Rosemarie Nitribitt.[10] Dirnen schienen besonders gefährdet, ermordet zu werden.

Zumindest diese Befürchtung entbehrte zur damaligen Zeit jeder statistischen Grundlage. Zwischen Anfang 1947 und März 1955, so kann man den Statistiken entnehmen, also in einem Zeitraum von über acht Jahren, wurden im gesamten Bundesgebiet 35 Frauen ermordet, die der Polizei als Prostituierte bekannt waren. In sechzehn Fällen konnten dabei die Täter, denn es waren immer Männer, ermittelt werden. Erschreckend genug, diese durchschnittlich vier ermordeten Prostituierten pro Jahr, aber die Angaben relativieren sich doch, wenn man bedenkt, dass nach der

»Polizeilichen Kriminalstatistik 1956« seit 1953 jährlich im Durchschnitt über 350 Kapitalverbrechen, mithin Morde und Totschläge, zu verzeichnen waren, bei denen »Dirnen« weder zur Täter- noch zur Opfergruppe gehörten. Diese Zahlen gewinnen noch an Aussagekraft vor dem Hintergrund der zeitgenössischen Annahme, dass in bundesdeutschen Großstädten mit mehr als einer halben Millionen Einwohnern durchschnittlich nahezu 20 000 Frauen als Prostituierte arbeiteten.[11]

Für Erich Kuby geriet die »Story« um »die Hure der Republik« unterdessen zur Initialzündung eines beispiellosen Erfolgs. Bereits wenige Wochen nach der Auffindung ihrer Leiche wurde ihm klar, dass ein »sozialkritischer Film über den Mordfall Nitribitt« möglicherweise »mehr Publikum interessieren würde als die gängigen Heimatschnulzen«.[13] Schon Anfang Dezember 1957 gelang es ihm, einen Produzenten von seiner Idee zu überzeugen, und er drang darauf – ein Glücksfall für den Film –, Nadja Tiller als Rosemarie Nitribitt zu besetzen. In Kubys Drehbuch mutierte der Fall um die ermordete Prostituierte zu einem satirischen Kolportagedrama, in dem der in der Wahrnehmung des Autors ungezügelte Kapitalismus des Wirtschaftswunderlandes, die angebliche Verstrickung der Nitribitt in die Militär- und Industriespionage und so korrupte wie erpressbare Politiker und Wirtschaftsbosse die erfolgsträchtigen Ingredienzien bildeten.

Noch unerfahren im Umgang mit solchen Skandalgeschichten, versuchte das Auswärtige Amt gleichsam von Staats wegen, die Teilnahme des Streifens am Film-Festival in Venedig zu verhindern, um »Schaden von der Bundesrepublik« abzuwenden; das Bild einer scheinbar von Korruption und Prostitution bestimmten Wirtschaftsmacht sollte nicht das Bild der jungen Demokratie im Ausland beschädigen. Soweit dies im Zeichen des Kalten Krieges die Länder hinter dem Eisernen Vorhang und dabei besonders die DDR betraf, war die Sorge nicht völlig unbegründet – aber natürlich nicht durch derlei Eingriffsversuche zu bannen.

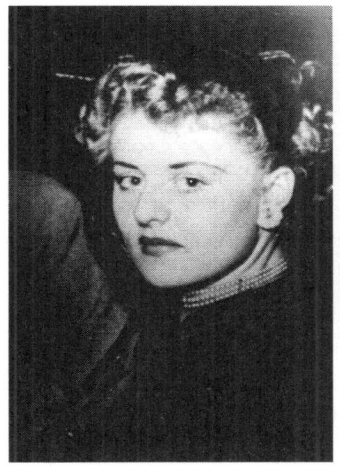

Zweimal Rosemarie – als junges Mädchen um 1954 und als »Rebekka«

In der gelenkten Presse Ostdeutschlands wurde der Mordfall Nitribitt bereitwilligst aufgegriffen und zum Symbol für die verderbte, korrupte und langfristig im Systemkonflikt zum Untergang verurteilte BRD stilisiert. In der viel gelesenen Zeitung »Bauernecho« etwa fand sich in einem Artikel über den Versuch, den Film auf der Biennale in Venedig nicht zu zeigen, folgende Kernpassage, in der kurzerhand auch gleich noch der vermeintliche Kundenkreis der Nitribitt um Mitglieder der damaligen Bundesregierung erweitert wurde: »Der Film wurde nach dem Schicksal der käuflichen Dirne Nitribitt gedreht, die mit den höchsten Kreisen aus Industrie und Bundesregierung ins Bett ging, zuviel wusste und deshalb ermordet wurde. Diese Tatsachen sind wahr und deshalb auch die Angst des allerchristlichen Kanzlers Adenauer vor der Aufführung des Films.«[13]

Wie auch immer, die unbeholfenen Zensurversuche im Westen Deutschlands umgaben das Werk noch zusätzlich mit der Gloriole des kritischen Films und beförderten dadurch den nationalen und bald auch internationalen kommerziellen Erfolg Allein in

Deutschland sahen mehr als acht Millionen Zuschauer »Das Mädchen Rosemarie« nach der Premiere am 28. August 1958 in Frankfurt. Und die beteiligten Schauspieler – neben Nadja Tiller etwa Peter van Eyck, Gert Fröbe, Mario Adorf oder Hubert von Meyerinck – erlebten durch ihre Mitwirkung einen enormen Karriereschub. Ähnlich erfolgreich (und noch weiter von der Wirklichkeit dieses Mordfalls entfernt) wurde auch das bald darauf erscheinende Buch »Rosemarie – des deutschen Wunders liebstes Kind« von Erich Kuby. Riesenauflagen und die Übersetzung in 17 Sprachen mehrten den Ruhm des Autors, auch wenn er, der eigentlich seriöse Journalist und Autor, für längere Zeit »den Medien der Bundesrepublik« nun als »windige(r) Geselle« galt, »der mit einer Hure reich geworden war«.[15]

Im Kern waren und sind es vor allem zwei Begleitumstände des Falles Nitribitt, die ihn so legendenumwoben machten und bis heute die Spekulationen über den tatsächlichen Tathintergrund und das Mordmotiv wach halten: In Rosemarie Nitribitts Nachlass fand die Polizei zum einen eine Art Tagebuch, in dem sie Buch führte über ihre Ein- und Ausgaben sowie über ihre Freier. Die Vermutungen darüber, wer dazu gehörte, konnten nie verifiziert werden; doch schon kurz nach der Tat kursierten in der Presse und im Rundfunk Spekulationen über den Kreis der Kunden aus hohen und höchsten politischen und wirtschaftsmächtigen Schichten. Dennoch – oder gerade deshalb, so die nach wie vor quotenträchtige Vermutung – konnte, zum anderen, ein Täter nicht ermittelt werden.

Der endlich einzige Tatverdächtige war der zum Zeitpunkt seiner Verhaftung 39 Jahre alte Handelsvertreter Heinz Christian Pohlmann. Er wurde als letzter Besucher Rosemarie Nitribitts am 29. Oktober 1957 ermittelt und im Februar 1958 festgenommen. Pohlmann diente der Nitribitt gelegentlich als Laufbursche, erledigte kleinere Aufträge, für die er bezahlt wurde, und hatte sich größere Summen von seiner Gönnerin geliehen. Die Polizei vermutete denn auch Geldprobleme Pohlmanns als sein eigentliches Motiv für den Raubmord. Auffällig war jedenfalls, dass der für gewöhnlich dauerverschuldete Pohlmann kurz nach dem Mord Beträge in Höhe von 6000 DM zurückzahlen konnte und noch genug Geld übrig hatte, um sich einen neuen Mercedes zu kaufen. Hinzu kamen Blutflecken an einer Hose, die in seiner Garderobe gefunden wurde, und die Aussage eines Bekannten Pohlmanns, dem am Tag des Mordes bei dem Verdächtigen sein verschwitztes Hemd und Blutspuren an der Oberlippe aufgefallen waren, womöglich entstanden durch einen kurz zuvor stattgefundenen Kampf. Das reichte zunächst für eine fast zehnmonatige Untersuchungshaft. Im Dezember 1958 wurde Pohlmann wieder auf freien Fuß gesetzt. Die Oberstaatsanwaltschaft Frankfurt hielt ihn jedoch weiterhin »dringend der Tat verdächtig«.[15]

Kaum wieder frei, führte Pohlmann fort, was er schon in der Untersuchungshaft begonnen hatte. Nachdem er es beim »Stern« versucht hatte, der seine Geschichte jedoch nur als Material für einen von der Redaktion verfassten Artikel haben wollte, verkaufte er der Illustrierten »Quick« seine Lebensgeschichte im Allgemeinen und seine »Erfahrungen und Erlebnisse mit Rosemarie« im Besonderen. Im groß aufgemachten Einleitungsartikel versprach der Chefredakteur, für einen Hinweis, der zur Ergreifung des wahren Mörders führen würde, 50 000 DM zu zahlen. »Der Mörder«, so hieß es reißerisch und auflagenstärkend, »ist unter uns. (...) ›Quick‹ ruft seine Millionen Leser auf, dabei zu helfen, diesen gemeinen Mörder zur Strecke zu bringen. (...) Der Mörder soll wissen, dass von nun an Millionen Augenpaare ihn suchen.«[17]

Aber auch den »Millionen Augenpaaren« gelang es erwartbar nicht, einen Mörder zu finden. Der in Serie gedruckte Bericht brach im Sommer 1959 indessen abrupt ab. Offiziell hieß es, der Deutsche Presserat habe es für seine Pflicht gehalten, die mehr als fragwürdige Beichte des Heinz Pohlmann zu unterbinden, zumal er immer noch verdächtigt werde. Inoffiziell wurde schnell bekannt, dass ein Hamburger Anwalt im Auftrag eines im Hintergrund agierenden ehemaligen Kunden der Nitribitt an Pohlmann 50 000 DM gezahlt hatte, um weitere Enthüllungen zu verhindern. Das betraf auch die Filmpläne Pohlmanns, der von einem Produzentenpaar zwischenzeitig eine größere Summe angeboten bekommen hatte, wenn er eine Rolle als Kommentator in ihrem halbdokumentarischen Film »Die Wahrheit über Rosemarie« übernehme. 400 Meter Film waren schon gedreht, doch Pohlmann stieg nun aus, und ein Schauspieler übernahm seinen Part. Der Film, dessen Uraufführung im Dezember 1959 stattfand, floppte an den Kinokassen und bei der Kritik. »Ein neuer Versuch, aus der Dame Nitribitt Kapital zu schlagen. Man sollte den ganzen Fall der Staatsanwaltschaft überlassen«, urteilte die »Frankfurter Rundschau« am 5. Dezember.

Aus heutiger Sicht spricht einiges dafür, dass es sich bei diesem ominösen Kunden, der seinen Anwalt tätig werden ließ, um Harald Krupp von Bohlen und Halbach gehandelt hat. Zwar war es der BILD-Zeitung noch am 30. Mai 2005 einen – verglichen mit der üblichen Artikellänge – größeren Bericht wert, dass BILD-Redakteure Liebesbriefe, die einst Harald an Rosemarie geschrieben hatte, auffanden. Doch am eigentlichen und schon im Vernehmungsprotokoll Pohlmanns nachlesbaren Kenntnisstand über diese Affäre hat das nichts geändert. Pohlmann hatte in einer seiner Vernehmungen davon gesprochen, dass die Nitribitt »lediglich in der letzten Zeit von einem der reichsten Männer Deutschlands« gesprochen habe, »den sie zur Zeit als Freund habe«. Sie habe allerdings den Namen nie genannt, doch wäre ihm durch zwei Indizien – einem Porträtfoto mit Widmung und einer Weinflasche, die mit einer Banderole aus dem Krupp'schen Weinkeller versehen war – klar geworden, dass es sich um Harald Krupp von Bohlen und Halbach handeln musste.[17]

Der fünfte Sohn von acht Kindern von Gustav von Bohlen und Halbach und Bertha Krupp trug in der Tat einen berühmten Namen. Der Krupp-Konzern, der Ende der fünfziger Jahre von Haralds ältestem Bruder Alfried geleitet wurde, war seit seiner Gründung zum Inbegriff deutscher Wirtschaftsmacht geworden. Als einer der Kernbetriebe der deutschen Rüstungsindustrie seit dem Ersten Weltkrieg und in seiner willfährigen Einbindung in die verbrecherischen Rüstungs- und Autarkiebestrebungen des NS-Reiches, war Alfried an Stelle seines nicht mehr vernehmungsfähigen Vaters Gustav Krupp von Bohlen und Halbach in den Nürnberger Prozessen als Hauptkriegsverbrecher mit angeklagt worden. Nach kurzer Haftzeit begann er den rasch erfolgreichen Wiederaufstieg des Unternehmens in Westdeutschland zu organisieren.

Sein Bruder Harald war von einem sowjetischen Militärtribunal zu 25 Jahren Zwangsarbeit verurteilt und 1955 in die Bundesrepublik entlassen worden. Der 41-jährige Junggeselle lernte die 24-jährige Rosemarie Anfang 1957 in Frankfurt kennen und offensichtlich lieben. Gegenüber der Polizei, die ihn diskret im Firmensitz in Essen vernahm, beharrte er darauf, dass er, was immer das heißen mag, mit Rosemarie-Rebekka nur »normal verkehrt« habe. Das Verhältnis habe ihn fasziniert, weil sie »so ein lieber Kerl« war.[18] Zum engeren Kreis der Verdächtigen gehörte er nicht.

Über zwei Jahre nach dem Mord, am 29. März 1960, gelang es der Frankfurter Staatsanwaltschaft, auf der Grundlage weiterer Indizien neuerlich Mordanklage gegen Heinz Pohlmann zu erheben. Doch im Verlaufe von 13 Prozesstagen im Frankfurter Schwurgericht konnte die Staatsanwaltschaft wiederum keine derart beweiskräftigen Indizien vorlegen, die eine rechtskräftige Verurteilung Pohlmanns wegen Mordes oder Totschlags gerechtfertigt hätten. Seinem Verteidiger Alfred Seidl, eben jenem Juristen und späteren bayerischen Innenminister, der schon während der Nürnberger Prozesse den »Stellvertreter des Führers«, Rudolf Heß, vor dem Galgen gerettet hatte, fiel es leicht, die Anklage aus Mangel an Beweisen scheitern zu lassen. Pohlmann kam frei. Er starb 1995 vergessen in München.

»Der Versuch«, so bilanzierte der Publizist Friedrich Sieburg als Kommentator des Urteils für die FAZ, »den Mordfall zu einer Klassenangelegenheit zu machen, ist fehlgeschlagen.« Er meinte damit, dass der Fall Nitribitts missbraucht werden sollte, um eine angeblich »durch und durch verdorbene Oberschicht« in der Bundesrepublik und deren »sittliche Verworfenheit« eindrücklich zu belegen.[20] Das war gewiss fein beobachtet, blendete jedoch zugleich das Fazit dieses nie aufgeklärten Falles und seiner Behandlung in der Öffentlichkeit aus. Die sich dabei offenbarenden Konflikte in der jungen Republik zwischen konsumorientierter Massengesellschaft und einer an vergangenen Wertevorstellungen orientierten Bürgerlichkeit fanden im Skandalmord um die »Quartalshure« Nitribitt eine Art »moralisches Ventil«. Ohne solch ein Ventil kann sich eine »wesentlich bürgerlich denkende Gesellschaft« gemeinhin »nicht ernsthaft moralisch entrüsten«, jedenfalls nicht »ohne sofort auf ihre eigenen lebensgefährlich schwachen Stellen zu stoßen und damit an die Stabilität ihrer Existenz zu rühren«. So das Fazit des Soziologen William E. Simmat noch vor Ende des Prozesses. Und Simmat fügte hinzu: »Bei der Diskussion um die tote Dirne schien diese Gefahr nicht vorhanden.«[20]

Die Freiheit verteidigen, ohne sie zu beschädigen

Das KPD-Verbot – 1956

Das Bundesverfassungsgericht der jungen Bundesrepublik hatte sich schwer getan mit dem Verfahren und sich so viel Zeit gelassen, dass die Regierung unter Konrad Adenauer allmählich ungeduldig wurde und »sanften Druck« auszuüben begann. Nach knapp fünf Jahren Verfahrensdauer kam schließlich doch ein Urteil zustande. Mit Beschluss vom 17. August 1956 verbot das höchste bundesdeutsche Gericht die Deutsche Kommunistische Partei (KPD) als verfassungswidrige Organisation. Es bezog sich dabei auf Artikel 21 Abs. 2 des Grundgesetzes: »Parteien, die nach ihren Zielen oder nach dem Verhalten ihrer Anhänger darauf ausgehen, die freiheitliche demokratische Grundordnung zu beeinträchtigen oder zu beseitigen oder den Bestand der Bundesrepublik Deutschland zu gefährden, sind verfassungswidrig.« Das sahen die Richter im Falle der KPD als gegeben an. Sie verfügten die Auflösung der Partei und verboten zugleich, »Ersatzorganisationen für die Kommunistische Partei Deutschlands zu schaffen oder bestehende Organisationen als Ersatzorganisationen fortzusetzen.« Das Parteivermögen wurde eingezogen, um es gemeinnützigen Zwecken zuzuführen.[1] Hochrangige Parteifunktionäre gingen in die DDR, wohin ihnen in den nächsten Jahren auch einfache Parteimitglieder folgten, die sich in Westdeutschland wachsender Verfolgung durch Polizei und Justiz wegen ihrer Aktivitäten vor dem KPD-Verbot ausgesetzt sahen.

Jener »sanfte Druck« der Bundesregierung hatte übrigens darin bestanden, dass der Bundestag ein Änderungsgesetz beschloss, wo-

nach alle in Karlsruhe anhängigen Verfahren gemäß Art. 21 GG –
es war nur das gegen die KPD anhängig – ab 31. August 1956 aus
der Zuständigkeit des ersten Senats in die des zweiten Senats über-
gehen würden. Der seit 1951 mit dem Verbotsantrag befasste erste
Senat stand also vor der Wahl, sich das Verfahren aus der Hand
nehmen zu lassen oder zu einer Entscheidung zu gelangen. Er
wählte letztere Möglichkeit.[2]

Das Kabinett Adenauer hatte den Verbotsantrag gegen die KPD
am 22. November 1951 beim Bundesverfassungsgericht eingereicht, nachdem sie drei Tage zuvor bereits das Verbot der rechtsextremen Sozialistischen Reichspartei (SRP) beantragt hatte. Die
Bundesregierung wollte gewissermaßen in einem Doppelschlag
die politischen Extreme auf der Rechten wie auf der Linken kalt-
stellen. Im Falle der SRP, die 1951 bei den Landtagswahlen in Nie-
dersachsen mit 11 Prozent der Stimmen ihren größten Erfolg erzielt hatte, gelang das relativ rasch. Am 15. Juli 1952 wurden der
Rechtspartei per Einstweiliger Verfügung jegliche Propaganda-
Aktivitäten untersagt. Am 23. Oktober 1952 folgte das endgültige
Verbot der SRP, da ihre Aktivitäten und Ziele offenkundig gegen
die freiheitlich-demokratische Grundordnung verstießen.

Dass es beim KPD-Verfahren so viel länger dauerte, lag zum einen an der Verzögerungstaktik der Verteidigung, zum anderen am
Gericht selbst, da einige Richter offenbar Zweifel am Verfahren
hegten und eine Entscheidung hinauszögern wollten. So hatten
diese Richter Bedenken, ob nicht ein Verbot der KPD, die ja 1945
von allen Siegermächten zugelassen worden war, eine nachträgliche Düpierung der Vier Mächte und damit auch ein weiteres Hindernis für eine Wiedervereinigung Deutschlands darstellen könnte.[3] In ihren programmatischen Verlautbarungen trat die Partei
allerdings für die Beseitigung des bürgerlich-kapitalistischen Systems und die Errichtung eines sozialistischen Staates sowjetischer
Prägung ein, was den Vorwurf der Verfassungsfeindlichkeit durchaus rechtfertigte.

Allerdings hatte die KPD zum Zeitpunkt ihres Verbots lediglich rund 78 000 Mitglieder; 1947 waren es noch rund 324 000 gewesen. Bei den Bundestagswahlen 1953 errang sie nur noch 2,2 Prozent der Stimmen, weniger als die Hälfte ihres Stimmenanteils von 1949.[4] Die von ihr ausgehende Gefahr für die innere Stabilität der Bundesrepublik schien also gering und sich allmählich von selbst zu erledigen. All dies bewog den Vorsitzenden Richter, im September 1954 bei Adenauer persönlich nachzufragen, ob die Bundesregierung an ihrem Verbotsantrag festhalte. Was der Kanzler entschieden bejahte.[5]

Die mündliche Verhandlung begann im November 1954 und endete nach 51 Verhandlungstagen Mitte Juli 1955. Dann dauerte es noch einmal über ein Jahr, bis das Urteil verkündet wurde. In der mündlichen Verhandlung versuchten die geladenen KPD-Funktionäre den Vorwurf der Verfassungsfeindlichkeit unter anderem dadurch zu entkräften, dass sie erklärten, viele programmatische Äußerungen der KPD, etwa zur »Diktatur des Proletariats«, seien historisch zu verstehen und nicht Richtschnur ihrer aktuellen Politik. Das glaubten ihnen das Gericht ebenso wenig wie die im Gerichtssaal abgegebene Versicherung, dass die KPD die freiheitlich-demokratische Grundordnung nicht antasten wolle.[6] Tatsächlich war die KPD personell und finanziell so eng mit der DDR verbunden, dass die Karlsruher Richter dies leicht als Schutzbehauptung zurückweisen konnten.

Ob die KPD allerdings angesichts rapiden Mitglieder- und Wählerschwunds im wirtschaftlich prosperierenden Westdeutschland je die Chance hätte, ihre klassenkämpferischen Ziele zu erreichen, war mehr als fraglich. Aber die spannungsgeladene Atmosphäre des Kalten Krieges bot offensichtlich keinen Raum für staatspolitischen Gleichmut als Ausdruck demokratischer Souveränität auch gegenüber Gegnern des westdeutschen Gesellschaftssystems. Der Ausbruch des Koreakrieges hatte ab Mitte 1950 zu einer weiteren Verschärfung des Ost-West-Konflikts geführt und antikommunistische Bedrohungsängste innerhalb der westlichen Gesellschaften geschürt, die sich in den Vereinigten Staaten bald zur nahezu hysterischen Kommunistenhatz der McCarthy-Ära steigerten.

In der Bundesrepublik Deutschland war vor diesem Hintergrund bereits im Sommer 1951 das politische Strafrecht verschärft worden, indem es um den Abschnitt »Staatsgefährdung« (§§ 88 – 98 StGB) erweitert wurde, der Vorbreitungen für einen gewaltlosen Umsturz, unter anderem durch Gründung einer »verfassungsverräterischen Vereinigung« (§ 90a), unter Strafe stellte. Diese »Vorverlegung des Staatsschutzes«[7] war nicht zuletzt auf die KPD gemünzt, die – teilweise angeleitet und unterstützt von Kadern aus der DDR – nach Überzeugung der Bundesregierung die demokratische Grundordnung Westdeutschlands unterminieren wollte.

Bezeichnenderweise gab es von Seiten der organisierten Arbeiterschaft keinen sichtbaren Protest gegen das KPD-Verbot. Lediglich in München fanden sich einige hundert Demonstranten zu einer Kundgebung zusammen.[8] Offensichtlich hatte die KPD 1956 kaum noch Rückhalt in der westdeutschen Bevölkerung, und die Frage schien berechtigt, ob da nicht mit juristischen Kanonen auf kommunistische Spatzen geschossen worden war.

Mit der Begründung seines Verbotsurteils gab sich das Verfassungsgericht größte Mühe. Auf mehr als 300 Seiten ging es auf die historische Entwicklung der KPD, die theoretisch-ideologischen Grundlagen ihrer Politik sowie die Aktivitäten und Zielsetzungen der Partei ein. In der Urteilsbegründung heißt es unter anderem: »Die gegenüber der freiheitlichen demokratischen Grundordnung feindliche, prinzipiell revolutionäre Grundauffassung der KPD steht … keineswegs nur stillschweigend – wie im Programm der nationalen Wiedervereinigung – hinter ihrem Kampfe zum Sturz des ›Adenauer-Regimes‹; vielmehr ist die marxistisch-leninistische Begründung der Notwendigkeit dieses nationalen Kampfes, die die KPD unter ihren Funktionären und Mitgliedern in Schulung und Propaganda intensiv verbreiten muss, unmittelbar eine Untergrabung, Zersetzung der freiheitlichen demokratischen Grundordnung, ein Kampf gegen diese selbst.«[9] In aller Ausführlichkeit beschäftigt sich die Urteilsbegründung mit den Schriften von Marx, Lenin und Stalin, um die Verfassungsfeindlichkeit der KPD, insbesondere ihres Konzepts einer »Diktatur des Proletariats« zu beweisen.[10] Dabei betonte das Gericht jedoch, dass die KPD nicht wegen ihrer ideologischen Grundlagen oder allein weil sie die »obersten Prinzipien einer freiheitlich demokratischen Grundordnung nicht anerkennt ... [und] ihnen andere entgegensetzt«, verboten wurde, sondern wegen ihrer »aktiv kämpferischen(n), aggressive(n) Haltung gegenüber der bestehenden Ordnung«.[11] Vor allem das politische Ziel einer »Diktatur des Proletariats« sei mit der freiheitlich demokratischen Grundordnung nicht vereinbar. Über den Marxismus-Leninismus werde damit, so betonte das Gericht, kein Urteil gefällt.

Nach dem KPD-Verbot von 1956 verfügten die Staatsanwaltschaften über eine Handhabe, auch länger zurückliegende kommunistische Aktivitäten zu ahnden. Die Tätigkeit für die KPD war nach Auffassung der Strafverfolgungsbehörden nämlich bereits seit 1951 (Inkrafttreten des verschärften politischen Strafrechts) strafbar gewesen und lediglich die Verfolgbarkeit einschlägiger Taten bis zum Verbotsurteil vom August 1956 hinausgeschoben. Dies hatte zur Folge, dass beispielsweise im März 1960 ein früheres KPD-Mitglied und Redakteur einer KPD-Zeitung von der Staatsschutzkammer Dortmund wegen seiner politischen Aktivität in der KPD vor 1956 zu fünf Monaten Haft auf Bewährung verurteilt wurde. Allerdings wurde nicht in allen Bundesländern so verfahren; mehrere Gerichte lehnten nachträgliche Verurteilungen ab, da sich die Angeklagten vor 1956 in einem »Verbotsirrtum« befunden hätten.[12]

Es war Gustav Heinemann, Rechtsanwalt und SPD-Bundestagsabgeordneter, der vor dem Bundesverfassungsgericht gegen diese

Bestimmung klagte und 1961 die Aufhebung von § 90a StGB erreichte, weil dieser nicht mit dem Grundgesetz vereinbar war. Auf die Fragwürdigkeit mehrerer Teile des 1951 verschärften politischen Strafrechts hatte Heinemann bereits im November 1957 in einem Aufsehen erregenden Landesverrats-Prozess vor dem Bundesgerichtshof hingewiesen, bei dem er als Verteidiger auftrat. Angeklagt war der renommierte, marxistisch orientierte Wirtschaftswissenschaftler Viktor Agartz, dem »verfassungsverräterische« Verbindung zum DDR-Gewerkschaftsbund FDGB vorgeworfen wurde. Tatsächlich hatte Agartz, ein brillanter Wissenschaftler, der sich jedoch sowohl mit der SPD als auch den Gewerkschaften wegen seiner entschieden linken Positionen überworfen hatte, für seine Zeitschrift »Wiso – Korrespondenz für Wirtschafts- und Sozialwissenschaften« finanzielle Unterstützung aus der DDR erhalten. Der SED-gelenkte Gewerkschaftsbund FDGB hatte ein »Pauschalabonnement« für Agartz' Zeitschrift übernommen und dafür pro Monat rund 10 000 DM gezahlt. Agartz bestritt jedoch vehement, dass damit irgendwelche Einflussnahmen auf den Inhalt oder andere Gegenleistungen verbunden waren. Auch das Gericht war davon nicht überzeugt und sprach Agartz aus Mangel an Beweisen frei. Ein mitangeklagter Angestellter allerdings, der verschiedentlich als »Geldbote« fungiert hatte, wurde zu acht Monaten Haft verurteilt. Als früheres Mitglied der verbotenen KPD habe er, so das Gericht, im Unterschied zu Agartz den Willen zur »Eingliederung« in die verfassungsfeindliche Arbeit des FDGB gehabt und sich damit strafbar gemacht.[13]

Das politische Strafrecht, zumindest in seiner verschärften Form nach 1951, war ein Produkt des Kalten Krieges. Bereits in den fünfziger Jahren hatten Kritiker immer wieder auf die fatalen Folgen eines rigiden politischen Strafrechts für die freiheitliche Demokratie selbst hingewiesen, die es ja eigentlich schützen sollte. Mit Beginn der sechziger Jahre wuchs allmählich der gesellschaftliche und politische Einfluss dieser Kritiker. Und als mit Gustav Heinemann einer ihrer bekanntesten Wortführer Bundes-

Nach dem Parteiverbot: Räumung des Hamburger KPD-Büros

justizminister der Großen Koalition aus CDU / CSU und SPD wurde, war die Zeit reif für eine umfassende Reform. Sie wurde 1968 im Rahmen der großen Strafrechtsreform umgesetzt, indem etwa der Tatbestand der »Staatsgefährdung« teilweise wieder gestrichen, in anderen Teilen entschärft wurde. 1969 folgte die Einführung eines »zweiten Rechtszuges in Staatsschutzsachen«, das heißt einer zweiten Instanz, der die bisherige Praxis aufhob, dass das BGH in derartigen Fällen als erste und letzte Instanz urteilte, ein Revisionsverfahren also nicht möglich war.

Und auch die KPD erlebte 1969 in einem gewandelten gesellschaftlichen Klima ihre Wiederentstehung, wenn auch unter dem neuen Namen DKP, womit unterstrichen werden sollte, dass es sich um eine Neu- und nicht eine – vom Verfassungsgericht 1956 verbotene – Wiedergründung handelte. Doch waren personelle wie programmatische Kontinuitäten zur KPD unübersehbar. Die Zeiten hatten sich indes geändert. Eine formelle Aufhebung des KPD-Verbots stand zwar nicht zur Debatte, doch waren Politik und Justiz mittlerweile bereit, gegenüber einer kommunistischen Partei in der

Bundesrepublik größere Gelassenheit zu zeigen. Hinzu kam sicher auch der Wunsch der seit 1969 regierenden sozial-liberalen Koalition unter Willy Brandt, die gerade aufgenommenen Verhandlungen mit der Sowjetunion und der DDR durch ein mögliches Verbot der DKP als »Ersatzorganisation« der verbotenen KPD nicht unnötig zu belasten.

Gleichwohl blieb der Schutz der parlamentarischen Demokratie mit juristischen Mitteln in der Bundesrepublik ein stets aktuelles Thema. Wie die wechselnden Regierungen das Problem allerdings angingen, hatte meist etwas Missliches, denn, so der Haupteinwand, durch einschlägige Gesetze werde die Freiheit, die es zu schützen gelte, doch gerade beschnitten. So war es auch beim so genannten »Extremistenbeschluss« vom Januar 1972, mit dem Feinden der »freiheitlich-demokratischen Grundordnung« der Zugang zum öffentlichen Dienst verwehrt werden sollte. Lehrer, Erzieher ebenso wie Richter, Strafvollzugsbeamte und Ärzte an kommunalen Krankenhäusern mussten nun jederzeit die Gewähr dafür bieten, sich aktiv für die Werte der parlamentarischen Demokratie einzusetzen. Das galt auch für Lokführer und Postbeamte, die seinerzeit noch überwiegend zum öffentlichen Dienst gehörten. Der ausgerechnet unter einer SPD-geführten Bundesregierung beschlossene Erlass zielte nicht zuletzt auf Mitglieder der DKP und so genannter »K-Gruppen«, die in der Folge der Studentenrevolte gegründet worden waren.

Als dann die ersten Lehramtsbewerber wegen Zweifeln an ihrer Verfassungstreue abgewiesen, sogar Lokführer wegen Mitgliedschaft in der DKP mit Entlassung bedroht wurden, verschärfte sich in den siebziger Jahren die öffentliche Kritik am »Radikalenerlass«. Von »Gesinnungsschnüffelei« und »Berufsverboten«, eines freiheitlichen Rechtsstaates unwürdig, war die Rede. Der Begriff »Regelanfrage« – nämlich beim Bundesamt für Verfassungsschutz – erlangte in dieser Zeit traurige Berühmtheit. Einige

SPD-regierte Bundesländer entschieden sich denn auch, den »Radikalenerlass« nur in sicherheitsrelevanten Bereichen wie Polizei und Justiz anzuwenden. Ernste Konsequenzen, also eine Ablehnung der Einstellung in den öffentlichen Dienst, hatte der Erlass bis Ende der siebziger Jahre bei knapp 1500 Bewerbern, ganz überwiegend wegen Aktivitäten innerhalb »linksextremer« Gruppierungen. Insgesamt hat der Radikalenerlass der westdeutschen Demokratie wenn vielleicht nicht mehr Schaden, so doch Glaubwürdigkeitsverlust insbesondere bei jungen Leuten eingebracht als Schutz vor »innerer Zersetzung«. Anfang der achtziger Jahren stellten auch die letzten unionsregierten Länder die Praxis der »Regelanfrage« ein.

Allerdings spricht es nicht unbedingt gegen die »wehrhafte Demokratie«, wenn sie sich schwer tut im Kampf gegen ihre Feinde. Vor dem Hintergrund eines erstarkenden Rechtsradikalismus und dessen zunehmender Gewalttätigkeit griff die Bundesregierung gemeinsam mit Bundesrat und Bundestag im Jahr 2001 erneut zum Mittel des Parteienverbots, diesmal gerichtet gegen die 1964 gegründete rechtsextreme NPD. Doch das Verfahren vor dem Bundesverfassungsgericht entwickelte sich bald zu einer für Bundesregierung und Bundestag als Antragsteller unerfreulichen Angelegenheit. Zwar konnten die Vertreter der Bundesregierung ausreichend Beweise dafür vorlegen, dass Programmatik und Aktivitäten der NPD gegen die freiheitlich-demokratische Grundordnung gerichtet sind, doch stellte sich kurz vor der mündlichen Verhandlung im Februar 2002 heraus, dass ein nicht geringer Teil dieser Informationen von V-Männern stammte. Es bestand also die Gefahr, dass die Partei vom Verfassungsgericht verboten wurde aufgrund von Beweisen, die der Staat in Form seines Verfassungsschutzes selbst produziert hatte. Mehreren Richtern platzte schließlich der Kragen: Auf der Grundlage derart fragwürdigen Materials hielten sie ein rechtsstaatlich einwandfreies Verfahren nicht mehr für möglich. Das Verfahren wurde 2003 eingestellt.

Was Sozialismus ist, bestimmen wir

Die Harich-Janka-Gruppe – 1957

Es schien eines der Entwicklungsgesetze kommunistischer Diktaturen zu sein, dass sich die Machthaber zu einem bestimmten Zeitpunkt in Schauprozessen ihrer innerparteilichen Rivalen entledigten. So hatte es Josef Stalin zwischen 1936 und 1938 gemacht, als er seine einstigen Kampfgefährten Nikolai I. Bucharin und Grigori J. Sinowjew sowie zahllose andere Bolschewiki unter absurden Anschuldigungen vor Gericht stellen, zum Tode verurteilen und hinrichten ließ. So hatten es nach 1945 die kommunistischen Führungsgruppen in fast allen Ostblockstaaten gehalten, angefangen mit dem Schauprozess gegen Lázló Rajk 1949 in Ungarn über den Kostow-Prozess in Bulgarien 1949 bis zum Prozess gegen Rudolf Slánsky in der Tschechoslowakei 1952.

Alle diese Prozesse folgten demselben Muster. Den Angeklagten wurde vorgeworfen, als »Agenten des westlichen Imperialismus« auf den Sturz der kommunistischen Herrschaft hingewirkt zu haben. Hinzu kam die Anschuldigung, Gefolgsleute der namhaftesten Gegner Stalins, entweder Leo Trotzkis oder, nach 1948, des jugoslawischen Parteichefs Josip Tito zu sein. Zu den gespenstischen Aspekten dieser Prozesse gehörte, dass viele Angeklagte sich – zumeist auf Grund von Folterungen – vor Gericht selbst bezichtigten und mit ihrer Verurteilung einverstanden erklärten. Die Hauptangeklagten wurden in den meisten Fällen zum Tode verurteilt.

In der DDR hatte es bis Mitte der fünfziger Jahre einen derartigen Prozess nicht gegeben. Und es schien auch in Zukunft keinen zu geben, zumal auf dem XX. Parteitag der KPdSU im Februar 1956 Nikita S. Chruschtschow die stalinistischen Verbrechen, nicht zuletzt die Schauprozesse und den Terror gegen die eigenen Parteigenossen, angeprangert hatte. Doch dann bekam die DDR doch noch ihren »Schauprozess« gegen innerparteiliche Gegner, in viel kleinerem Rahmen freilich und mit vergleichsweise milden Urteilen. Gleichwohl hatten diese Prozesse gegen Wolfgang Harich, Walter Janka und andere aus dem Jahr 1957 erhebliche Auswirkungen auf die innere Entwicklung der DDR.

Am 29. November 1956 wurde der 33-jährige Philosophie-Dozent und Lektor im Ost-Berliner Aufbau-Verlag Wolfgang Harich unter dem Vorwurf verhaftet, Kopf einer »konterrevolutionären staatsfeindlichen Gruppe« zu sein.[1] Mit ihm wurden der Redakteur Manfred Hertwig und der Wirtschaftswissenschaftler Bernhard Steinberger festgenommen. Wenige Tage später verhaftete die Staatssicherheit auch den Chef des Aufbau-Verlags, Walter Janka, und zwei seiner Mitarbeiter. Die Prozesse gegen die »Mitglieder der staatsfeindlichen Gruppe Harich«[2] fanden im März bzw. Juli 1957 vor dem Obersten Gericht der DDR in Ost-Berlin statt. Die SED-Presse berichtete ausführlich.

Harich und seinen Mitangeklagten wurde vorgeworfen, »es gemeinsam unternommen [zu haben], die verfassungsmäßige Staats- und Gesellschaftsordnung der DDR planmäßig zu untergraben und sie zu beseitigen, indem sie ... unter Ausnutzung konspirativer Methoden eine staatsfeindliche Gruppe bildeten. Auf der Grundlage einer konterrevolutionären Konzeption verfolgten sie das Ziel, ... die volksdemokratischen Grundlagen der Arbeiter-und-Bauern-Macht zu zerstören.«[3] Nahezu gleichlautend waren die Anschuldigungen im zweiten, gegen Walter Janka und andere geführten Prozess. Schwer wiegende Vorwürfe – Beschuldigungen, die wenige Jahre zuvor in anderen Ostblockstaaten zahlreiche Kommunisten an den Galgen gebracht hatten.

Tatsächlich hatten Harich, Janka und andere im kleinen Kreis über die Notwendigkeit politischer und ökonomischer Veränderungen in der DDR diskutiert und auch eine Reihe konkreter Vorschläge zur »Reformierung des Sozialismus« ausgearbeitet. Insofern waren die Anschuldigungen der Staatsanwaltschaft nicht völlig aus der Luft gegriffen. Dass derlei aber ein schändliches Verbrechen sein sollte und als »konterrevolutionärer Akt« und »Anschlag gegen den Frieden« verurteilt wurde[4], ist bezeichnend für den damaligen – und nicht nur damaligen – Charakter des SED-Regimes.

Den Angeklagten ging es immer um eine »Verbesserung«, nicht um die »Beseitigung des Sozialismus«. Zudem hatten Harich und Janka ihre Verbundenheit mit der sozialistischen Bewegung hinlänglich unter Beweis gestellt: Walter Janka als Teilnehmer am kommunistischen Widerstand gegen den Nationalsozialismus, als Kämpfer im Spanischen Bürgerkrieg und ab 1941 als Verleger sozialistischer Autoren im mexikanischen Exil. Seit 1952 leitete er den Aufbau-Verlag, den er zum renommiertesten Literaturverlag der DDR machte.

Auch Wolfgang Harich hatte als Mitglied einer Widerstandsgruppe gegen die Nazis gekämpft, war 1944 aus der Wehrmacht desertiert und hatte sich 1945 der KPD bzw. SED angeschlossen. 1948 begann er an der Humboldt-Universität eine viel versprechende Karriere als Philosophie-Dozent und wurde Chefredakteur der »Deutschen Zeitschrift für Philosophie«. Zugleich arbeitete er als Lektor im Aufbau-Verlag, zu dessen Leiter Walter Janka er bald ein vertrauensvolles Verhältnis fand. Beide waren eigenständige Köpfe, die sich bei aller Loyalität zur »Partei der Arbeiterklasse« das Denken nicht verbieten lassen wollten. Und Anlass zu kritischem Nachdenken über den Zustand des Sozialismus im Allgemeinen und die Verhältnisse in der DDR im Besonderen gab es im Jahre 1956 genug, nicht zuletzt nach Nikita Chruschtschows Parteitagsrede. Die hatte in allen Ostblockstaaten heftige Diskussionen über die Überwindung des stalinistischen Herrschaftssystems ausgelöst, die im Herbst 1956 in Polen und Ungarn bereits zur Ablösung stalinistischer Diktatoren durch reformwillige Kommunisten – Wladyslaw Gomulka in Polen, Imre Nagy in Ungarn – geführt hatten.

Auch in der DDR wurde über die Enthüllungen des XX. Parteitags diskutiert, jedoch ohne dass es vorerst zu personellen oder inhaltlichen Konsequenzen im Sinne ökonomischer und politischer Reformen kam. Besonders intensiv verliefen diese Diskussionen im Ost-Berliner Aufbau-Verlag, wo es eine ganze Reihe kritischer Geister gab, die eine Reform des Sozialismus für unabdingbar hielten. Zu ihnen gehörten neben Wolfgang Harich und Walter Janka auch der Chefredakteur der im Verlag erscheinenden Zeitung »Sonntag«, Heinz Zöger, und dessen Stellvertreter Gustav Just. Seit Juli 1956 traf man sich wiederholt zu Gesprächsrunden, um über notwendige Maßnahmen zur Überwindung des stalinistischen Herrschaftssystems in der DDR zu diskutieren. Eine zentrale Rolle spielte auch die Frage, wie die sich abzeichnende Vertiefung der deutschen Teilung verhindert werden könne. Denn Harich und seine Diskussionspartner bemerkten mit Sorge, dass die Sowjetunion unter Nikita Chruschtschow ab 1955 kein Interesse mehr an einer Wiedervereinigung Deutschlands zu haben schien und die öffentlichen Bekenntnisse der SED-Führung zur deutschen Einheit nur noch rhetorischen Charakter hatten.

Wichtigster Ideengeber dieses Kreises war Wolfgang Harich, ein intellektueller Feuerkopf, der bereits in der Vergangenheit kaum einer philosophisch-politischen Auseinandersetzung – etwa mit dem »Chef-Ideologen« der SED Kurt Hager – aus dem Wege gegangen war. Seiner Universitätskarriere hatte das zwar geschadet, doch fand er ab 1954 als Verlagslektor, Redakteur und Lehrbeauftragter ein breites Betätigungsfeld.

Selbstbewusst wie er war, entwickelte Harich ein Konzept eines »besonderen deutschen Weges zum Sozialismus«. Dessen Kernstück bildete der Plan, ein enges Bündnis zwischen der SED und der SPD in Westdeutschland zu schmieden, um mittelfristig eine Wiedervereinigung unter sozialistischen Vorzeichen zu erreichen. Dazu mussten allerdings »in der DDR alle Einrichtungen und Verhältnisse« abgeschafft werden, »die einer sozialistischen Wiedervereinigung im Wege stünden, weil sie von unserem potentiellen Verbündeten im Westen nicht gebilligt« werden konnten. Da die westdeutsche SPD seinerzeit (vor dem Godesberger Parteitag von 1959) durchaus noch einer sozialistischen Zielsetzung folgte und Adenauers Politik der Westintegration scharf bekämpfte, weil sie nach Ansicht der Sozialdemokraten die deutsche Teilung zementierte, schien die Möglichkeit einer solchen Zusammenarbeit kein bloßes Hirngespinst irgendwelcher zu geistigen Eskapaden neigender DDR-Intellektueller zu sein. Unabdingbare Voraussetzung war natürlich die umfassende Entstalinisierung der SED.[5]

Bei den Gesprächspartnern im Verlag stieß Harich mit seinem Konzept auf grundsätzliche Zustimmung. Gescheitert war er hingegen mit dem Versuch, seine Vorstellungen auch dem Politbüro-Mitglied Fred Oelsner, einem vorsichtigen Kritiker Ulbrichts, zu unterbreiten. Ebenso stieß er bei Mitarbeitern der sowjetischen Botschaft auf taube Ohren, wogegen der angesehene ungarische Philosoph – und spätere Minister einer kurzlebigen reformkommunistischen Regierung in Ungarn – Georg Lukács ihn bei einem persönlichen Treffen ermutigte.

Für Harich und Janka war es ausgeschlossen, dass die Entstalinisierung der SED unter einem Parteichef Walter Ulbricht realisiert werden konnte. Dessen Ablösung war mithin eine Grundbedingung für Reformen in Partei und Staat. Als Ulbrichts Nachfolger brachten Harich und Janka nun Paul Merker ins Gespräch, jenen Paul Merker, der 1950 auf Betreiben Ulbrichts aus der SED ausgeschlossen und 1955 wegen angeblicher »Verteidigung der Interessen zionistischer Monopolkapitalisten« zu mehrjähriger Haft verurteilt worden war. Dem inzwischen aus der Haft entlassenen Merker trauten Harich und Janka offenbar zu, als »deutscher Gomulka«[6] die Führung einer entstalinisierten SED zu übernehmen und die DDR politisch und ökonomisch zu reformieren. Jedoch zeigte sich Merker bei einem Treffen in der Wohnung von Walter Janka am 21. November 1956 derartigen Plänen gegenüber reserviert. Zudem hatten sich innerhalb des Ostblocks inzwischen die Ereignisse dramatisch zugespitzt, nachdem in Ungarn die Reformbewegung im Oktober 1956 in einen regelrechten Aufstand gegen die sowjetische Vorherrschaft gemündet war, der Anfang November von sowjetischen Panzern blutig niedergeschlagen wurde.

Das alles hielt insbesondere Wolfgang Harich nicht davon ab, seine hochfliegenden Pläne für eine reformierte DDR als Voraussetzung eines wiedervereinigten, sozialistischen Deutschland weiter zu verfolgen. Ende November 1956 entwarf er »in fliegender Hast« (Harich) eine »Plattform für einen besonderen deutschen Weg zum Sozialismus«. Auf rund 50 Manuskriptseiten benannte Harich eine Vielzahl von Maßnahmen zur Reformierung von Partei und Staat und zur Überwindung der deutschen Teilung durch enge Kooperation mit der bundesdeutschen SPD. So sollte in der SED die »innerparteiliche Demokratie ... breit entfaltet«, das heißt die faktische Diktatur einer kleinen Gruppe von Parteifunktionären mit Ulbricht an der Spitze beendet werden. Bei den Wahlen zur Volkskammer sollte zwar das Prinzip der Einheitslisten beibehalten, den Menschen durch Aufstellung mehrerer Kandidaten jedoch eine wirkliche Wahlmöglichkeit gegeben werden. Auf wirtschaftlichem Gebiet sollte den Betrieben größere Selbstständigkeit gewährt werden unter Beibehaltung eines »staatlichen Wirtschaftsplans«.

Was die angestrebte Wiedervereinigung unter sozialistischen Vorzeichen anging, so forderte Harich, die SED müsse »anerkennen, dass es möglich ist, den Kampf für den Sozialismus in der Bundesrepublik auf der Grundlage des Bonner Grundgesetzes und unter Einhaltung der Regeln der parlamentarischen Demo-kratie zu führen.« Die SED sollte demnach die sozialistischen Kräf-te in der Bundesrepublik, und dabei insbesondere den linken SPD-Flügel, zwar unterstützen, sich einer direkten Einmischung aber enthalten.[7]

Wolfgang Harich beließ es nicht bei Diskussionen und dem Ab-fassen von Programm-Entwürfen. Am 1. November 1956 fuhr er über die offene Sektorengrenze nach West-Berlin, wo er Kontakt mit dem Landesverband der SPD aufnahm. Freimütig gab er sich als Mitglied einer Oppositionsgruppe innerhalb der SED zu erken-nen, die sich mit SPD-Genossen über einen »besonderen deutschen Weg zum Sozialismus« austauschen wolle. Das schien einige SPD-Funktionäre durchaus zu interessieren, denn in den nächsten Ta-gen kam es zu weiteren Treffen in West-Berlin, die jedoch nicht zu konkreten Absprachen führten. Es blieb völlig offen, ob Harichs Gesprächspartner von der SPD dessen Konzept einer reformierten DDR und eines sozialistischen Gesamtdeutschland überhaupt ir-gendeine Realisierungschance gaben. Unterdessen intensivierte Harich seine Bemühungen um Unterstützung für sein Konzept. So traf er sich am 26. November mit dem »Spiegel«-Herausgeber Ru-dolf Augstein in dessen Hamburger Villa. Augstein war zwar alles andere als ein Sozialist, dafür aber ein leidenschaftlicher Verfechter der deutschen Einheit, die er nicht zuletzt wegen Adenauers Deutschlandpolitik in immer weitere Ferne rücken sah. Augstein äußerte allerdings starke Zweifel, dass Harichs Vorstellungen ange-sichts der Machtverhältnisse im Ostblock und speziell in der DDR auch nur ansatzweise zu verwirklichen seien. Er verwies auf die nur wenige Tage zurückliegende Niederschlagung des ungarischen Aufstands durch sowjetische Truppen. Augstein sah Harich deshalb in großer Gefahr und riet ihm, im Westen zu bleiben. An finanzi-eller und beruflicher Unterstützung solle es nicht fehlen.[8] Doch Harich lehnte ab und machte sich nach weiteren Treffen mit sym-pathisierenden Freunden in Hamburg am 29. November per Flug-

Wolfgang Harich (links) und Walter Janka um 1956

zeug auf den Rückweg nach Berlin. Dort wurde er von der Staatssicherheit schon erwartet und zusammen mit seiner Freundin Ire-
ne Giersch verhaftet. Wenige Tage später wurde auch Walter Janka in Gewahrsam genommen.

Im Stasi-Untersuchungsgefängnis Hohenschönhausen wurde
Harich in den folgenden Wochen von drei sich abwechselnden Sta-
si-Vernehmern fast pausenlos verhört, »einem bösen, einem mür-
rischen, einem liebenswürdigen«, wie er sich später erinnerte. Allerdings hatte die Staatssicherheit mit Harich wenig Probleme, da
er bereitwillig aussagte. Auch die gleichzeitig verhafteten Steinberger und Hertwig machten weitgehende Angaben über die Zusam-
menkünfte jener um die deutsche Einheit bemühten Reformkom-
munisten im Umkreis des Aufbau-Verlags. Da der Stasi unter
anderem die von Harich entworfene »Plattform« in die Hände gefallen war, hatte ein Leugnen auch wenig Zweck. Den Beschuldigten war es allerdings wichtig, ihre Motivation und das Ziel der geplanten Maßnahmen ins rechte Licht zu setzen. Ansonsten gab
sich vor allem Harich zerknirscht und zur Selbstkritik bereit. So
verfasste er nach seiner Verurteilung eine ausführliche Zeugen-
aussage, in der er nahezu rückhaltlos über die Aktivitäten der

»Gruppe Harich« berichtete, wobei er Walter Janka eine herausgehobene Rolle zuschrieb und damit stark belastete, was dieser ihm zeitlebens nicht verziehen hat.

Wie in der DDR bei politischen Verfahren üblich, wurde der Prozess gegen Harich – wie auch der einige Monate später angesetzte gegen Janka – von der Staatsanwaltschaft in seinem Ablauf minutiös geplant. Wie ebenfalls üblich, musste Harich auf rechtlichen Beistand fast völlig verzichten. Seinen Pflichtanwalt bekam er erst zwei Tage vor Prozessbeginn für wenige Minuten zu Gesicht. Allerdings sollen laut Harich seine Mitangeklagten, gemessen an DDR-Verhältnissen, eine korrekte anwaltliche Betreuung erhalten haben.[9]

Nichts durfte dem Zufall überlassen bleiben, und so wurde der Prozessverlauf gegen Harich, Hertwig und Steinberger in bester Schauprozess-Tradition in einer »stundenlangen Generalprobe« (Harich) festgelegt. Dabei warnte Generalstaatsanwalt Ernst Melsheimer den Angeklagten Harich »unter Androhung fürchterlicher Konsequenzen« davor, die deutschlandpolitischen Überlegungen der Gruppe im Gerichtssaal zur Sprache zu bringen. Es sollte verhindert werden, dass die SED, deren Politik offiziell ja immer noch auf die Wiedervereinigung ausgerichtet war, von ihren Kritikern vor Gericht bloßgestellt würde. Im Zentrum der Anklage standen die Reformansätze der »Harich-Gruppe«, die, eher als Mittel zum Zweck der angestrebten Wiedervereinigung gedacht, sich »in ihrer Verselbständigung zum Teil tatsächlich restaurativ« ausnahmen, so Harich rückblickend.[10]

Der Prozess fand vom 7. bis 9. März 1957 vor dem Obersten Gericht in Ost-Berlin statt. Die Angeklagten waren »geständig«. Eine besondere Note bekam der Prozess auch dadurch, dass Generalstaatsanwalt Melsheimer am 8. März drei Zeugen – Gustav Just, Heinz Zöger und Richard Wolf – aus dem Zeugenstand heraus verhaften ließ. Sie wurden wenige Monate später zusammen mit Walter Janka vor Gericht gestellt.

Am 9. März 1957 sprach das Oberste Gericht der DDR die Urteile. Wolfgang Harich wurde wegen des Versuchs, die »gesellschaftlichen Verhältnisse in der DDR durch Drohung und Gewalt zu verändern, die Errungenschaften unseres sozialistischen Aufbaus preiszugeben und den Sturz der Regierung der DDR zu erzwingen« aufgrund Artikel 6 der DDR-Verfassung (»Boykotthetze«) zu zehn Jahren Zuchthaus verurteilt. Die Mitangeklagten Bernhard Steinberger und Manfred Hertwig erhielten wegen derselben »Verbrechen« vier bzw. zwei Jahre Zuchthaus. Jener in zahlreichen Prozessen angewandte Artikel 6 der DDR-Verfassung von 1949 lautete: »Boykotthetze gegen demokratische Einrichtungen und Organisationen, Mordhetze gegen demokratische Politiker, Bekundungen von Glaubens-, Rassen-, Völkerhass, militärische Propaganda sowie Kriegshetze ... sind Verbrechen im Sinne des Strafgesetzbuches.«

Die Angeklagten des zweiten Prozesses gegen die so genannten »Harich-Janka-Gruppe« wurden am 26. Juli 1957 unter anderem verurteilt wegen Aktivitäten, die »auf die Veränderung gesetzlich geschützter gesellschaftlicher Verhältnisse gerichtet« waren und wegen des Versuchs, »mit ungesetzlichen und verfassungswidrigen Mitteln ... (die) Führungsgremien der Partei der Arbeiterklasse unter Druck zu setzen, eine allgemeine Diskussion über ihre Pläne und angebliche Fehler der Partei und des Staates zu entfesseln und dadurch die von ihnen beabsichtigten Veränderungen im ökonomischen Gefüge des Staates und in der Regierung« zu erreichen. Für den Hauptangeklagten Walter Janka gab es fünf Jahre Zuchthaus, für Gustav Just vier Jahre, für Heinz Zöger zweieinhalb und für Richard Wolf drei Jahre Zuchthaus.[11] Wolfgang Harich saß den längsten Teil seiner Haft im berüchtigten Zuchthaus Bautzen ab. Im Dezember 1964 wurde er im Zuge einer Amnestie zum 15. Jahrestag der DDR-Gründung entlassen und arbeitete fortan als freiberuflicher Lektor. Walter Janka kam im Dezember 1960 frei und arbeitete seither als Filmdramaturg.

In den Monaten nach dem Harich-Janka-Prozess gab es in der DDR weitere Verfahren gegen so genannte »Revisionisten«. Die Angeklagten waren zumeist Wissenschaftler und Schriftsteller, die ähnlich wie Harich und Janka über eine reformierte, nicht-stalinistische DDR nachgedacht hatten. So wurden etwa im Dezember 1958 vier Sprachwissenschaftler und der Schriftsteller Erich Loest vom Bezirksgericht Halle »wegen staatsverräterischer Handlungen« zu mehrjährigen Zuchthausstrafen verurteilt. Bereits im März 1957 waren zwei Dozenten der Universität Leipzig zu mehrjähriger Haft verurteilt worden, weil sie ein Programm zur »Demokratisierung der DDR« verfasst hatten, worin das Gericht ein »Verbrechen gegen unseren Staat« erkannte.[12]

Diese Serie von »Revisionisten-Prozessen« lieferte Ende der fünfziger Jahre den ernüchternden Beweis, dass es für eine tiefgreifend reformierte DDR, für das Modell eines »freiheitlichen Sozialismus« keine reale Chance gab. An der diktatorischen Macht des Politbüros der SED bzw. des Parteichefs ließ Walter Ulbricht wie später auch sein Nachfolger Erich Honecker nicht rütteln. In einem Staat, dessen Sicherheits- und Repressionsapparat immer weiter ausgebaut wurde, hatten oppositionelle Gruppierungen letztlich keinerlei Entfaltungsmöglichkeit. Nach Harich und Janka mussten das noch zahlreiche andere Persönlichkeiten erfahren, die sich zeitweise der Illusion eines reformierbaren Staatssozialismus hingaben, so etwa Robert Havemann, der jahrelang unter Hausarrest stand, dessen Freund Wolf Biermann, 1976 ausgebürgert, oder der frühere Parteifunktionär Rudolf Bahro, der nach Veröffentlichung einer wissenschaftlich fundierten Abrechnung mit dem »real existierenden Sozialismus« in einem westdeutschen Verlag 1978 zu acht Jahren Haft verurteilt wurde.[13]

Bewährungsprobe einer Demokratie

Die »Spiegel-Affäre« – 1962

Es war ein merkwürdiges Zusammentreffen der Ereignisse. Während im Oktober 1962 die Kuba-Krise auf ihren Höhepunkt zusteuerte und die Welt am Rande eines Atomkriegs stand, löste eine polizeiliche Durchsuchung in den Redaktionsräumen des Nachrichtenmagazins »Der Spiegel« die bislang schwerste innenpolitische Krise der Bundesrepublik aus. Während der amerikanische Präsident John F. Kennedy sich entschlossen zeigte, die westliche Freiheit in der Karibik gegen die Bedrohung durch sowjetische Mittelstreckenraketen zu verteidigen, schien in der Bundesrepublik ebendiese Freiheit mit der Verhaftung einiger Journalisten akut gefährdet, nicht von den Sowjets allerdings, sondern von der westdeutschen Regierung selbst.

»Die Schicksalsfrage für Deutschland, die sich in diesen Tagen stellt ... ist, ob die Bundesrepublik Deutschland noch ein freiheitlicher Rechts- und Verfassungsstaat ist, oder ob es möglich geworden ist, sie durch eine Art kalten Staatsstreich über Nacht in einen Schreckens- und Willkürstaat zurückzuverwandeln«, schrieb bei Beginn der Krise der Publizist Sebastian Haffner.[1] Ähnlich scharf formulierte es ein Leserbriefschreiber an die Redaktion des »Spiegels« aus Frankfurt / Main: »Tief bewegt durch die ungeheuerlichen Übergriffe der Staatsgewalt bitte ich Sie, sich aufs schärfste mit jedem zulässigen Mittel zur Wehr zu setzen; sage jede mögliche Unterstützung zu.«[2]

Am Abend des 26. Oktober war der »Spiegel«-Herausgeber Rudolf Augstein, einer der angesehensten und einflussreichsten Journalisten der Bundesrepublik, verhaftet worden. Damit saß eine Galionsfigur des kritischen Journalismus nicht mehr hinterm Schreibtisch, sondern im Gefängnis. Auch mehrere Redaktionskollegen befanden sich in Untersuchungshaft. Laut Bundesanwaltschaft bestand gegen sie der »Verdacht des Landesverrats, der landesverräterischen Fälschung und aktiven Bestechung.«[3] Ein schwer wiegender Verdacht fürwahr, der ein hartes Vorgehen zu rechtfertigen schien. Je mehr jedoch über die Hintergründe der Festnahme und über die Vorwürfe gegen die Inhaftierten bekannt wurde, desto mehr Zeitgenossen sahen in den polizeilichen Maßnahmen einen staatlichen Angriff auf die Pressefreiheit.

Dass die Presse in der Bundesrepublik von vielen Menschen als »vierte Gewalt« im Staate wahrgenommen wurde – neben den klassischen drei Gewalten der Demokratie Legislative, Exekutive und Jurisdiktion – und dies im durchaus positiven Sinne einer Kontrollinstanz für die Regierenden, lag nicht zuletzt an Augstein und seinem »Spiegel«. Denn das 1947 von dem damals 24-jährigen Augstein nach US-amerikanischem Vorbild gegründete Nachrichtenmagazin hatte sich innerhalb weniger Jahre zu einer publizistischen Bastion entwickelt. Was allwöchentlich im »Spiegel« stand, beeinflusste mehr oder minder stark die politische Stimmungslage seiner Anfang der sechziger Jahre rund 400 000 Leserinnen und Leser und mittelbar die westdeutsche Politik. Nicht selten war dieser Einfluss sogar ganz direkt, wenn nämlich das »gewöhnlich gut unterrichtete« Hamburger Nachrichtenmagazin über Machenschaften und Winkelzüge der Politik berichtete.

Das konnte nicht jedem gefallen. Insbesondere Bundeskanzler Konrad Adenauer wie die gesamte Union waren auf den »Spiegel« nicht gut zu sprechen, da dieser der Politik der Bundesregierung zumeist kritisch gegenüberstand. So attackierte Augstein die auf eine konsequente Westintegration zielende Deutschland- und Rüstungspolitik des Kanzlers bei Verzicht auf konkrete Bemühungen zur Überwindung der Teilung immer wieder in ätzenden Kommentaren. Auch gegen das provinziell-verdruckste Klima in weiten Bereichen der westdeutschen Gesellschaft schrieben die jungen Journalisten vom »Spiegel« an, was der Auseinandersetzung mit der regierenden CDU auch etwas von einem Generationenkonflikt verlieh.

Eine besonders erbitterte Gegnerschaft bestand – jenseits irgendeines Generationenkonflikts – zwischen dem »Spiegel« und Verteidigungsminister Franz Josef Strauß (CSU), unbestritten ein politisches Talent und seinerzeit die große Hoffnung der Union. Es kann daher nicht verwundern, dass die Ereignisse vom Herbst 1962, die als »Spiegel-Affäre« in die deutsche Nachkriegsgeschichte eingehen sollten, oftmals als missglückter Racheakt des Verteidigungsministers gegen einen seiner schärfsten Kritiker interpretiert wurden.

Laut Berichten von Mitarbeitern des Blattes lässt sich der Beginn jener innigen Feindschaft zwischen dem »Spiegel« und Strauß genau datieren, und zwar auf den 9. März 1957. Für diesen Abend hatte Augstein den frischgebackenen Verteidigungsminister in sein Hamburger Privathaus eingeladen, um sich einen persönlichen Eindruck vom aufstrebenden CSU-Politiker und potenziellen Kanzlerkandidaten zu machen. Dieser Eindruck fiel allerdings denkbar schlecht aus. In unflätiger Weise soll Strauß, befeuert vom Alkohol, zunächst über britische Politiker, dann über die Sowjets hergezogen sein. Ein derart unbeherrschter Politiker als Bundeskanzler? Bei diesem Gedanken soll es Augstein und seinen engsten Mitarbeitern mulmig geworden sein. Und so gab der »Spiegel«-Herausgeber intern die Devise aus: »Der nicht!«[4] Wie auch immer das gespannte Verhältnis zwischen Augstein und Strauß entstanden sein mag, der »Spiegel« hatte künftig ein waches Auge auf den Politiker, der ersichtlich mehr werden wollte als Verteidigungsminister. Und Strauß selbst gab dem »Spiegel« immer wieder Gelegenheit, über politisch Anrüchiges in seinem Umfeld zu berichten.

Da gab es die »Onkel-Aloys-Affäre« vom Sommer 1962, bei der es um horrende Summen ging, die ein Bekannter von Strauß, ein (Nenn-)Onkel seiner Frau Marianne, mit der Vermittlung von Rüstungsgeschäften verdient hatte. Strauß soll die nötigen Kontakte vermittelt und auch mitverdient haben.[5] Auch in der so genannten »Fibag-Affäre« (1960/61) hatte sich Strauß für einen Bekannten eingesetzt, der am Bau von 5000 Wohnungen für Angehörige der US-Streitkräfte in der Bundesrepublik verdienen wollte. Auch Strauß hätte bei dem Projekt – das schließlich doch nicht zustande kam – sehr wahrscheinlich seinen Schnitt gemacht. So war es jedenfalls im Januar 1962 im »Spiegel« zu lesen.[6] Bereits ein Jahr zuvor hatte Augstein bzw. der »Spiegel« unmissverständlich klar gemacht, was er von Strauß hielt und welche Gefahr er in seinen politischen Ambitionen sah: Strauß' »Forderungen auf eine lückenlose atomare Abwehrfront vom Nordkap bis zum Kaukasus laufen darauf hinaus, dass (…) die Deutschen als stärkste Militärmacht Europas den Krieg auslösen können, dass entweder der deutsche Bundeskanzler oder der deutsche Verteidigungsminister ihn auslösen kann. (…) Ob die CDU oder die SPD künftig Wahlen gewinnen wird, ist nicht mehr so sehr von Belang. Wichtig erscheint allein, ob Franz Josef Strauß ein Stück weiter auf jenes Amt zumarschieren kann, das er ohne Krieg und Umsturz schwerlich wieder verlassen müsste.«[7]

Am Abend des 26. Oktober 1962 hatte der »Spiegel« nun die Polizei im Haus. Die Hamburger Redaktionsräume wurden durchsucht und versiegelt, zahlreiche Akten beschlagnahmt. Den verdutzten Redakteuren war das Telefonieren untersagt. Im 7. Stock des Verlagsgebäudes arbeitete der Leiter der Wirtschaftsredaktion, Leo Brawand, gerade an der neuesten Ausgabe, als er von der Polizeiaktion Wind bekam. Kurzerhand löschte er das Licht und versteckte sich im Kleiderschrank. Die Polizeibeamten fanden sein Büro verlassen und zogen weiter. Brawand verständigte telefonisch den Anwalt des »Spiegel« und informierte die Deutsche Presseagentur über die Vorgänge in der »Spiegel«-Zentrale. Später hatte er übrigens eine schöne Erklärung für sein Verschwinden im Schrank, das den Ermittlungsbehörden doch etwas verdächtig vorkommen wollte: »Ich mache das gerne mal, wenn ich nachdenken muss.«[8]

Der Vorwurf gegen den »Spiegel« lautete auf Landesverrat. Auslöser war ein Artikel vom 10. Oktober, der sich unter der Überschrift »Bedingt abwehrbereit« kritisch mit der Bundeswehr und den wehrpolitischen Plänen der Bundesregierung auseinandersetzte. Der von Conrad Ahlers verfasste Beitrag prangerte vor allem Strauß' Pläne zur Ausstattung der Bundeswehr mit taktischen Atomwaffen unter Vernachlässigung der konventionellen Rüstung an. Seit Jahren war die Frage, ob die westdeutsche Armee im Rahmen der Nato auch mit Atomwaffen ausgestattet werden sollte, eines der heißesten innenpolitischen Themen in der Bundesrepublik, das unter dem Motto »Kampf dem Atomtod« wiederholt Zehntausende mobilisierte.

Zur Anzeige gebracht hatte den »Spiegel«-Artikel übrigens ein stramm konservativer Jura-Professor und Oberst der Reserve, Friedrich August Freiherr von der Heydte, der konservativen Unionspolitikern als Gründer rechtskonservativer Vereinigungen positiv aufgefallen war. Böse Zungen behaupteten, dass seine Ende Oktober 1962 erfolgte Beförderung zum General der Reserve eine Art Dank des Verteidigungsministers Strauß für die Anzeige gegen den »Spiegel« gewesen sei. Belegen ließ sich das nicht.

Laut Bundesanwaltschaft enthielt der inkriminierte Artikel mehr als 40 zum Teil streng geheime militärische Informationen. Die Ermittlungen wegen des Verdachts auf Landesverrat erstreckten sich auch auf Offiziere und Beamte der Bundeswehr. Genauere Nachforschungen ergaben allerdings, dass der Artikel ausschließlich Informationen enthielt, die an irgendeiner Stelle bereits veröffentlicht waren. Der stellvertretende Chefredakteur Ahlers hatte mit seinem Artikel also eher eine Fleißarbeit abgeliefert als ein Stück Enthüllungsjournalismus.[9]

Dennoch waren Bundesanwaltschaft und Bundeskriminalamt (BKA) in ihrem Ermittlungsfuror zunächst nicht zu bremsen. Insgesamt acht Redakteure aus der Hamburger Zentrale und dem Bonner Büro des »Spiegel« wurden in Untersuchungshaft genommen. Die Hamburger Redaktionsräume blieben über mehrere Wochen von Polizeibeamten besetzt. Trotzdem konnte das Blatt regelmäßig und annähernd im gewohnten Umfang erscheinen, da andere Zeitungen, so die »Zeit«, ihren ausgesperrten Kollegen Räume zur Verfügung stellten.

Der Verfasser des Artikels, Conrad Ahlers, war in der Nacht des 26. Oktober an seinem Urlaubsort bei Malaga von spanischen Behörden festgesetzt worden, und zwar auf direkte Intervention von Verteidigungsminister Strauß. Dieser hatte gegen 0 Uhr 45 in der deutschen Botschaft in Madrid angerufen und den dortigen Militärattaché Achim Oster verlangt, der jedoch gerade nicht zu erreichen war. Oster rief umgehend zurück und erhielt von Strauß – der übrigens behauptete, zugleich im Namen des Bundeskanzlers zu handeln – die Anweisung, er solle für die Festnahme von Ahlers durch die Spanier sorgen. Dass Strauß später von diesem Anruf in Madrid nichts mehr wissen wollte, machte die »Spiegel-Affäre« auch zu einer »Affäre Strauß«.

Wohl keiner der Beteiligten, weder der Generalbundesanwalt oder Verteidigungsminister Strauß noch die verhafteten »Spiegel«-Redakteure selbst, hat damit gerechnet, welche öffentlichen Reaktionen die Hamburger Polizeiaktion auslösen würde. In vielen Städten kam es in den folgenden Tagen und Wochen zu spontanen Protestkundgebungen gegen diesen »Anschlag auf die Pressefreiheit«. Eine der Parolen hieß: »Spiegel tot – Freiheit tot«. Zahlreiche Einzelpersonen, Gruppen und Verbände – von renommierten Schriftstellern der »Gruppe 47« wie Günter Grass und Hans Magnus Enzensberger über kirchliche Gruppen, die sozialdemokratische Jugendorganisation »Die Falken«, die »Humanistische Union« e tutti quanti – brachten ihre Empörung über das staatliche Vorge-

Demonstration anlässlich der »Spiegel-Affäre« in Frankfurt

hen gegen den »Spiegel« zum Ausdruck. Die Leserbriefspalten der
Zeitungen waren voll von kritischen, mitunter wütenden Zuschrif-
ten: »Ist es nun wirklich soweit, dass die Pressefreiheit, das selbst-
verständliche Zeichen jeder demokratischen Lebensordnung, ab-
gewürgt werden soll?« Ein Briefschreiber aus Berlin sah den Fall des
»Spiegel« in einer Reihe mit anderen staatlichen Willkürmaßnah-
men des 20. Jahrhunderts. »Zola, Harden, von Ossietzky und jetzt
Augstein. Seien Sie meiner Sympathie gewiss.« Aus Garstedt bei
Hamburg schrieb ein Leser an die »Spiegel«-Redaktion: »Hoffent-
lich finden sich Richter in der Bundesrepublik, denen daran gele-
gen ist, dass Artikel 5 des Grundgesetzes [Garantie der Presse- und
Meinungsfreiheit, d.Verf.] höher steht als das Interesse derjenigen,
die etwas gegen den ›Spiegel‹ haben.« Es gab auch Zeichen der
praktischen Solidarität. »Zur Verteidigung von Herrn Augstein habe ich mir erlaubt, als kleinen Beitrag fünf Mark auf Ihr Post-
scheckkonto Hamburg zu überweisen.«[10]

Offenkundig war vielen Deutschen, insbesondere der jüngeren und mittleren Generation, die Pressefreiheit und die freiheitliche Demokratie mittlerweile ein hohes Gut, für das es zu kämpfen galt. In- und ausländische Beobachter nahmen das mit Genugtuung, zuweilen mit einem gewissen Erstaunen zur Kenntnis. Ein großer Teil der westdeutschen Bevölkerung schien den »deutschen Untertanengeist« überwunden zu haben. Auch einem konservativ-kulturpessimistischen Beobachter der Bundesrepublik wie Friedrich Sieburg nötigte das Respekt ab. In der FAZ schrieb er: »Eine Freiheitsbewegung hat sich in unserem öffentlichen Leben bemerkbar gemacht. Sie ist bisher fast immer ausgeblieben, wenn man glaubte, auf sie hoffen zu dürfen. Aber nun ist sie zu spüren. Wird sie dauern? Das wäre das glückliche Ergebnis einer unglücklichen Sache.«[11]

Während die Empörung über das Vorgehen gegen den »Spiegel« in den Zeitungen und auf den Straßen immer lauter wurde, bestritt Franz Josef Strauß energisch, mit der Aktion irgendetwas zu tun zu haben. Am 3. November 1962 gab er dem Nürnberger »8-Uhr-Blatt« ein Interview: »Es ist kein Racheakt meinerseits. Ich habe mit der Sache nichts zu tun. Im wahrsten Sinne des Wortes nichts zu tun!« Wo immer das Verteidigungsministerium davon berührt sei, liege die Angelegenheit in den Händen eines Staatssekretärs. Der wurde wenige Tage später beurlaubt, weil er – so die offizielle Begründung – es versäumt habe, den zuständigen Justizminister Wolfgang Stammberger (FDP) vorab zu informieren.

Ein typisches »Bauernopfer«, das Strauß aber nur noch mehr in Bedrängnis brachte. Denn aus der »Spiegel-Affäre« war längst eine politische Affäre um den Verteidigungsminister selbst geworden. Nun drängte auch die oppositionelle SPD auf eine rückhaltlose Aufklärung der Umstände der »Spiegel«-Besetzung, insbesondere der Rolle von Franz Josef Strauß, nachdem sie am 29. Oktober noch an erster Stelle die Klärung der Landesverratsvorwürfe gegen den »Spiegel« gefordert hatte und dann erst der Frage, »ob bei den Aktionen ... alle Gesetzesvorschriften beachtet worden sind.«[12]

Die SPD beantragte eine parlamentarische Fragestunde, aus der dann drei so turbulente Sitzungstage wurden, wie sie der Bundestag noch nicht erlebt hatte. Dabei ließ sich Bundeskanzler Adenauer am 7. November im Eifer des Gefechts zu dem fatalen Ausruf hinreißen:»Wir haben einen Abgrund von Landesverrat im Lande.« Eine mehr als unbedachte Äußerung, wo doch noch nichts bewiesen, noch niemand angeklagt, geschweige verurteilt war. Aber der Kanzler legte nach:»Denn, meine Damen und Herren, wenn von einem Blatt, das in einer Auflage von 500 000 Stück erscheint, systematisch, um Geld zu verdienen, Landesverrat getrieben wird ...« Der Rest ging im lautstarken Protest der SPD-Abgeordneten unter.

Und in der Tat war es bedenklich, dass der Kanzler eines demokratischen Staates als eine Tatsache hinstellte – den angeblichen Landesverrat durch den»Spiegel« –, wofür es lediglich einen Anfangsverdacht der Ermittlungsbehörden gab.

In den Mittelpunkt der Auseinandersetzung rückte bald die Frage, wer von Bonn aus die Festnahme des Spiegel-Redakteurs Conrad Ahlers durch die spanischen Behörden veranlasst hatte. Zunächst stritt Strauß jede Beteiligung ab. Dann behauptete er auf hartnäckiges Nachfragen von SPD-Abgeordneten, die Sicherungsgruppe des BKA habe das Verteidigungsministerium um Amtshilfe bei der Festnahme von Ahlers gebeten. Schließlich habe er, Strauß, gegenüber dem deutschen Militärattaché in Madrid auf dessen ausdrückliches Ersuchen am Telefon nur noch einmal wiederholt, was dieser über die geplante Festnahme von Ahlers bereits wusste,»... bis auch ich mit ihm verbunden wurde und habe ihm das wiederholt, was vorlag.«[13]

Damit war offensichtlich, dass der Verteidigungsminister den Bundestag mehrmals belogen hatte. Denn sehr wohl hatte Strauß den Militärattaché Oster selbst angerufen bzw. ans Telefon beordert und ihm die Anweisung gegeben, Ahlers festsetzen zu lassen. Und tatsächlich hatte er schon weit früher als von ihm behauptet von der geplanten Aktion des Generalbundesanwalt gegen den

»Spiegel« gewusst. Am 19. November 1962 gab er das in einem »streng geheimen« Brief an Adenauer auch zu.[14]

Soviel war nun klar: Für die Festnahme des Spiegel-Redakteurs in Spanien hatte es keine rechtliche Grundlage gegeben. Innenminister Hermann Höcherl (CSU) kommentierte das im Bundestag mit einem Schulterzucken. Seine Beamten könnten ja nicht »den ganzen Tag mit dem Grundgesetz unter dem Arm herumlaufen«. Es habe einen »kurzgeschlossenen Verkehr zwischen zwei Polizeien« gegeben. »Das ist, möchte ich einmal sagen, etwas außerhalb der Legalität.«[15]

Mittlerweile sahen das nicht allein die SPD-Opposition und große Teile der Öffentlichkeit so, sondern auch der Koalitionspartner FDP, der sich zudem bei der ganzen Aktion übergangen fühlte. Justizminister Wolfgang Stammberger bot aus Protest umgehend seinen Rücktritt an. Die FDP erklärte sich zur Fortsetzung der Koalition nur bereit, wenn Strauß der Regierung nicht mehr angehörte. In dieser zugespitzten Situation wäre es beinahe, bereits 1962, zur Bildung einer Großen Koalition von CDU/CSU und SPD gekommen. Der SPD-Politiker Herbert Wehner traf sich insgeheim mit seinem CSU-Kollegen Karl Theodor Freiherr von und zu Guttenberg, um die Möglichkeit eines Zusammengehens auszuloten. Mitte November 1962 waren die Gespräche soweit gediehen, dass eine Regierungsbeteiligung der SPD in greifbarer Nähe schien, zumal die FDP Bundeskanzler Adenauer weiter Schwierigkeiten machte. Als die Liberalen jedoch von Absprachen zwischen der Union und der SPD erfuhren, in absehbarer Zeit das Mehrheitswahlrecht einzuführen – was zwangsläufig das Verschwinden der FDP aus dem Bundestag bedeutet hätte –, drängten sie zurück ins Kabinett. Zudem regte sich in der SPD-Fraktion Widerstand gegen eine Große Koalition. Adenauer war es denn auch lieber, erneut mit der FDP zu regieren als mit den Sozialdemokraten, die er früher oft als verlängerten Arm Moskaus geschmäht hatte.

Strauß hatte inzwischen auf das Amt des Verteidigungsministers verzichtet. Der öffentliche Druck – und der Missmut innerhalb der CDU – war zu groß geworden. Er mochte sich trösten mit dem triumphalen Wahlsieg, den er am 25. November 1962, vier Wochen nach Beginn der Affäre, bei den Landtagswahlen in Bayern erzielte. Eine Mehrheit der bayerischen Wähler fand offenkundig an den markigen Worten des Münchner Volldampf-Politikers Gefallen. Sein oft gespanntes Verhältnis zur Wahrheit und sein eigenwilliges Demokratieverständnis stand dem nicht entgegen.

Einer hielt sich in den kritischen Tagen, abgesehen von den unbedachten Äußerungen im Bundestag, erstaunlich zurück: Bundeskanzler Adenauer. Unter öffentlichem Beschuss stand Verteidigungsminister Strauß, keineswegs zu Unrecht, wie sich bald zeigen sollte. Erst Jahre später mehrten sich aber die Hinweise, dass auch Adenauer in das geplante Vorgehen gegen den »Spiegel« frühzeitig eingeweiht gewesen war und die Handlungsweise von Strauß zumindest gedeckt, wenn nicht gar – wie dieser einmal behauptete – sogar angestoßen hatte.[16]

Währenddessen saßen Rudolf Augstein, Conrad Ahlers und drei andere »Verdächtige« noch immer in Untersuchungshaft. Auch die öffentlichen Proteste hielten an. Die Bundesanwaltschaft indes kam mit ihren Ermittlungen nicht voran. Stück für Stück brach die Anklage gegen Augstein und andere zusammen. Anfang Februar 1963 wurde Augstein als Letzter aus der Untersuchungshaft entlassen. Die Ermittlungen wurden schließlich eingestellt.

Natürlich wollte der »Spiegel« die Sache nicht auf sich beruhen lassen, sondern reichte im Januar 1966 beim Bundesverfassungsgericht Klage gegen die Bundesregierung wegen »verfassungswidrigen Eingriffs in die Pressefreiheit« ein. Der unionsgeführten Regierung blieb indes die Verurteilung wegen einer derart schwer wiegenden Verfehlung erspart. Die Karlsruher Richter kamen zu keinem einheitlichen Bild, die Klage wurde bei Stimmengleichheit (4 zu 4) abgewiesen.

Gleichwohl hatte die westdeutsche Demokratie gewonnen. Im Rückblick erscheint die »Spiegel-Affäre« fast wie eine »zweite Staatsgründung« der Bundesrepublik, insofern ein Großteil ihrer Bevölkerung sich entschlossen zeigte, jede Einschränkung fundamentaler Freiheitsrechte zu verhindern. In gewissem Sinne markiert die Affäre für die Bundesrepublik das Ende der fünfziger und den Beginn der sechziger Jahre. Republikanisch-kritischer Geist begann sich gegen eine autoritär geprägte Staatsräson zu behaupten, die beim bloßen Verdacht auf »Landesverrat« bürgerliche Freiheitsrechte nur allzu leicht zur Disposition stellte. Dagegen setzte sich ein Großteil der Bevölkerung zur Wehr mit Demonstrationen und einer Flut von Leserbriefen. Rückblickend erscheint somit die »Spiegel-Affäre« als Auftakt zu einem Jahrzehnt, in dem vor allem die (akademische) Jugend ihre Kritik und alternativen Vorstellungen von Lebensführung und Gesellschaft auf die Straße trug.

Auf dem Höhepunkt der Affäre hatte Sebastian Haffner geschrieben: »Mit der ›Spiegel-Affäre‹ hat für die Lebensfähigkeit der deutschen Demokratie zum ersten Mal deutlich und unüberhörbar die Stunde der Prüfung geschlagen.«[17] Wie es schien, hatte Westdeutschland diese Prüfung im Jahr 1962 bestanden. Merkwürdigerweise gingen eigentlich alle gestärkt aus der Affäre hervor. Die westdeutsche Demokratie, der »Spiegel« sowieso, selbst Franz Josef Strauß, der bereits 1966 wieder zurück war in Bonn, und zwar als allseits geschätzter Finanzminister einer Großen Koalition. Deren stellvertretender Regierungssprecher war übrigens kein anderer als jener Conrad Ahlers, den Strauß einst »etwas außerhalb der Legalität« (Innenminister Höcherl) ins Gefängnis gebracht hatte.

Erregungszustände der Gesellschaft

Vera Brühne – 1962

So etwas hatte die Bundesrepublik noch nicht gesehen. Am 25. April 1962 war der Münchner Justizpalast wie eine Festung gesichert, das Gelände mit Gittern weiträumig abgesperrt. Vor sämtlichen Eingängen hatten sich Polizisten postiert. Schon seit Stunden harrten an diesem Morgen mehrere Hundert Menschen vor den Absperrungen aus, um einen der wenigen Plätze im Gerichtssaal zu ergattern. »Als um acht Uhr dreißig der Zuschauerraum geöffnet wurde, da schlugen und stießen sich die Neugierigen, um einen Platz zu erwischen. Weniger Kräftige wurden dabei so rücksichtslos an die Wand gequetscht, dass man das Geschrei vom Erdgeschoss bis in den Schwurgerichtssaal hinauf hören konnte«, schrieb der »Münchner Merkur«.[1] Unter dem Ansturm der Menge ging eine schwere Flügeltür zu Bruch.

Grund für diesen hysterischen Massenandrang war der Beginn des Mordprozesses gegen Vera Brühne und ihren langjährigen Bekannten Johann Ferbach. Ihnen wurde vorgeworfen, im April 1960 gemeinschaftlich den Münchner Arzt Dr. Otto Praun und seine Haushälterin Elfriede Kloo aus Habgier ermordet zu haben. Beide bestritten die Tat. Bereits Monate vor Prozessbeginn hatte die Presse ausführlich über den Mord und die Ermittlungen berichtet und die Sensationslust des Publikums angeheizt. Illustrierte wie »Quick« und »Stern« sowie sämtliche Boulevardblätter übertrumpften sich mit reißerischen Überschriften wie »Luxus – Laster – Lügen« oder »Nie sah ich so eiskalte Augen«.[2] Der »Fall Brühne« hatte alles, was es für einen »Sensationsprozess« braucht: eine attraktive Angeklagte mit »bewegter Vergangenheit«, das Milieu der Reichen und Schönen, Bettgeschichten, Geld, Luxus, und es wurde reichlich schmutzige Wäsche gewaschen.

Es war einer der spektakulärsten Kriminalfälle der deutschen Nachkriegsgeschichte und dazu einer der mysteriösesten, dessen Hintergründe auch mehr als vier Jahrzehnte nach dem – sehr umstrittenen – Urteilsspruch nicht geklärt sind. Schon bald kamen etwa Gerüchte auf, dass bei dem Mord an Dr. Praun Waffengeschäfte und Geheimdienste eine zentrale Rolle gespielt haben könnten. Es fielen die Namen von Mitarbeitern des Bundesnachrichtendienstes, und noch 1970 hielt es der frühere Verteidigungsminister Franz Josef Strauß für nötig, in einer eidesstattlichen Erklärung zu versichern, dass er »mit den Morden, begangen an Dr. Praun und seiner Wirtschafterin ... nicht das geringste zu tun« habe.[3]

Das alles aber interessierte die Zuschauer im Münchner Gerichtsaal und die Zeitungsleser zunächst überhaupt nicht. Ihnen ging es um einen Fall, der viel »Sex and crime« versprach. Und davon wurde ihnen in den folgenden Wochen in der Tat reichlich geboten. Dass der »Brühne-Prozess« – der Mitangeklagte Ferbach wurde und wird in der Berichterstattung meist nur am Rande erwähnt – ein derartiges Aufsehen erregte, sagt einiges aus über den Gemütszustand der westdeutschen Bevölkerung, über ihre Haltung zu Familie, Sexualität und »anständiger« Lebensführung. Dass die Angeklagte so gar nicht dem Bild der treusorgenden Hausfrau entsprach, brachte ihr bei Teilen der Presse und des Publikums nicht gerade Sympathien ein. Auf der anderen Seite – so die Äußerung einer 23-Jährigen auf die Frage eines Journalisten – gab es nicht zuletzt jüngere Leute, die den »Hass gegen diese Frau widerlich« fanden. »Nur weil sie einen leichten Lebenswandel geführt hat und zudem gut ausschaut, fällt alles über sie her.«[4]

Um ein Haar und es wäre gar nicht zu einem Prozess gekommen. Denn als die Polizei in der Nacht auf den 20. April 1960, zwei Tage nach Ostern, am Tatort, einer Villa in Pöcking am Starnberger See, eintraf, war für die ermittelnden Beamten der Fall sehr bald klar: Selbstmord bzw. Mord und Selbstmord. Nach Überzeugung der Polizeibeamten und des herbeigerufenen Arztes hatte der Tote, der 65-jährige Arzt Dr. Otto Praun, zuerst seine Haushälterin Elfriede Kloo (49) und dann sich selbst erschossen. Die Tatwaffe, eine Pistole aus dem Besitz des Toten, lag neben der Leiche Otto Prauns. Als Tatzeit nahmen die Beamten zunächst den 15. April, später dann den Abend des 14. April, Gründonnerstag, an.

Es stellte sich jedoch bald heraus, dass die Polizei bei der Spurensicherung schwere Fehler und Versäumnisse begangen und damit den tatsächlichen Tathergang eher verschleiert als aufgeklärt hatte. Die Temperatur am Tatort wurde nicht exakt gemessen, die Polizisten tranken zur Stärkung aus vier offensichtlich zuvor benutzten Gläsern, es wurden keine Fingerabdrücke genommen. Ein Brief, der im Prozess zu einem zentralen Beweisstück werden sollte, blieb zunächst unbeachtet. Insgesamt leistete die Polizei am Tatort sehr oberflächliche Arbeit, da sie von vornherein auf die Selbstmord-These fixiert war. Den örtlichen Leiter der Ermittlungen kostete diese Schlampigkeit denn auch die Karriere.

Dem Sohn des Toten, Günther Praun, fiel es schwer, an den Selbstmord seines Vaters zu glauben. Im Oktober 1960 erwirkte er eine Exhumierung und erneute Obduktion der Leiche. Das Ergebnis war eine Sensation. Der Schädel des Toten wies zwei Einschusslöcher auf, ein Selbstmord war also ausgeschlossen. Otto Praun und Elfriede Kloo waren ermordet worden. Nun begann die fieberhafte Suche nach dem Täter.

Die Ermittlungen konzentrierten sich sofort auf das persönliche Umfeld des Ermordeten. Dabei erfuhren die Beamten, dass Dr. Praun den Frauen sehr zugetan gewesen war, insbesondere groß gewachsenen Blondinen, die er mit bedrängendem Charme, vor allem aber durch seinen offenkundigen Wohlstand für sich einzunehmen wusste. Zudem hatte der Arzt bei seinen Geliebten immer wieder die Hoffnung auf spätere Heirat bzw. einen Anteil am

Erbe geweckt. Auf diese Weise unterhielt Dr. Praun zahlreiche, häufig wechselnde Verhältnisse. Auch die ermordete »Haushälterin« Elfriede Kloo war ursprünglich ein derartiges »Verhältnis«, hatte sich aber bald damit abgefunden, dass Praun weiterhin auch Beziehungen zu anderen Frauen unterhielt.

Der ansehnliche Wohlstand Otto Prauns – neben der Villa am Starnberger See besaß er ein beträchtliches Aktien- und Geldvermögen sowie ein 70 000 qm großes Grundstück an der spanischen Costa Brava – hatte bei Bekannten zuweilen ein gewisses Erstaunen und auch Spekulationen ausgelöst, da seine Münchner Arztpraxis in einer Arme-Leute-Gegend lag und nicht gerade eine Goldgrube war. Praun selbst hatte in diesem Zusammenhang mehrmals von erfolgreichen Aktienspekulationen gesprochen.

Zu Prauns weiblichem Bekanntenkreis gehörte auch Vera Brühne, eine ungeachtet ihrer 50 Jahre auffallend attraktive Blondine. Nach Eröffnung des Testaments von Dr. Praun rückte sie schnell ins Zentrum der polizeilichen Ermittlungen, da er sie als Erbin des spanischen Besitzes eingesetzt hatte. Allerdings, und das sollte im späteren Prozess eine wichtige Rolle spielen, enthielt das Testament den Zusatz, dass diese Verfügung nichtig würde bei vorherigem Verkauf des Grundstücks.

Während der Vernehmungen trat Vera Brühne zunächst mit überlegener Selbstsicherheit auf, verwickelte sich aber bald in Widersprüche. Im Zentrum stand stets die Frage, ob sie für den frühen Abend des 14. April 1960, den angenommen Tatzeitpunkt, ein Alibi hatte. Denn handfeste Indizien, etwa ihre Fingerabdrücke am Tatort, waren nicht gefunden worden. Der krampfhafte Eifer, mit dem Vera Brühne ihr Alibi in verschiedenen Varianten präsentierte, verfestigte bei der Polizei nur den einmal geschöpften Verdacht, zumal sie mehrmals nachweislich falsche Angaben machte, etwa einen Zahnarztbesuch zum fraglichen Zeitpunkt anführte, den es nicht gegeben hatte. Auch ein Tankwart, den sie am Abend des 14. April auf der Fahrt nach Bonn, wo sie ihre schwer kranke

Mutter im Krankenhaus besuchen wollte, angeblich getroffen hatte, konnte sich an Vera Brühne nicht erinnern.[5]

Anfang Oktober 1961 wurde Vera Brühne verhaftet. Ins Visier der Polizei geriet nun auch Johann Ferbach, einer ihrer langjährigen Bekannten, mit dem sie nach Überzeugung der Staatsanwaltschaft ein lockeres, sexuell dominiertes Verhältnis verband. Unter dem Einfluss der drei Jahre älteren Frau sollte er, so die Ermittler, die Tat ausgeführt haben. Auch Ferbach tat sich schwer, für die angenommene Tatzeit ein glaubwürdiges Alibi beizubringen. Seine Aussage, er habe die fragliche Nacht zum 15. April 1960 bei seiner Freundin Margarete W. in Köln verbracht, wurde von dieser zunächst bestätigt. Doch einige Monate später widerrief sie ihre Angaben. Ferbach sei in der fraglichen Nacht nicht bei ihr gewesen. Erst am Morgen des 16. April habe sie ihn wieder gesehen. Nun gab Ferbach an, die fraglichen Nächte in verschiedenen Kölner Lokalen gezecht zu haben, ohne dafür glaubwürdige Zeugen anführen zu können.

Inzwischen hatte sich die Boulevardpresse des Falles angenommen, der wegen der auf viele Beobachter verrucht wirkenden Verdächtigen Auflage versprach. Und nun kam auch die 20-jährige Brühne-Tochter Sylvia Cossy ins Spiel. Ein ehrgeiziger Reporter der »Münchner Abendzeitung«, der Sylvia aus der Schulzeit kannte, gewann ihr Vertrauen und bedrängte sie hartnäckig um Informationen. Anfang November 1961 hatte er seine Schlagzeile. Sylvia erzählte ihm, dass ihre Mutter ihr bei einem Besuch im Gefängnis die Tat gestanden habe. Vor der Staatsanwaltschaft wiederholte sie diese Aussage. Demnach hatte ihre Mutter die Ermordung von Dr. Praun geplant, weil sie befürchtete, dass dieser den ihr – Vera Brühne – testamentarisch zugedachten Besitz in Spanien verkaufen wollte, wodurch das Testament hinfällig geworden wäre. Ihren Freund Ferbach habe sie überredet, die Tat auszuführen. Die Presse hatte ihre Sensation – Tochter belastet die eigene Mutter! – und die Polizei die Täter. Der Fall schien geklärt.

Wenige Tage später jedoch widerrief Sylvia Cossy ihre Aussage. Jener aufdringliche Journalist habe ihre psychische Ausnahmesituation nach der Verhaftung ihrer Mutter ausgenutzt und sie zu der Falschaussage verleitet. Wann hatte Sylvia gelogen, bei ihrer ersten Aussage oder bei ihrem Widerruf? Der Staatsanwalt hielt sich an die erste Aussage, sie passte nur zu gut zu seiner Version des Geschehens: eine Frau mit Motiv und ohne Alibi!

Inzwischen trug Vera Brühne nicht gerade dazu bei, ihre Glaubwürdigkeit zu stärken. Denn auch in der Untersuchungshaft bemühte sie sich fieberhaft um ein Alibi und versuchte dabei sogar, eine Vollzugsbeamtin zu bestechen, die Tochter Sylvia zu Falschaussagen zugunsten ihrer Mutter überreden sollte. Zum Schein ging die Beamtin darauf ein, verständigte aber umgehend die Polizei.

Begleitet von einem gewaltigen Presserummel begann im April 1962, fast genau zwei Jahre nach der Tat, vor dem Münchner Schwurgericht der Prozess gegen Vera Brühne und Johann Ferbach. Den Angeklagten wurde vorgeworfen, Dr. Otto Praun und Elfriede Kloo gemeinschaftlich getötet zu haben, um an den spanischen Besitz des Ermordeten zu gelangen. Da beide Angeklagte jede Beteiligung an der Tat leugneten, sollte es ein Indizienprozess werden. An belastenden Indizien trug die Staatsanwaltschaft vor:
– einen am Tatort gefundenen »blauen Brief«, angeblich von Vera Brühne geschrieben, mit dem sich Ferbach Zutritt zu Prauns Villa verschafft haben sollte und in dem es um den angeblich geplanten Verkauf des spanischen Grundstücks ging,
– die Tatsache, dass beide Angeklagte für die angenommene Tatzeit, 14. April 1960, ca. 19.45 Uhr, kein Alibi hatten,
– die Aussage von Sylvia Cossy, ihre Mutter habe ihr die Tat gestanden, wenngleich diese Aussage wieder zurückgenommen worden war,
– die Aussage eines Zellengenossen von Ferbach, auch dieser habe ihm gegenüber die Tat gestanden,

– die fieberhaften Bemühungen Vera Brühnes um ein Alibi für die angenommene Tatzeit, bei der sie wiederholt falsche Angaben gemacht hatte.

Ein Großteil des Publikums freilich interessierte sich weniger für den Mordfall selbst als vielmehr für die vermeintlich glamouröse Welt der Münchner (Halb-)Schickeria, in der das Opfer und die mutmaßliche Täterin sich bewegt hatten. Vor allem aber interessierte es sich für die schillernde Persönlichkeit der Angeklagten. Denn Vera Brühne war durchaus eine »Frau mit Vergangenheit«. Sie arbeitete nicht, hatte keine Familie, ließ sich von Männern aushalten, lebte völlig, so schien es, nach ihren Neigungen und Launen. Damit weckte sie starke Emotionen.

Vera Brühne wurde 1910 in Essen als Tochter einer gutbürgerlichen Familie geboren. Früh entdeckte sie ihre Anziehungskraft auf Männer. Nach mehreren Liaisons heiratete sie 1940 den Schauspieler Cosolkofsky, genannt Cossy. 1941 wurde ihre Tochter Sylvia geboren. Während des Krieges lernte sie in Köln den Handwerker Johann Ferbach kennen, der ihr nach einem Bombenangriff das Leben rettete. Mit Ferbach, der sich als Wehrmachtsdeserteur bis Kriegsende versteckt halten musste, soll sie fortan eine intime Beziehung unterhalten haben, die beide auch nach dem Krieg aufrecht erhielten. Allerdings bestritten beide, je ein sexuelles Verhältnis gehabt zu haben. Nach dem Krieg siedelten Vera Cossy und ihr Mann nach München über. Bald wurden zahlreiche Affären der lebenslustigen Schauspielergattin bekannt.

1953 wurde die Ehe geschieden, kurze Zeit später heiratete Vera den erfolgreichen Filmkomponisten Lothar Brühne, von dem sie sich 1957 wieder scheiden ließ. Vera Brühne machte in dieser Zeit zahlreiche Männerbekanntschaften, von denen sie sich aushalten ließ. Im Sommer 1957 lernte sie in einem Café Otto Praun kennen, der zielstrebig die Bekanntschaft der attraktiven Blondine gesucht hatte. Publikum und Presse stürzten sich im Verlauf des Prozesses begierig auf dieses »dolce vita« von München, zumal es allerhand Schlüpfriges zu schildern gab. So schrieb der »Spiegel« von »schier puritanischer Verblüffung« bei Publikum und Presseleuten, »wenn das erläutert wird, was vor Gericht ›intimer Verkehr‹ heißt, das dann aber doch nicht war, sondern etwas ganz anderes, vor erotischem Hintergrund freilich, etwas, was man nicht kennt … Beinahe ängstlich fragt [man], ›tut man denn das in diesem kleinen Kreis?‹ (…) Der Marquis de Sade … und sein Pendant, der Schriftsteller Sacher-Masoch, spuken Hand in Hand durch den Raum; hier einen Lokalreporter, dort einen Geschworenen am Eindösen hindernd.«[6]

Zahlreiche Männer traten in den Zeugenstand, um über ihr Verhältnis zu Vera Brühne befragt zu werden. Doch der Vorsitzende Richter baute ihnen eine Brücke: Als verheiratete Männer hätten sie das Recht, die Aussage zu verweigern. Die meisten machten von diesem Recht Gebrauch. Die Familienehre sollte geschützt bleiben. Mit Doppelmoral hatten Zeugen wie Gericht offenbar wenig Probleme. In einer Zeit, da Sexualität noch (oder wieder nach den freizügigeren Nachkriegsjahren) weitgehend tabuisiert war und auf der anderen Seite die Doppelmoral blühte, musste eine eher lustbetonte Lebensweise, wie sie Vera Brühne zu repräsentieren schien, Anstoß erregen. So galt in der Bundesrepublik noch der »Kuppeleiparagraph« (§§ 180 und 181 StGB), nach dem sich strafbar machte, wer unverheirateten Paaren Räumlichkeiten zur Verfügung stellte. Der Bundesgerichtshof entschied 1959, dass, wer »in Warenautomaten in öffentlichen Straßen und Plätzen Gummischutzmittel (Präservative) feilhält, … Sitte und Anstand« verletzt.[7]

Allerdings entsprach diese sittliche Rigidität um 1960 nicht mehr ganz den gesellschaftlichen Realitäten. Die Zeiten änderten sich, auch und nicht zuletzt was die Ansichten von Sitte und Moral anging. So hatte sich etwa die Zahl der Scheidungsverfahren 1962 im Vergleich zum Jahr 1936 nahezu verdoppelt. Bis allerdings jener »Kuppeleiparagraph« abgeschafft wurde, vergingen noch einige Jahre, bis nämlich die sozialliberale Koalition 1973 aus dem betreffenden Abschnitt »Verbrechen und Vergehen wider die Sitt-lichkeit« den Abschnitt »Straftaten gegen die sexuelle Selbstbe-stimmung« machte, in dem der Kuppeleiparagraph nicht mehr vorkam.

Zuweilen kam es vor Gericht zu Ausbrüchen von Hass und Lei-denschaft, an denen das Publikum lebhaften Anteil nahm. So liefer-ten sich Vera Brühne und ihre einstige Busenfreundin ein heftiges Wortgefecht, das in dem wütenden Ausruf der Zeugin gipfelte: »Ich traue Vera Brühne alles zu!« Die Zuschauer brachen in Jubel aus. Der Vorsitzende Richter drohte mit der Räumung des Saales.[8]

Hartnäckig bestritten Brühne und Ferbach während des gesam-ten Prozesses jegliche Beteiligung an der Tat. Am Tag der Urteils-verkündung, dem 4. Juni 1962, glich das Münchner Gericht erneut einer belagerten Festung. »Die ersten sensationslüsternen Men-schen hatten sich schon am Sonntagabend mit Feldbetten, Klapp-stühlen und Decken vor dem Justizpalast eingefunden, um mit Si-cherheit dabeizusein, wenn der Vorsitzende ... das Urteil spricht. (...) in den Gängen und in dem großen Lichthof stauten sich die Massen. Hausfrauen mit Einkaufstaschen, alte Rentner, Schüler – alles wartete, eifrig diskutierend und gestikulierend.«[9]

Das Gericht verkündete das Urteil: für beide Angeklagte le-benslänglich Zuchthaus wegen gemeinschaftlichen Mordes. Jo-hann Ferbach wirkte wie erstarrt, Vera Brühne verfiel in einen Weinkrampf. Im Publikum überwog die Zustimmung, auch zu der Auffassung des Gerichts, wonach Vera Brühne in ihrer »hem-mungslose(n) Gewinnsucht« die treibende Kraft gewesen sei. In der Urteilsbegründung hieß es weiter: »Berücksichtigt man, dass es sich bei ihr um eine alternde Frau ohne wesentliches Vermögen handelt, die nicht hoffen konnte, noch einmal einen Mann von der finanziellen Potenz Dr. Prauns zu finden, dann ist die Frage nach dem Motiv hinsichtlich ihrer Person eindeutig beantwortet.«[10]

Dem Gericht hatten ausschließlich Männer angehört, drei Be-rufsrichter und sechs Geschworene – drei Landwirte, ein Architekt, ein Angestellter und ein Feinmechaniker. Der Vorsitzende Richter legte Wert auf die Feststellung, man habe sich nicht einen Augenblick lang als Sittenrichter gefühlt. Jeden Verdacht, Vera Brühne sei auch wegen ihres Lebenswandels verurteilt worden, wies das Gericht als böswillige Unterstellung zurück.[11]

Mit der Urteilsverkündung war der Fall Brühne keineswegs erledigt. In gewisser Weise fing er jetzt erst richtig an. Denn bald schossen Gerüchte und Spekulationen über die wahren Hintergründe der Ermordung von Dr. Praun ins Kraut und die Verurteilten rückten dabei immer mehr in den Hintergrund. Eines dieser Gerüchte besagte, dass Otto Praun während des Zweiten Weltkriegs für die deutsche Abwehr gearbeitet und nach dem Krieg weiter Kontakt zu Geheimdiensten unterhalten haben sollte. In diesem Zusammenhang war immer wieder auch von Waffengeschäften die Rede. Dies hätte auch den für einen einfachen Kassenarzt erstaunlichen Wohlstand des Ermordeten erklärt.

Als dann im September 1967 ein Agent des Bundesnachrichtendienstes (BND), ein gewisser Roger Hentges, bei der Bonner Staatsanwaltschaft auftauchte, schien die Wende im Fall Brühne perfekt. Hentges gab zu Protokoll, dass er Dr. Praun für Waffengeschäfte in Verbindung mit dem BND insgesamt 300 000 DM übergeben habe. Und dann die Sensation: Er, Hentges, sei in der Nacht vom 14. auf den 15. April 1962 zusammen mit einem Oberst Werner R. und einem Mann namens S. bei Otto Praun in Pöcking gewesen, zu einem Zeitpunkt, zu dem Praun nach Überzeugung des Gerichts, das Brühne und Ferbach verurteilt hatte, bereits tot war. Seine Begleiter hätten mit Praun etwas im Zusammenhang mit Waffengeschäften besprechen wollen. Er selbst habe draußen gewartet. Als S. aus der Villa wieder zum Auto gekommen sei, habe er geäußert, dass es mit Praun »Probleme« gegeben habe, und: »Dem habe ich aber Bescheid gesagt.«[12] Die drei seien dann nach München zurückgefahren. Dass jener Oberst, mit dem Hentges in der Nacht zum 15. April bei Dr. Praun gewesen sein

Vor der Urteilsverkündung: Vera Brühne auf dem Weg in den Gerichtssaal

wollte, einst zum Stab des damaligen Verteidigungsministers Franz Josef Strauß gehörte, verlieh der Aussage einige politische Brisanz.[13]

Vor der Staatsanwaltschaft erwähnte Hentges auch leitende Mitarbeiter im Verteidigungsministerium und beim BND, die im Fall Praun eine Rolle gespielt haben sollten. Zwei der von ihm genannten Männer kamen später auf nicht geklärte Weise ums Leben, angeblich durch Selbstmord. Hentges war allerdings nicht gerade ein Zeuge von azurstrahlender Glaubwürdigkeit. Der gebürtige Luxemburger hatte im Zweiten Weltkrieg für die deutsche Abwehr gearbeitet und in den fünfziger Jahren nach eigenen Angaben für den Bundesnachrichtendienst, was der BND jedoch bestritt.

In mehreren Zivilprozessen korrigierte Hentges einen Teil seiner ursprünglichen Angaben zum Fall Dr. Praun und wurde einmal wegen Falschaussage verurteilt. Obwohl mehrere Presseorgane, darunter der »Spiegel« versuchten, Licht in die Affäre zu bringen, blieben zentrale Fragen, insbesondere die nach der Zuverlässigkeit des Zeugen Hentges, ungeklärt. Bis heute gibt es zwar Hinweise, aber keine stichhaltigen Beweise dafür, dass die Ermordung von Otto Praun einen ganz anderen Hintergrund – nämlich illegale Waffengeschäfte – gehabt haben könnte, als das Münchner Schwurgericht angenommen hatte.

Den Verurteilten selbst nützten diese Gerüchte und Spekulationen nichts. Sie verbüßten ihre Strafen und bemühten sich mit ihren Anwälten um die Wiederaufnahme ihres Verfahrens. Doch sämtliche Anträge wurden abgewiesen.

1973 schien es dann so, als sollten sich die Gefängnistore für Vera Brühne bald öffnen. Eine tragende Säule des Urteils – der vom Gericht unterstellte Tatzeitpunkt 14. April 1960, 19.45 Uhr – geriet ins Wanken. Zwei deutsche Gerichtsmediziner hatten sich nach mehrjährigen Forschungen über den Zusammenhang zwischen Totenstarre und Todeszeitpunkt des Falles Brühne wieder angenommen. Übereinstimmend kamen sie zu dem Ergebnis, dass aufgrund der Befunde an den Leichen der Tod mehrere Stunden später eingetreten sein musste als im Urteil angenommen. Das bedeutete aber, dass Ferbach und Brühne nicht die Täter sein konnten, denn für einen späteren Zeitpunkt als den frühen Abend des 14. April hatten beide ein hieb- und stichfestes Alibi. Vera Brühne war am 15. April um 5.30 Uhr in Bonn, Ferbach wenig später in Köln gesehen worden. Für Johann Ferbach kamen diese Untersuchungsergebnisse zu spät. Er war 1970 in der Haft gestorben.

Doch der »Spiegel« irrte, als er im September 1973 schrieb: »Für Vera Brühne sind … Freispruch und vorzeitige Haftentlassung so gut wie sicher«, und etwas voreilig die zu erwartende Haftentschädigung bei 100 000 DM ansetzte.[14] Das Oberlandesgericht München lehnte auch diesmal die Wiederaufnahme des Verfahrens ab, obwohl sich die Beweislage entscheidend verändert hatte. Diese für Vera Brühne enttäuschende, für viele Juristen und Journalisten empörende Entscheidung hatte auch mit den sehr hohen Hürden zu tun, die das bundesdeutsche Strafrecht vor ein Wiederaufnahmeverfahren setzte. Nach Paragraph 359 Strafprozessordnung war die Wiederaufnahme nur zulässig, »wenn neue Tatsachen oder Beweismittel beigebracht sind, die allein oder in Verbindung mit den früher erhobenen Beweisen die Freisprechung des Angeklagten … zu begründen geeignet sind.« Im Fall Brühne schien das eindeutig der Fall, doch legten die Münchner Richter ihren Ermessensspielraum nicht zugunsten der Verurteilten, sondern zugunsten der Vorinstanz aus.

Lange Jahre weigerte sich Vera Brühne, ein Gnadengesuch zu stellen. Sie wolle »Recht und keine Gnade«, wurde sie von einigen Blättern zitiert. 1979 entschloss sie sich doch, ein Gesuch um Entlassung gnadenhalber zu stellen, das von Franz Josef Strauß, nunmehr bayerischer Ministerpräsident, rasch bewilligt wurde. Im Dezember 1979 wurde Vera Brühne nach 17 Jahren Gefängnis entlassen. Sie starb im April 2001 im Alter von 91 Jahren.

Der Fall Brühne hat die westdeutsche Öffentlichkeit nie ganz losgelassen. In regelmäßigen Abständen erschienen mehr oder minder seriöse Presseartikel, die den einen oder anderen Aspekt neu beleuchteten. Immer wieder tauchten angeblich neue Zeugen auf, die sich aber meist als Aufschneider, Lügner oder Hirngespinste der Boulevardpresse erwiesen. Es gab zahlreiche Bücher, die vollmundig die »Wahrheit über den Fall Brühne« versprachen. Andere Publikationen sahen Vera Brühne als unschuldiges Opfer politischer und geheimdienstlicher Machenschaften bzw. einer bigotten Gesellschaft, die einer lebenslustigen Frau einen modernen »Hexenprozess« gemacht hatte.[15]

Die tatsächlichen Hintergründe der Ermordung von Otto Praun und seiner Haushälterin Elfriede Kloo sind auch mehr als vier Jahrzehnte nach der Tat nicht geklärt.

»Ein Volk von Gehilfen«

Der Auschwitz-Prozess 1963-65

Der rüstige 65-jährige Kaufmann Robert Mulka war sich keiner Schuld bewusst. In seiner ersten Vernehmung am 8. November 1960, dem Tag seiner Verhaftung, gab er an, er habe »die Inneneinrichtung« von Auschwitz »nie kennen gelernt«, auch »dass Vergasungen stattfanden« oder ein Gas namens Zyklon B je existierte, habe er nicht gewusst. »Nach dem Krieg habe ich natürlich einiges darüber gehört, was in Auschwitz passiert sein soll.«[1] Doch »Robbi«, so sein Spitzname unter Freunden, war, wie es der Eröffnungsbeschluss des Gerichts am 7. Oktober 1963 festhielt, beteiligt »an der Tötung einer unbestimmten Vielzahl von Häftlingen aus dem Gesamtbereich des Konzentrationslagers Auschwitz und von Personen, die zur Massenvernichtung aus verschiedenen Ländern Europas nach Auschwitz verbracht worden waren.«[2]

Als am 16. April 1963 vor dem Schwurgericht beim Landgericht Frankfurt am Main endlich die Anklageschrift gegen insgesamt 24 Beschuldigte »aus dem Gesamtbereich des Konzentrationslagers Auschwitz« eingereicht werden konnte, trug sie noch den Titel »Strafsache gegen Baer und andere«. Richard Baer war der zur Tatzeit ranghöchste SS-Offizier unter den Beschuldigten und der letzte Kommandant von Auschwitz. Doch Baer starb kurz vor Prozessbeginn. So rückte der nächst ranghöchste SS-Offizier Robert Mulka an seine Stelle, SS-Hauptsturmführer und Adjutant des einstigen Auschwitz-Kommandanten Rudolf Höß. Der Name Mulka stand nun als amtliche Bezeichnung für ein Strafverfahren, das gemeinhin als Auschwitz-Prozess bekannt wurde.

Zum Zeitpunkt seiner Verhaftung widmete sich Robert Mulka dem Auf- und Ausbau seiner Im- und Exportagentur in Hamburg. Wie viele seiner Kameraden hatte er sich nach dem Krieg seiner SS-Uniform entledigt und war alsbald wieder in das eingetaucht, was man bürgerliches Leben nennt. Mulka war zwar noch im Juni 1945 festgenommen und bis März 1948 in alliierten Internierungslagern festgehalten worden, doch es gelang ihm, gegen ein vom Hamburger Spruchkammergericht verhängtes Urteil, das auf 18 Monate Gefängnis lautete, Einspruch einzulegen und als »entlastet« entlassen zu werden.

Seine Verhaftung 1960 verdankte sich einem Zufall. Rolf Mulka, der Sohn des SS-Offiziers, hatte 1960 bei den Olympischen Spielen in Rom eine Bronzemedaille im Segeln gewonnen. Sein Name wurde verschiedentlich in der Presse genannt und erregte die Aufmerksamkeit der Frankfurter Staatsanwaltschaft, die Robert Mulkas Spur über den Sohn zurückverfolgen und ihn in Hamburg verhaften lassen konnte.

Es blieb die Frage, warum so viele Jahre vergehen mussten, bis mehrere Auschwitz-Täter verhaftet und vor Gericht gestellt werden konnten. Diese Frage führt in die Vorgeschichte des Auschwitz-Prozesses, eine Vorgeschichte, in der Versuche, diesen Prozess zu verhindern, von zentraler Bedeutung sind.

Der Nürnberger Prozess gegen die Hauptkriegsverbrecher von 1945/46 hatte den Deutschen – obwohl der Holocaust dort nicht zentrales Thema war – die Verbrechen des nationalsozialistischen Regimes eindringlich vor Augen geführt. Monatelang berichteten die Zeitungen über erschütternde Zeugenaussagen früherer KZ-Häftlinge, Zwangsarbeiter und Menschen aus ganz Europa, die unter der deutschen Besatzung gelitten hatten. Für viele Deutsche war es eine bittere, verstörende Erkenntnis, als sie vom Ausmaß des ungeheuerlichen Versuchs erfuhren, die europäischen Juden zu ermorden. In mehreren Nachfolgeprozessen – unter anderem gegen Mitarbeiter des Auswärtigen Amtes (Wilhelmstraßen-Prozess), gegen Wirtschaftsführer (IG-Farben-Prozess) und gegen das Oberkommando der Wehrmacht – wurde bis 1948 diese düstere Geschichtslektion fortgesetzt. Es mangelte denn auch nicht an Schuldbekenntnissen und Beteuerungen von Politikern, Publizisten oder Kirchenmännern, dass die NS-Verbrechen niemals vergessen werden dürften und nur ein rückhaltloses Eingeständnis der eigenen Mitverantwortung an den Untaten einen radikalen Neuanfang in Deutschland möglich mache.

Doch mit den Jahren verblasste die aufklärende und kathartische Wirkung der Nürnberger Prozesse. Seit Beginn der fünfziger Jahre waren die meisten Deutschen mit anderen Dingen beschäftigt als mit ihrer nationalsozialistischen Vergangenheit: vor allem mit dem Wiederaufbau des zerstörten Landes, der bald – zumindest in der Bundesrepublik – ins viel bestaunte »Wirtschaftswunder« mündete. Bußfertige Rückschau auf Nationalsozialismus und Krieg hinderte nur am unternehmungslustigen Blick nach vorn.

Zudem dominierte der sich verschärfende Kalte Krieg zwischen Ost und West immer mehr das politische Denken und Fühlen der Deutschen. Vor allem nach Beginn des Koreakriegs im Juni 1950 wuchs im Westen die Angst vor der kommunistischen Bedrohung. Die leidige nationalsozialistische Vergangenheit fiel in diesem politisch-gesellschaftlichen Umfeld zunehmend einem kollektiven Vergessen bzw. Verdrängen anheim. Hierzu passte es, dass aufgrund einer sehr großzügigen Amnestieregelung der westlichen Hochkommissare, insbesondere des amerikanischen, seit 1951 zahlreiche verurteilte NS-Täter, darunter hohe Militärs und Wirtschaftsführer, die wie etwa Alfried Krupp die Nationalsozialisten massiv unterstützt und davon stark profitiert hatten, nach Verbüßung nur eines Bruchteils ihrer Strafen auf freien Fuß kamen. Einige von ihnen, beispielsweise Krupp, wurden von der westdeutschen Öffentlichkeit fast enthusiastisch in die Arme geschlossen.[3] Parallel dazu erlahmte der Elan der westdeutschen Justiz bei der Verfolgung von NS-Verbrechen. Nach 1950 sank die

Zahl der eingeleiteten Ermittlungsverfahren innerhalb von nur zwei Jahren von 2 495 auf 467. 1954 waren es noch 183, in den folgenden Jahren stiegen die Zahlen nur leicht an.[4]

Ihre Ursache hatte diese Entwicklung auch darin, dass nur allzu oft die beteiligten Staatsanwälte – ob aufgrund eigener Verstrickungen in das NS-Unrechtssystem oder aufgrund entsprechender Beeinflussungen durch ihre Universitätslehrer – der Auffassung anhingen, das Dritte Reich habe einen zulässigen eigenen, so genannten Rechtscharakter gehabt. Diese Auffassung wurde gleichsam institutionell gestützt durch die 1951 erfolgte, fast flächendeckende Übernahme der Polizei- und Justizinstitutionen des Dritten Reiches als bundesdeutsche Behörden.[5] Auf diese Weise gelangten viele ehemalige Nationalsozialisten – darunter etliche, die später als Täter entlarvt wurden – wieder in den öffentlichen Dienst.

Im Begriff eines prinzipiell eigenen Rechtscharakters des NS-Reiches verbarg sich die These, dass auch offenkundig völkerrechtswidrige Verbrechen durch das nationalsozialistische Rechtssystem gedeckt waren, insoweit sie mit der legitimatorischen Logik und Begründung des NS-Strafrechtes übereinstimmten. Diese Auffassung schloss in letzter Konsequenz mit ein, dass Hitler als dem damaligen Regierungschef die Fähigkeit zuerkannt wurde, per (verbrecherischem) Befehl, das gültige Völkerrecht außer Kraft zu setzen. Im Kontext dieser Rechtsauffassung einer staatsrechtlichen Identität des NS-Reiches und der Bundesrepublik folgte daraus, dass alle Befehle des Staates bzw. des ihm dienenden Personals für den Ausführenden als legal und nicht im Nachhinein als strafbar zu gelten hatten. Mit dieser Rechtsauffassung wurde jede Täterschaft auf den so genannten Befehlsnotstand reduziert und die Verantwortung so lange delegiert, bis von der eigentlichen, quasi ausführenden Täterschaft nichts mehr übrig blieb, jedenfalls nichts, was strafrechtlich zu verfolgen war. Die noch durch die Nürnberger Prozesse gleichsam weltweit dokumentierte Aussage, dass die vom nationalsozialistischen Deutschland verübten Untaten eben nicht als Ausdruck einer »normalen Politik« eines Staates im Krieg anzusehen sind, wurde nunmehr als Ausdruck bloßer »Siegerjustiz« denunziert.

Vor dem Hintergrund dieser Einstellung, die sich zu Beginn der fünfziger Jahre nicht nur in großen Teilen der Öffentlichkeit fand, sondern auch innerhalb der Justiz und der Ministerialbürokratie verbreitet war, hatte die junge Bundesrepublik die Rehabilitation einstiger NS-Größen und -Täter in umfangreichem Maße gefordert und gefördert. Gewiss spielte dabei auch das politische Kalkül eine Rolle, im einsetzenden Kalten Krieg die innere Stabilität der Republik durch einen Ausgleich der politischen Lager zu stärken und die Integration der einstigen NS-Elite und ihrer nach Millionen zählenden Anhänger zu erreichen. Auf der tagespolitischen Agenda jener Zeit standen ganz oben die rechtliche Beendigung des formal immer noch andauernden Kriegszustandes, die Erreichung der vollen Souveränität der Bundesrepublik, die Westintegration und der Aufbau eigener Streitkräfte. »Vergangenheitspolitisch« mündeten diese Ziele in der Beendigung der Entnazifizierung sowie in großzügigen Amnestiegesetzen. Insbesondere ranghohen NS-Tätern, die, sofern ihnen nicht die Flucht gelang, noch in den ersten Jahren des Nachkriegs in Gefängnissen und Internierungslagern gesessen hatten, eröffneten sich nun bis dahin undenkbare Möglichkeiten der Rehabilitation und Wiedereingliederung in die Gesellschaft.

Eine Entwicklung, die noch dadurch befördert wurde, dass sich in der Wahrnehmung der unleugbaren Verbrechen die Annahme durchzusetzen begann, dass die Täter, personifiziert im »SA-Schläger« oder »KZ-Bewacher«, eher aus den unteren Schichten des Volkes gekommen waren. »Dem promovierten Juristen aber«, so der Historiker Ulrich Herbert, »dem Massenerschießungen ›im Osten‹ vorgeworfen wurden, fehlten ebenso alle Eigenschaften, die hier zum vorherrschenden Bild eines ›Verbrechers‹ gehörten, wie dem wegen Geiselmord verurteilten General oder dem wegen Mitwirkung an Menschenversuchen verurteilten Sanitätsrat«.[6] Es war im

Kontext solcher Deutungen nicht weiter verwunderlich, dass ein Prozess gegen die Verantwortlichen im Reichssicherheitshauptamt, das zentral verantwortlich war für die Organisation des Holocaust und dem administrativ auch die Vernichtungslager in Auschwitz unterstanden, zu Beginn der fünfziger Jahre nicht eröffnet wurde. Es war dann wiederum ein Strafprozess – der Ulmer Einsatzgruppen-Prozess von 1958 –, der die nationalsozialistische Gewaltherrschaft nach fast einem Jahrzehnt des allgemeinen Schweigens geradezu schockartig ins öffentliche Bewusstsein riss. Bezeichnenderweise kam das Verfahren ganz zufällig ins Rollen, nicht etwa aufgrund gezielter Fahndungsaktivitäten der westdeutschen Strafverfolgungsbehörden, sondern durch die unbekümmerte Dreistigkeit eines Täters. Dieser, ein früherer SS-Offizier und Polizeidirektor in Memel, hatte nach seiner Rückkehr aus der Kriegsgefangenschaft zunächst unbehelligt in Ulm gelebt. Mitte der fünfziger Jahre klagte er auf Wiedereinstellung in den Polizeidienst unter Berufung auf Artikel 131 GG und löste damit Erkundigungen über seine Tätigkeit im Zweiten Weltkrieg aus.[7]

Was dabei zu Tage trat, veränderte die Republik. Es zerstörte nämlich die Illusion, dass mit den – von den Alliierten geführten – NS-Prozessen der unmittelbaren Nachkriegszeit und mit den 1948 abgeschlossenen Entnazifizierungsverfahren die nationalsozialistische Vergangenheit juristisch und gesellschaftlich quasi erledigt sei. Der Ulmer Einsatzgruppen-Prozess zeigte hingegen, dass erst ein Teil der nationalsozialistischen Verbrechen überhaupt bekannt und gesühnt worden war, und dass Hunderte, vielleicht Tausende schwer belasteter NS-Täter frei herumliefen.

Auf der Anklagebank im Ulmer Schwurgericht saßen zehn ehemalige Angehörige von SS, Gestapo und Polizei, unter ihnen Bernhard Fischer-Schweder, jener frühere Polizeidirektor in Memel, der dies, nämlich Polizeidirektor, auch in der Bundesrepublik wieder hatte werden wollen. Den Angeklagten wurde vorgeworfen, als Mitglieder bzw. Helfer der Einsatzgruppe A im Sommer 1941 in Litauen mehrere tausend Juden, darunter Frauen, Kinder und alte Menschen, ermordet zu haben. Eine litauische Zeugin, die das Geschehen von einem Versteck aus beobachtet hatte, sagte aus: »Die Frauen und Kinder ... seien gruppenweise an den Graben-rand gestellt und erschossen worden. Die Kinder seien völlig nackt, die Frauen nur mit ihrer Unterwäsche bekleidet gewesen. Weitere Gruppen von Frauen und Kindern seien weiter rückwärts unter Bewachung zusammengetrieben gewesen, ebenso wie eine kleinere Gruppe von Männern, die mit Kolbenhieben und Schlä-gen misshandelt worden sei. Sie [die Zeugin, d. Verf.] habe unter den Opfern verschiedene Bekannte bemerkt, darunter eine Nach-barin, die hochschwanger gewesen sei.«[8] Der Prozess-Beobachter der »Frankfurter Rundschau« schrieb in seinem Bericht einleitend: »... dass die Gestapo nicht einmal davor zurückschreckte, Frauen und Kinder zu erschießen [ist vor dem Ulmer Gericht, d. Verf.] durch die Aussage (einer) Augenzeugin einer solchen Exekution über alle Zweifel hinaus erwiesen worden.«[9] Die bundesdeutsche Gesellschaft der fünfziger Jahre hatte jahrelang das Ausmaß der nationalsozialistischen Massenverbrechen an der Ostfront nicht mehr wahrhaben wollen.[10] Es war die Zeit, da sich die Täter zu Verführten »durch Befehl«, die Mitläufer zu Opfern erklärten und alle gemeinsam sich in der Gegenwart des Wirtschaftswunders und seinen Segnungen wiederfanden.

Nach viermonatiger Verhandlungsdauer verkündete das Ulmer Gericht am 29. August 1958 sein Urteil. Wegen Beihilfe zum Mord an insgesamt mehr als 5000 litauischen Juden wurden die zehn Angeklagten, die ihre Beteiligung stets mit Ausflüchten zu baga-tellisieren versucht und sich auf angeblichen »Befehlsnotstand« be-rufen hatten, zu Zuchthausstrafen zwischen drei und 15 Jahren verurteilt. Auf »Beihilfe« und nicht auf Mord erkannte das Ge-richt, weil den Angeklagten der »ursprüngliche Wille zu den Handlungen« gefehlt habe. Sie hätten lediglich »mit dem Vorsatz gehandelt, durch ihren Tatbeitrag die Tat der Haupttäter zu unterstützen.« Diese »Haupttäter« waren für das Gericht Hitler, Himmler, Heydrich. Sie aber konnte die deutsche Justiz nicht mehr verfolgen. Die darin zum Ausdruck gebrachte Unterscheidung zwischen »Gehilfen« und »Haupttätern« des Massenmords wird auch in der Argumentation während des Auschwitz-Prozesses wieder von Bedeutung sein.

So empörend gering und unangemessen die Urteile ausgefallen sein mochten, zeigte der Ulmer Einsatzgruppen-Prozess doch in der deutschen Öffentlichkeit eine spürbare Wirkung. Die »Süddeutsche Zeitung« etwa kommentierte das Ulmer Urteil folgendermaßen: »Redliche und Unredliche fordern ... mit erhobener Stimme: Macht endlich Schluss mit diesen Dingen, jetzt, dreizehn Jahre nach Kriegsende! In Wahrheit hat man aber – sieht man von etlichen alliierten Prozessen ab ... und sieht man ferner ab von einer verunglückten, da zu weit gezogenen ›Entnazifizierung‹ – eigentlich überhaupt noch nichts Systematisches gegen die Verbrecher aus jener Zeit unternommen.«[11]

Das sollte, das musste sich nach Überzeugung einer aufgeschreckten Öffentlichkeit – nicht der gesamten natürlich, aber eines einflussreichen, meinungsstarken Teils – nun ändern. Anfang 1959 schrieb Klaus Harpprecht in der Zeitschrift »Der Monat«: »Von den Prozessen des Jahres 1958 an datiert eine neue Phase der Auseinandersetzung mit dem nationalsozialistischen Totalstaat ... Die Zeit für die Bewältigung der erdrückenden Vergangenheit scheint gekommen zu sein. Drittes Reich, Judenverfolgung und Konzentrationslager wurden über Nacht wieder zum Tagesgespräch.«[12]

Als öffentlich wirksamer Skandal wirkten in dieser veränderten Wahrnehmung der NS-Vergangenheit der Bundesrepublik schließlich auch die Hakenkreuz-Schmierereien an der Kölner Synagoge im Dezember 1959, die sich einige Wochen lang in anderen Städten an jüdischen Einrichtungen und auf Friedhöfen wiederholten. Die sich in Artikeln und Leserbriefen, aber auch in

Demonstrationen ausdrückende Empörung der westdeutschen Gesellschaft war immens; sie wurde noch verstärkt durch die in jenen Tagen öffentlich diskutierte Gewissheit, dass sich unter den noch 1956 enthusiastisch begrüßten, knapp 10 000 letzten Kriegsgefangenen aus der Sowjetunion, die von Bundeskanzler Adenauer nach zähen Verhandlungen »heim« geführt werden konnten, tatsächlich nicht wenige Kriegsverbrecher befunden hatten.[13] Schließlich trug der Prozess gegen Adolf Eichmann, der 1961 in Israel stattfand und die Weltöffentlichkeit aufwühlte, auch in der Bundesrepublik zu einer Sensibilisierung gegenüber dem nationalsozialistischen Massenmord bei. Eine juristische Auseinandersetzung mit diesem Thema schien im Land der Täter überfällig. Zugleich wurde deutlich, dass auch im literarischen, künstlerischen und nicht zuletzt im wissenschaftlichen Bereich das »Auftauchen« der NS-Vergangenheit und der begangenen Verbrechen in ihrem vollem Ausmaß erst noch bevorstand.

Allerdings hatte der Ulmer Einsatzgruppen-Prozess auch die Unzulänglichkeit der Justizbehörden bei der Verfolgung von NS-Tätern offenbart. Eine der wichtigsten Konsequenzen war darum – neben anderen Faktoren[14] – die Einrichtung einer deutschen Zentral-Instanz zur Verfolgung von NS-Verbrechen. Diese »Zentralstelle der Landesjustizverwaltungen zur Aufklärung nationalsozialistischer Gewaltverbrechen« wurde im Oktober 1958 auf Beschluss aller Landes-Justizminister der Bundesrepublik mit Sitz in Ludwigsburg (Baden-Württemberg) gegründet. Sie hatte die Aufgabe, mit gebündelten Kompetenzen europaweit wegen nationalsozialistischer Verbrechen – mit Ausnahme von Kriegsverbrechen – zu ermitteln und die Täter aufzuspüren. Dabei war sie nicht wie die einzelnen Staatsanwaltschaften daran gebunden, Ermittlungen erst dann aufzunehmen, wenn entweder der Name des Täters, sein Wohnort oder der Tatort bekannt waren. Sie sollte ausdrücklich auch solche NS-Verbrechen ermitteln, über die zunächst nur vage Informationen vorlagen.

Nicht zuletzt der Arbeit dieser Ludwigsburger Zentralstelle war es zu verdanken, dass nach dem Anstoß, der 1958 vom Ulmer Einsatzgruppen-Prozess ausgegangen war, sich in den folgenden Jahrzehnten noch eine Vielzahl von NS-Tätern vor deutschen Gerichten zu verantworten hatten.[15] Insgesamt wurden in der Bundesrepublik bis Mitte der neunziger Jahre mehr als 100 000 Ermittlungsverfahren wegen nationalsozialistischer Gewaltverbrechen eingeleitet. Es kam jedoch nur in rund 10 000 Fällen zur Eröffnung einer Hauptverhandlung und bei rund 6500 NS-Tätern zu einer Verurteilung durch westdeutsche Gerichte.[16] Das eklatante Missverhältnis erklärt sich dadurch, dass die Zentralstelle, trotz anderslautender Forderungen bei ihrer Gründung, nur Vorermittlungen durchführen konnte, aber nicht selbst Anklage erheben durfte. Jedes einzelne Verfahren musste vielmehr an die jeweils zuständige Staatsanwaltschaft in den Bundesländern weitergeleitet werden, der es dann überlassen blieb, ob sie auf Grundlage der Vorermittlungen Anklage erhob. Dies unterblieb jedoch nur allzu oft, auch wenn sich durch die Vorermittlungen starke Verdachtsmomente ergeben hatten. Das hieß nichts anderes, als dass viele Staatsanwaltschaften das für sie verpflichtende Legalitätsprinzip, mithin bei Verdacht ermitteln und anklagen zu müssen, bewusst verletzten. Dennoch markiert die Einrichtung der Ludwigsburger Zentralstelle den Beginn einer rechtspolitischen Wende in der juristischen Behandlung von NS-Gewaltverbrechen. Unterstützt in ihrer Ermittlungsarbeit wurde die Zentralstelle durch spezielle Sonderkommissionen bei den Landeskriminalämtern. Diese Einheiten, besetzt mit ausgewählten, das heißt nicht in NS-Taten verstrickten, mit der Materie vertrauten Kriminalbeamten, waren umso notwendiger, als viele der Verdächtigen selbst wieder im Polizeidienst tätig waren, Karriere gemacht hatten und durchaus fähig und willens waren, die Ermittlungen zu behindern.[17] Strikt rechtsstaatlich motivierte Staatsanwälte und Polizisten konnten nun effizienter und gezielter arbeiten.

Vor diesem Hintergrund war der Generalstaatsanwalt beim Oberlandesgericht Frankfurt am Main, Fritz Bauer, ein wahrer Glücksfall. Er wurde zur treibenden Kraft bei den Ermittlungen gegen frühere Angehörige der SS-Wachmannschaften des Vernichtungslagers Auschwitz. Dabei arbeitete er nicht nur mit der Ludwigsburger Zentralstelle zusammen, sondern auch mit dem von überlebenden Häftlingen gegründeten Internationalen Auschwitz-Komitee und ausländischen Ermittlungsbehörden. Insbesondere gelang es Fritz Bauer, auch zu polnischen Behörden Kontakte aufzubauen, welche die Frankfurter Staatsanwaltschaft bei der Beschaffung von Dokumenten und dem Auffinden von überlebenden Zeugen unterstützten. In Zeiten des Kalten Krieges war eine derartige Zusammenarbeit über den Eisernen Vorhang hinweg alles andere als selbstverständlich. Anfang der sechziger Jahre gab es noch keinerlei diplomatische Beziehungen zwischen der Bundesrepublik und Polen.

Fritz Bauer war ein glänzender und leidenschaftlicher Jurist. 1930 wurde der gebürtige Stuttgarter im Alter von 27 Jahren jüngster Amtsrichter in Deutschland. Wegen seines politischen Engagements wurde er 1933 von den Nationalsozialisten mehrere Monate lang inhaftiert. 1936 ging der Jude und Sozialdemokrat Bauer ins Exil, zunächst nach Dänemark, später nach Schweden. 1949 nach Deutschland zurückgekehrt, bemühte er sich als Generalstaatsanwalt in Braunschweig, ab 1952 in Frankfurt am Main um den Aufbau einer demokratisch-republikanischen Rechtsprechung. Dabei stieß Bauer jedoch immer wieder auf den offenen oder verdeckten Widerstand eines westdeutschen Justizapparates, dessen Mitglieder zu einem Großteil bereits unter den Nazis amtiert hatten und darum von einer rückhaltlosen Aufarbeitung dieser Justiz-Vergangenheit und einer Neubesinnung nichts wissen wollten.

Den ersten Anstoß für staatsanwaltliche Ermittlungen, die schließlich zum Auschwitz-Prozess in Frankfurt führten, gab ein

Brief des ehemaligen Auschwitz-Häftlings Adolf Rögner. Im März 1958 schrieb Rögner an die Stuttgarter Staatsanwaltschaft, er wisse, wo sich einer der Auschwitz-Täter, Wilhelm Boger, aufhalte. Zu jener Zeit lebte der wegen seiner Brutalität besonders gefürchtete frühere SS-Oberscharführer und Angehörige der politischen Abteilung in Auschwitz unter seinem richtigen Namen unbehelligt in der Nähe von Stuttgart. Die Stuttgarter Ermittler zeigten zunächst wenig Eifer, den Hinweisen nachzugehen. Erst als der Generalsekretär des Internationalen Auschwitz-Komitees, der KZ-Überlebende Hermann Langbein, immer drängender nachfragte, intensivierten sie ihre Nachforschungen.

Anfang 1959 zog der hessische Generalstaatsanwalt Fritz Bauer den Fall an sich und beantragte beim Bundesgerichtshof die Zuständigkeit für den Komplex Auschwitz. Es folgten fast vier Jahre harter Ermittlungsarbeit. Zusammen mit drei jungen Staatsanwälten trug Bauer in einer 700 Seiten starken Anklageschrift so viel Beweismaterial zusammen und machte so viele Zeugen ausfindig, dass am 20. Dezember 1963 schließlich der Prozess gegen nunmehr 23 Angeklagte eröffnet werden konnte. Sie waren von den ursprünglich 950 Personen übrig geblieben, gegen die ermittelt worden war, denen aber in ihrer Mehrheit, trotz akribischer Untersuchungen, Morde oder die Beteiligung daran nicht hinreichend beweiskräftig nachgewiesen werden konnten. Eine gründliche Prüfung der Schuldvorwürfe durch die ermittelnde Staatsanwaltschaft und die Erhärtung des Tatverdachts war indessen schon deshalb notwendig, damit das Schwurgericht sich überhaupt bereit fand, die Hauptverhandlung zu eröffnen.

Etwa sieben Monate nach Prozessbeginn wurde die Verhandlung gegen den ehemaligen SS-Rottenführer Gerhard Neubert extern fortgeführt, zwei der Beschuldigten schieden während des Prozesses wegen Erkrankungen aus. Doch auch reduziert auf schließlich 20 Angeklagte, war die »Strafsache gegen Mulka und andere« mit der Registriernummer 4 Ks 2/63, die von Dezember

1963 bis zur Urteilsverkündung im August 1965 verhandelt werden sollte, der bis dahin umfassendste Schwurgerichtsprozess in der westdeutschen Justizgeschichte.

»Wie aber sah es tatsächlich in Auschwitz aus? Über dem Lagertor waren die Worte zu lesen ›Arbeit macht frei‹, unsichtbar aber stand geschrieben: ›Ihr, die ihr hier reingeht, lasst alle Hoffnung fahren‹. Denn hinter diesem Tor begann eine Hölle, die für das normale menschliche Gehirn nicht auszudenken ist und die zu schildern die Worte fehlen.«[18] Hans Hofmeyer, Senatspräsident und Vorsitzender Richter im Frankfurter Auschwitz-Prozess, kamen die Tränen, als er in seiner mündlichen Urteilsbegründung am 19. August 1965 die Ermordung von Kindern erwähnte. Zu verhandeln waren wahrhaft Taten, die »zu schildern die Worte fehlen« und die doch zur Sprache kommen mussten und nun endlich auch in der Bundesrepublik der frühen sechziger Jahre zur Sprache kamen. Es ging um die ›größte Menschen-Vernichtungs-Anlage aller Zeiten«, wie der einstige Auschwitz-Kommandant Rudolf Höß in seinen autobiografischen Aufzeichnungen mit einer Art perversem Stolz kurz vor seiner Hinrichtung vermerkt hatte.[19]

Fast 1,2 Millionen Menschen, in ihrer Mehrzahl Juden aus Ost-, West- und Südeuropa, wurden nach der Deportation aus ihren Heimatländern im so genannten Stammlager Auschwitz, im Sklavenlager Auschwitz-Monowitz und im Vernichtungslager Auschwitz-Birkenau ausgebeutet, erniedrigt und schließlich ermordet. Wer nicht gleich nach seiner Ankunft, nach viehischen Transporten, auf der Rampe in Auschwitz selektiert und ins Gas geschickt wurde, wer jung und kräftig genug schien, musste vor seinem Tod noch Sklavenarbeit leisten für die deutsche Industrie. »Physisch und psychisch gebrochen« so Richter Hofmeyer, »der Menschenwürde entkleidet, hauchten dann diese Opfer in den Gaskammern in Birkenau ihr jämmerliches Leben aus – Juden und Christen, Polen und Deutsche, russische Kriegsgefangene und Zigeuner, Menschen aus ganz Europa, die auch von einer Mutter geboren waren und Menschenantlitz trugen. Das war das sogenannte Erziehungslager Auschwitz.«[20]

Im Auschwitz-Prozess standen von den fast 8000 SS-Angehörigen, die im Laufe der Jahre ihren Mörderdienst in Auschwitz verrichtet hatten, schließlich noch ganze 20 Männer vor Gericht. Sie waren angeklagt wegen Mord oder Beihilfe zum Mord im Konzentrationslager Auschwitz an einer, wie es in der Anklageschrift hieß, »unbestimmten Vielzahl von Häftlingen«. Minuziös musste die Anklage den Beschuldigten, die zu klärenden Aussagen kaum bereit waren, die Morde oder die Beihilfe zum Mord nachweisen. Staatsanwälte und Nebenkläger sahen sich zumeist mit einer Mauer des Schweigens oder zähem Leugnen auf Seiten der Angeklagten konfrontiert.

Erschwerend hinzu kamen die Strategien der Verteidiger, besonders augenfällig in Gestalt des Rechtsanwaltes Hans Laternser, der Robert Mulka vertrat. Laternser, der bereits während der Nürnberger Prozesse hohe Wehrmachtsoffiziere erfolgreich verteidigt hatte, setzte alles daran, die Aussagekraft und Würde der Belastungszeugen zu unterminieren. Schon dass viele der Auschwitz-Überlebenden aus östlichen Staaten kamen – und oft nur unter großen Mühen hatten überzeugt werden können, in das Land der Täter zurückzukehren und mit ihren Peinigern konfrontiert zu werden –, erschütterte in Laternsers Augen ihre Glaubwürdigkeit. Geschickt nutzte er die von den erstarrten Fronten des Kalten Krieges geprägte Stimmung, um den womöglich beeinflussten Zeugen Falschaussagen, aber auch das Spekulieren auf die ihnen gezahlten Aufwandsentschädigungen zu unterstellen.[21]

Seine juristische Argumentation – oder jedenfalls das, was er dafür ausgab – konzentrierte sich auf die seit den Nürnberger Prozessen unter Verteidigern gängige Auffassung, alle Anordnungen und Befehle durch staatliche Organe, auch wenn sie in der Ausführung Verbrechen zur Folge hatten, seien legal gewesen, gestützt auf eben die Rechtsauffassung vom prinzipiell eigenen Rechtscharakter des NS-Systems und der staatsrechtlichen Gleichheit von Drittem Reich und Bundesrepublik. Die Schlussfolgerungen für die Verteidiger im Auschwitz-Prozess lagen auf der Hand. Rechtsanwalt Rudolf Aschenauer etwa, Verteidiger des besonders brutalen SS-Oberscharführers Wilhelm Boger und des Lagerarztes Dr. Franz Bernhard Lucas, definierte die Morde seiner Mandanten vor diesem Hintergrund als entschuldbare Irrtümer.

Laternser indessen scheute nicht davor zurück, die Verbrechen des Angeklagten Mulka als Realisierung rechtlich legitimierter Befehle darzustellen. Er ging sogar soweit, die Tätigkeit Mulkas auf der Rampe von Auschwitz, wo dieser unmittelbar nach Ankunft der Deportationszüge »selektiert«, das heißt gemeinsam mit anderen entschieden hatte, wer sofort »ins Gas« und wer noch bis zur völligen Auszehrung Sklavenarbeit leisten musste, dem Angeklagten als strafmildernd, weil »lebensrettend« zuzubilligen; immerhin habe er, wenn auch nur kurzfristig, Menschen vor der sofortigen Vernichtung ›bewahrt‹.[22]

Zu solchen provozierenden Ungeheuerlichkeiten gesellte sich das Auftreten der Angeklagten. Es waren mittlerweile wieder ganz gewöhnliche Bürger, Handwerker, Angestellte oder Ärzte, die vor Gericht standen. Und es fehlte ihnen jegliches Unrechtsbewusstsein, von einer Anerkennung ihrer Schuld ganz zu schweigen. Noch in ihren Schlussworten wurde diese Wahrnehmungsblockade gegenüber eigener Schuld und Sühne deutlich. Fast alle beriefen sich auf den Befehlsnotstand, dem sie unterstanden hätten, wie etwa der Angeklagte Josef Klehr, der aus reiner Mordlust und über das befohlene Maß hinaus Häftlinge mit Phenolinjektionen »abgespritzt« hatte. Einige sahen sich gar selbst als Opfer eines Terrorregimes, wie der wieder als Landwirt arbeitende Johann Schoberth. In manchen von ihnen schließlich ging zusammen, was schon damals so rätselhaft wie beunruhigend war und bleibt: eine »kultivierte Erscheinung‹ und skrupellose Täterschaft. Der Lager-

Der Angeklagte Wilhelm Boger (vorn links) während des Prozesses

arzt Dr. Lucas beispielsweise, der gemäß der Verteidigungsstrate-
gie seines Anwalts Laternser zu Protokoll gab, zum Selektieren auf
der Rampe in Auschwitz »erpresst« worden zu sein und »natürlich
bei der Auslese« versucht zu haben, »möglichst vielen jüdischen
Häftlingen das Leben zu erhalten«.[23]

SS-Sturmbannführer und Lagerapotheker Dr. Victor Capesius
hingegen hatte bedenkenlos Freunde und Bekannte aus seiner Jugend in Rumänien ins Gas geschickt. Zum Zeitpunkt seiner Verhaftung betrieb er eine Apotheke in Göppingen und einen umsatz-
starken Kosmetiksalon in Reutlingen. Uneinsichtig auch er, trotz
einer überwältigenden Fülle von Zeugenaussagen und Dokumenten, die seine Schuld belegten. In seinem Schlusswort führte er unter anderem aus: »In Auschwitz habe ich keinem Menschen etwas
zuleide getan. Ich war zu allen höflich, freundlich und hilfsbereit,
wo ich dies nur tun konnte. Auf der Rampe war ich verschiedene
Male, um dort das Ärztegepäck für die Häftlingsapotheken zu ho-

len. Selektiert habe ich nie, was ich mit allem Nachdruck betonen möchte. Ich bin nicht schuldig geworden in Auschwitz, ich bitte Sie, mich freizusprechen.«[24]

Rechtsanwalt Henry Ormond, Vertreter der Nebenkläger, hatte Recht: »Weder Elternhaus noch Erziehung, weder Berufsausbildung noch Bildung, weder Religion noch familiäre Bindung haben auch nur den geringsten Einfluss auf das verbrecherische Tun der Angeklagten gehabt. Diese Faktoren waren kein Hindernis auf dem Weg zum Mord.«[25] Womöglich ist es dieser Befund, der zu den verstörendsten Folgen des Auschwitz-Prozesses gehört – bis heute.

Mehr als zwanzig Jahre nach den Taten, nach den Aussagen von 359 Zeugen aus 19 Ländern, darunter 211 Auschwitz-Überlebende, nach dem Verlesen mehrerer Gutachten über das Lagersystem und die Terrorherrschaft der SS, einem Ortstermin in Auschwitz und der Befragung der Angeklagten, wurden am 19. und 20. August 1965 in Frankfurt die Urteile gesprochen. Drei der Angeklagten wurden mangels Beweisen freigesprochen, sechs Täter bekamen lebenslänglich, elf kamen mit Haftstrafen zwischen dreieinhalb und 14 Jahren davon. Milde Urteile in den Augen vieler Beobachter, zu milde angesichts der unmenschlichen Verbrechen, die den Verurteilten nachgewiesen werden konnten.

Die über 400 Seiten umfassende Urteilsschrift konzentrierte sich in der Beschreibung und Analyse der zur Verhandlung stehenden Taten ganz auf die juristisch als stichhaltig angesehene Unterscheidung zwischen eigentlichen Tätern und so genannten Gehilfen. Der Befehlsnotstand hingegen, auf den sich einige Angeklagte als eine Art Entschuldigungsgrund für ihre Taten beriefen, wurde nicht strafmildernd berücksichtigt. Bereits zuvor war in mehreren Schwurgerichtsprozessen unterstützt durch historische Gutachten, festgestellt worden, dass die Verweigerung eines verbrecherischen Befehls auch zur Zeit des Holocaust kaum mehr Folgen für den Befehlsverweigerer hatte als Auszeichnungs- oder Beförderungssperren, Versetzungen zu anderen Dienstellen oder Einträge in seine Stammakte. »Nicht ein einziger Fall«, so der Strafrechtler Herbert Jäger schon 1962, war aus Akten von SS- und Polizeigerichten nachweisbar, »bei dem ein SS-Angehöriger wegen Verweigerung eines Erschießungsbefehls selbst erschossen worden wäre.«[26]

Umso mehr erlangte die Unterscheidung zwischen Tätern und Gehilfen Bedeutung. Eine Reihe von Urteilen in Schwurgerichtsprozessen, darunter auch der Ulmer Einsatzgruppen-Prozess, dienten dabei als Entscheidungsgrundlage.[27] Die enge Auslegung des Täterbegriffs, die hier vorgenommen wurde, führte im Resultat zu einem Auseinerdividieren von wenigen Verantwortlichen und der großen Masse der angeblich nur Befehle Ausführenden. Der Tübinger Ordinarius für Strafrecht, Jürgen Baumann, fasste diese Entwicklung bereits 1963 in die Worte: »Wenn der Befehl in jedem Falle zur Beihilfe des Befehlsempfängers führen würde, wäre nur Hitler der Täter (...). Alle übrigen an der Ausführung des Führerbefehls Beteiligten, und selbst etwa Himmler und andere Größen des Nazisystems, wären lediglich Gehilfen: Ein Täter und 60 Millionen Gehilfen oder: das deutsche Volk, ein Volk von Gehilfen, eine nur für wenige erhebende, für den Verfasser entsetzliche Vorstellung.«[28]

Doch Baumann und mit ihm einige weitere Strafrechtslehrer gehörten mit ihrer Auffassung zu einer Minderheit, deren Votum für die damals aktuelle und folgende Rechtssprechung über NS-Gewaltverbrecher ohne Wirkung blieb. Das hat auch darin seinen Grund, dass die strikte Trennung zwischen Tätern und Gehilfen der gesellschaftlich weit verbreiteten Hoffnung entsprach, es ließe sich die Verantwortung für Verbrechen solch gigantischen Ausmaßes auf die oberste Führungsriege in Gestalt Hitlers und allenfalls noch wenige seiner Paladine abschieben. Auch der Auschwitz-Prozess vollzog sich unter dieser Wahrnehmungsblockade, die Richter sprachen in ihrem Bannkreis Recht, unterstützt dadurch, dass

die »Selbstentlastung der Gesellschaft von ihrer Mitbeteiligung«
längst in »juristische Kategorien« übersetzbar war.[29]

Im Kern der Unterscheidung zwischen dem »Willen zur eigenen Straftat« (animus auctoris) und dem »Willen, eine fremde
Straftat zu unterstützen« (animus socii) ging es darum, die subjek-
tive Haltung vor und während der Tat zu erkennen und zu beur-
teilen, oder, wie es im Urteil etwa über Robert Mulka heißt, seine
»Willensrichtung«, »seine innere Einstellung und Haltung zu den
Taten« zu eruieren.[30] Zwar sah und sieht das Strafgesetzbuch auch
im Fall des »normalen« Mordes die Ermittlung niedriger Beweg-
gründe wie etwa Mordlust, Habgier, Heimtücke oder Grausamkeit vor, um den Mord vom minder hart bestraften Totschlag zu
unterscheiden. Aber noch heute stockt dem Betrachter der Atem,
wenn er in den Urteilsbegründungen des Auschwitz-Prozesses
nachliest, wie souverän das Gericht alle von der Anklage klar he-
rausgearbeiteten Tatbestände etwa im Fall Mulka als wenig beweiskräftig oder jedenfalls nicht überzeugend dafür bewertete,
dass der Angeklagte aus eigenem Antrieb und innerlich überzeugt
gemordet hatte. Wie man dies allein schon aufgrund der Tatsache,
dass Mulka als Adjutant des Kommandanten für die Organisation
der wirtschaftlichen Ausbeutung der deportierten Menschen und
für ihre Ermordung, als Leiter des Kommandanturstabes überdies
für die »weltanschauliche« Schulung des SS-Personals verantwortlich war, ausschließen kann, bleibt unerfindlich. Obwohl (immerhin) ein »erheblicher Verdacht« weiterhin bestand, dass Mulka »die
Massentötung der Juden innerlich bejaht und sie bereitwillig unterstützt, somit mit Täterwillen gehandelt hat«, wurde er als bloßer Gehilfe und »Befehlsempfänger« zu 14 Jahren Gefängnis verurteilt.[31] Lediglich jene Angeklagten, denen nach Auffassung des
Gerichts ein subjektiver, einem eigenen Interesse folgender Tat-
willen nachgewiesen werden konnte – wie beispielsweise den brutal und sadistisch agierenden Oswald Kaduk oder Wilhelm Boger
– erhielten lebenslange Haftstrafen.

Und dennoch, trotz dieser beschämend milden Urteile und ihrer Begründungen, trotz des immer wieder betonten Charakters der Verhandlungen als reiner Strafprozess, der »nicht berufen« war, »die Vergangenheit zu bewältigen«[32], hatte der über zwanzig Monate dauernde Prozess für die Vergegenwärtigung des Holocaust in Deutschland eine enorme Wirkung. Zu den bedeutsamsten zählte die Verjährungsdebatte des Deutschen Bundestages vom 30. März 1965, in der noch vor Ende des Auschwitz-Prozesses neuerlich, wie schon 1960, die Verjährungsfrist für Mord, mithin auch für NS-Gewaltverbrechen, um weitere fünf Jahre verlängert wurde. Die Debatte wie die Motive ihres Initiators, des damals vierzigjährigen CDU-Abgeordneten und späteren Präsidenten des Bundesverfassungsgerichtes Ernst Benda, waren von den Erkenntnissen des Frankfurter Auschwitz-Prozesses geprägt. Doch sollte es noch bis 1979 dauern, bis die Verjährung für Mord völlig aufgehoben wurde.[33]

Jeder aber, der wissen will, kann sich seit den Verhandlungen in der »Strafsache gegen Mulka und andere« über jene Konstruktion des Bösen informieren, die sich ab 1934 in den so genannten Rassenschandepogromen und wenige Jahre später im Massenmord an den europäischen Juden manifestierte. Auschwitz wurde zum Inbegriff des nationalsozialistischen Deutschland. Und »für keinen Menschen«, wie Theodor W. Adorno in seinen Vorlesungen über Metaphysik erläuterte, die er im Sommersemester 1965 hielt, »für keinen Menschen, dem nicht das Organ der Erfahrung überhaupt abgestorben ist«, kann »die Welt nach Auschwitz, das heißt: die Welt, in der Auschwitz möglich war, mehr dieselbe Welt sein, als sie es vorher gewesen ist.«[34]

Die Wandlungen des
Karl-Heinz Sadrozinski

Der Kindermörder Jürgen Bartsch – 1967

Seine ersten elf Lebensmonate hatte der kleine Karl-Heinz in einem Essener Säuglingsheim verbringen müssen. Noch Jahre später, so berichtete er, wurde ihm übel, wenn er abgestandene, nach Desinfektionsmitteln und menschlichen Ausdünstungen riechende Krankenhausluft einatmen musste. Das Baby befand sich in der Obhut von Krankenschwestern, die sich kaum und keinesfalls individuell abgestimmt um einzelne Kinder kümmern konnten. Aufgrund der immensen Arbeitsüberlastung auf der Säuglingsstation setzten sie vielmehr ihren ganzen Ehrgeiz daran, das Kind möglichst schnell »sauber« zu bekommen; wer früh »auf dem Töpfchen« sitzen konnte, musste nicht mehr gewindelt werden. Das sparte Zeit und entsprach im übrigen auch den damals üblichen Vorstellungen von frühkindlicher Hygiene.[1]

Für den am 6. November 1946 geborenen Karl-Heinz Sadrozinski gab es da keine Ausnahme. Der Junge war das uneheliche Kind der an Tuberkulose erkrankten und bald nach der Geburt verstorbenen Elisabeth Anna Sadrozinski, geborene Liedtke, und, wie es hieß, eines holländischen Saisonarbeiters. Eindeutig ließ sich das nicht mehr feststellen; im Verlaufe des zweiten Prozesses gegen Jürgen Bartsch tauchte ein Mann auf, der sich als leiblicher Vater ausgab und als Zeuge verhört wurde. Zu diesem Zeitpunkt kam es sogar zu einer kurzen Kontaktaufnahme zwischen Vater und Sohn im Blitzlichtgewitter der Boulevardpresse, aber bald danach tauchte der Mann wieder unter. Ebenso wie Anna Sadrozinski galt auch er, der in einer späteren Ehe weitere elf Kinder zeugte, den

Fürsorgebehörden, mit denen offenbar beide verschiedentlich zu tun hatten, als Mensch mit einem »liederlichen Lebenswandel«, ja als »hypersexuell«, ein Begriff, der ebenso viel über die Phantasien der Behördenmitarbeiter verriet wie er den eigentlichen Lebenswandel der Eltern von Karl-Heinz im Unklaren ließ. Für die leibliche Mutter des kleinen Karl-Heinz war es die achte Geburt, doch über die sieben Halbbrüder und -schwestern ist bis heute kaum etwas bekannt. Lediglich einer der Halbbrüder, Fritz Sadrozinski, suchte gemeinsam mit seiner Frau während des zweiten Prozesses den Kontakt.[2]

Ein aufgewecktes, bald an seiner Krankenhausumgebung interessiertes Kind – so schilderte die zuständige Kinderschwester Anni den kleinen Karl-Heinz: »Ich erinnere mich noch heute, was das Kind für strahlende Augen hatte! Er lächelte sehr früh, verfolgte, hob das Köpfchen, alles sehr, sehr früh. Er war ein völlig normales, gediegenes, ansprechbares Kind.«[3] Es gefiel auf Anhieb auch der 37-jährigen Gertrud Bartsch, Gattin des schon vor der Währungsreform wieder zu Wohlstand gekommenen Fleischermeisters Gerhard Bartsch. Dessen Laden in Langenberg, einem kleineren, im damals noch idyllischen Deilbachtal gelegenen Ort an der Peripherie der Stadt Essen, florierte, und was dem arbeitsamen Paar zum Glück in ihrem ganz privaten Wirtschaftswunder noch fehlte, war ein Kind.

Wie es der Zufall wollte, wurde Gertrud Bartsch ein paar Monate nach der Geburt von Karl-Heinz in eben jenes Krankenhaus eingewiesen, in dem das mittlerweile elternlose Kind immer noch lag. Frau Bartsch musste sich einer so genannten Totaloperation unterziehen, bei der die Gebärmutter und die Eierstöcke entfernt wurden, eine seinerzeit und bis in die frühen sechziger Jahre übliche operative Therapie, sobald sich Geschwulste in der Gebärmutter feststellen ließen. Für Gertrud Bartsch wurde mit ihrer Einwilligung in die Operation indessen auch endgültig, was sich in den Jahren zuvor schon angebahnt hatte: Sie konnte keine Kinder bekommen. Umso entzückter zeigten sie und ihr Gatte sich von dem kleinen Jungen, der ihren gelegentlich auf der Säuglingsstation präsentiert wurde.

Gegen alle Skepsis der Essener Adoptionsbehörde, die sich allerdings nicht auf die fürsorglichen Fähigkeiten der künftigen Pflegeeltern bezog, sondern vielmehr auf die »zweifelhafte Herkunft« des Kindes, gelang es dem Ehepaar Bartsch, den elfmonatigen Karl-Heinz in seinen Haushalt aufzunehmen. Es sollte freilich bis zum Jahre 1954 dauern bis alle Zweifel der zäh an ihrem Urteil festhaltenden Adoptionsbehörde ausgeräumt werden konnten und der ordnungsgemäßen Adoption stattgegeben wurde. Bis dahin hatte vor allem Gertrud Bartsch bereits ihre rigorosen, aber durchaus noch zeittypischen Erziehungsvorstellungen an dem sensiblen Jungen durchexerziert. Besonders »eklig« fand sie, dass Karl-Heinz unmittelbar nach der Übergabe in ihre Obhut wieder »einmachte« und Windeln brauchte. Das war nicht der kleine blonde Engel, den sie in der Säuglingsstation kennen und lieben gelernt hatte. Der Kleine bekam ihre Enttäuschung in Form von Kniffen und Schlägen zu spüren, die blaue Flecken und Quetschungen hinterließen – ein klarer, allerdings damals unentdeckt gebliebener Fall von Kindesmisshandlung.[4] Materiell hatten Gertrud Bartsch und ihr Mann ihr Ziehkind von Anfang an verwöhnt, auf eine sichere emotionale Zuwendung aber musste das schon vorher vernachlässigte Kind verzichten. In der zeitgenössischen Diktion hieß das: der Knabe wachse in »sauberen und geordneten Verhältnissen« auf. Aus Karl-Heinz Sadrozinski war endgültig Jürgen Bartsch geworden. Nichts sollte an seine Vergangenheit und Herkunft erinnern. Die Zukunft schien offen.

Unter seinem untadeligen neuen Namen erlangte Jürgen Bartsch zwölf Jahre nach der Adoption eine schauerliche Berühmtheit, die auch über seinen frühen Tod im Jahre 1976 hinaus nicht völlig verblasst ist. Denn die Taten des Jürgen Bartsch waren bestialisch: Er hatte seine Opfer, Jungen im Alter von acht bis dreizehn Jahren, nicht nur ermordet, sondern als Pädosadist – ein Mensch, dessen sexuelles Wünschen sich auf das Malträtieren von Kindern konzentriert – zuvor auch entsetzlich gequält. Nachdem er seine Opfer durch Schläge gefügig gemacht und misshandelt, sie zu sexuellen Handlungen genötigt oder sie und sich selbst sexuell manipuliert hatte, fesselte er sie und tötete sie durch Erschlagen oder Erwürgen. Danach erfolgte, so wie er es in der Fleischerlehre eingeübt hatte, das mehr oder weniger fachgerechte Zerlegen der Leichen. In der Regel stach er den Opfern die Augen aus, öffnete mit einem Schlachtermesser den Leib, leerte Brust- und Bauchhöhle und vergrub die Überreste. Sein viertes und letztes Opfer, den elfjährigen Manfred Graßmann, weidete Bartsch bei lebendigem Leib aus. Dieses Ausschlachten eines zumindest am Anfang der Tortur noch lebenden Kindes hatte sich immer mehr ins Zentrum seiner sexuellen Gewaltphantasien gedrängt.

Seine bereits früh durch Grausamkeiten gegen Kinder bestimmten Obsessionen hatten sich schnell ins Mörderische gesteigert. Solange er noch nicht den Zwang zu töten in sich spürte – bereits als 13- und 14-jähriger Junge war Bartsch durch sexuell-sadistische Handlungen an jüngeren Knaben aufgefallen –, nahm er den Opfern unter wüsten Todesdrohungen das Versprechen ab, nichts von dem, was er ihnen angetan hatte, zu erzählen. Tatsächlich verschwiegen sie in der Regel auch ihren Eltern gegenüber, was ihnen geschehen war. Als eines dieser frühen Opfer dennoch zu Hause davon berichtete, gelang es Jürgen Bartschs Adoptivmutter, den Fall zu vertuschen; die Eltern des Opfers erhielten von ihr eine größere Geldzahlung, im Hause Bartsch wurde nicht darüber gesprochen, geschweige denn die Polizei benachrichtigt oder ärztlicher Rat eingeholt.

Über einhundert Mal hat Bartsch nach eigenen Angaben versucht, seine Obsession zu realisieren, oder sagen wir besser: seinen psychischen Defekt auszuleben. In den Jahren 1962 bis 1966 gelang es ihm in fünf Fällen, Jungen im Alter zwischen acht und 13 Jahren in einen ehemaligen Luftschutzbunker in der Heegerstraße in Langenberg, ganz in der Nähe seines Adoptivelternhauses, zu locken. Zuvor hatte er, um sich Gefälligkeiten erkaufen und die Taxis bezahlen zu können, mit denen er im ganzen Ruhrgebiet zu immer neuen Fahrten aufbrach, um neue Opfer zu finden, über die Jahre fast 20 000 DM aus der Ladenkasse seiner Eltern entwendet. Die minderjährigen Jungen hatte er auf Jahrmärkten angesprochen. So galt er, anfangs noch namenlos, bis zu seiner Überführung als der »Kirmes Mörder«.

Peter Frese, dem fünften, in Wuppertal-Elberfeld am 18. Juni 1966 von Bartsch aufgegabelten Opfer, das ihm in den Bunker gefolgt war, gelang es zu entkommen. Der Mörder hatte Frese nach einem missglückten Vergewaltigungsversuch gefesselt zurückgelassen und war – mit der Ankündigung, ihn nach seiner Rückkehr zu töten – eilig zum Abendessen nach Hause aufgebrochen. Unpünktlichkeit galt im Hause Bartsch als schuldhaftes Vergehen, dem Schläge und ernste Vorhaltungen unweigerlich folgten. Das wollte Bartsch unbedingt vermeiden, zumal sein verspätetes Nachhausekommen erst gegen 21 Uhr über einen Monat zuvor, am 8. Mai 1966, am Muttertag, seine Mutter sehr verärgert hatte. An jenem Tag hatte ihn der bestialische Mord an dem elfjährigen Manfred Graßmann aufgehalten.

In Abwesenheit seines Peinigers durchsengte Peter Frese seine Fesseln mit einer Kerze und lief fort. Mit der Kerze hatte es seine besondere Bewandtnis, Bartsch ließ immer eine brennen, wenn er seine Opfer quälte: Kerzenlicht verlieh dem düsteren Bunker ein »romantisches« Ambiente, und das bevorzugte er als Stimulans. Er nahm an, auch »Eheleute haben bei gewissen Handlungen so etwas«.[5] Wie auch immer, Freses Anzeige führte am 21. Juni 1966 zur Festnahme von Jürgen Bartsch. Noch in den Tagen zuvor, als ihm schon klar war, dass seine Verhaftung nah bevorstand, hatte der jugendliche Mörder nach einem neuen Opfer gesucht, aber kein geeignetes gefunden.

Der Täter war unendlich grausam, aber er war keinesfalls gewissenlos. »Ich habe diese Gefühle von Schuld auch jeweils bei der Tat ganz intensiv gespürt, ohne dass ich deswegen die Tat hätte abbrechen können, weil das Trieb-Gefühl eben noch stärker war.«[6] Seine mörderischen Phantasien, die sich ausschließlich auf vorpubertäre Knaben richteten, niemals auf Gleichaltrige, begleiteten ihn auch lange nach seiner Verurteilung, bis zu seinem Tod. Aber gleichermaßen auch das Schuldgefühl. Nach dem ersten Mord war Bartsch noch überzeugt, dass »Gott diese Last, diesen Drang von mir nehmen könnte.«[7] So war er als Fünfzehnjähriger nach der ersten vollendeten Tat an dem nur drei Jahre jüngeren Ulrich Kahlweiß 1962 zur Beichte gegangen. Der Kaplan hat das Beichtgeheimnis gewahrt, zum Schaden von drei weiteren Opfern, dem 13-jährigen Rudolf Fuchs, dem achtjährigen Klaus Jung und dem elfjährigen Klaus Graßmann.

Die Taten des Jürgen Bartsch fanden zwischen 1962 und 1966 in einer gesellschaftlichen Umbruchsituation statt, die sich im Verlaufe von zwei Prozessen und in der dabei zutage tretenden, völlig gegensätzlichen Einschätzung des Täters widerspiegelte. Bartsch mutierte in der alten Bundesrepublik zur idealen Projektionsfigur des Teuflischen. So wie vier Jahrzehnte zuvor, Ende der zwanziger Jahre, der Massenmörder und nekrophile Kannibale Fritz Harmann angesichts seiner mindestens 24 Opfer als Kinderschreck fungiert hatte – konnte man Kinder doch mit dem Ruf »Harmann kommt!« von der Straße treiben –, so war es jetzt ein Spruch wie »Denk an Jürgen Bartsch!«, mit dem die Erkundungslust der in den fünfziger und sechziger Jahren Geborenen wirkungsvoll gezügelt werden sollte. Und das selbst dann, wenn den gefährdet geglaubten Kindern die grausamen Einzelheiten der Verbrechen, über die in der Presse in aller Ausführlichkeit berichtet wurde, begreiflicherweise verschwiegen wurden.

Sein Name wurde zum Inbegriff der Angst, einer lauernden Bedrohung, die so gar nicht in die heile Welt der Bundesrepublik passen wollte, und erschien gleichsam als die so unheimliche wie unerklärliche Nachtseite wachsenden Wohlstands und nicht vergehender jüngster Vergangenheit. Bei einer im Jahr der ersten Verurteilung 1967 durchgeführten Befragung von Lesern und Leserinnen des Magazins »Der Stern« wurde der jugendliche Kindermörder in einer Art »Hitliste der Schrecklichen« vor und neben Hitler, Stalin, Himmler und Eichmann eingeordnet. Kaum mehr als zwei Jahrzehnte nach dem Ende des Dritten Reiches schien Bartsch insbesondere für Frauen der schlimmste Verbrecher des Jahrhunderts zu sein. Da seine Taten sexuell motiviert waren, erzeugte er weitaus größere Abscheu als alle Mörder, die vorgeblich »nur auf Befehl« gehandelt hatten.

Die beiden biografischen Eckdaten – uneheliche Geburt und Adoption – aus der Kindheit des späteren Serienmörders lieferten nach seiner Festnahme am 21. Juni 1966 jeweils passende Erklärungen für die unerklärlich grausamen Taten eines Halbwüchsigen. Namentlich für die Vertreter des reinen Strafrechts und der biologisch argumentierenden Psychiatrie nach Kurt Schneider machten wie gehabt die »schlechten Gene«, die von Herkunft und Vererbung geprägten »Anlagen« des Jungen die eigentliche, quasi biologisch unausweichliche Kausalität aus, an deren Ende die Morde standen.

Alle drei Gutachter im ersten Verfahren, das am 29. November 1967 in Wuppertal begann, waren von Schneider geschult oder doch in ihrem Studium von ihm beeinflusst worden. Kurt Schneider, zwischen 1946 und 1955 Ordinarius für Psychiatrie in Heidelberg, hatte die phänomenologisch-deskriptive Psychopathologie zu einem vorläufigen Abschluss gebracht. Vermindert schuldfähig schienen nach dieser Schule Täter allenfalls dann, wenn körperlichen Defekte nachweisbar waren, die beispielsweise ihre Intelligenz gravierend beeinträchtigten. Gerade ein solcher Defekt aber war bei Jürgen Bartsch nicht zu finden. Sein IQ lag, wie rasch vorgenommene Tests belegen, bei 116.

Bartschs leibliche Mutter war, wie auch ihr Sohn, der spätere Jürgen, ein uneheliches Kind; auf derartige Aspekte wurde, bei Vernachlässigung vieler anderer, im ersten Prozess hingewiesen und die Anklage darauf fokussiert. Die »zweifelhafte Herkunft« des Täters wie die seiner Mutter galt als geeignet, seine Taten hinreichend zu erklären. Dafür mochten nach Ansicht des Gerichtes, als so exzeptionell der Fall Bartsch auch galt, neun Verhandlungstage reichen. Da es schließlich nicht »ihr eigen Fleisch und Blut« wäre, so der Vorsitzende Richter im ersten Verfahren, hätten die Adoptiveltern keinerlei Anteil an der Entwicklung des stark kontaktgestörten Jungen. Und auch der Vertreter der Anklage, Oberstaatsanwalt Klein, attestierte dem Ehepaar Bartsch: »Das Elternhaus kann nicht besser gedacht werden.«[8]

Im Namen des Volkes wurde Bartsch, obwohl nach damaliger Auffassung auch bei der letzten Tat noch lange nicht volljährig, im Dezember 1967 vor der Jugendstrafkammer des Wuppertaler Landgerichts zu fünffach lebenslänglicher Freiheitsstrafe verurteilt. Die mehrfach lebenslange Freiheitsstrafe wurde erst durch das 23. Strafrechtsänderungsgesetz vom April 1984 abgeschafft. Seitdem ist die höchste Strafe in Deutschland »lebenslänglich«. Bartschs Zurechnungs- und Steuerungsfähigkeit wurde in der Urteilsbegründung nicht im Geringsten angezweifelt. Der Vorsitzende dieses ersten Verfahrens, Landgerichtsdirektor Walter Wülfing, gab dem Verurteilten folgendes Schlusswort mit auf seinem Weg ins Gefängnis: »Der Herrgott möge Ihnen helfen, dass auch Sie Ihre Triebe beherrschen lernen.«[9]

Ein frommer Wunsch. Jürgen Bartsch selbst war als Jugendlicher in einem strengen katholischen Internat sexuell missbraucht worden. Und auch ein sieben Jahre älterer Vetter hatte sich an ihm während einer Familienfeier vergriffen, als er selbst noch in dem Alter seiner späteren Opfer war. Jürgen Bartsch hatte gegenüber einem Vertrauten – dem amerikanischen Journalisten Paul Moor, der mit ihm nach dem ersten Prozess über neun Jahre lang eine intensive Korrespondenz führte und zwei Bücher über ihn verfasste – mehrmals betont, er habe sich niemals gehen lassen. Er wäre immer »gegangen worden«.[10] Bartsch stand seinem eigenen Verständnis nach nicht vor der Entscheidung, ob er das tun wollte, was er zwanghaft tat.

Diejenigen, die sich von dem ersten Urteil distanzierten, machten allein »die Erziehung« und die »Gesellschaft« für die Taten des Jürgen Bartsch verantwortlich. Veränderungsbedürftig wären, so die Sprache der Kritiker des Urteils, in der schon die Umbrüche der 68er Jahre hörbar wurden, die Institutionen, nicht die einzelnen Menschen. Innerhalb der jungen Demokratie der Bundesrepublik, die ob ihrer vermuteten und personell auch vielfach nachweisbaren Nähe zum untergegangenen NS-System manchem als generell verdächtig galt, konnte ein Schwerverbrecher regelrecht zum Idol werden: eine Art prototypisches Opfer, mit dessen Taten man sich zwar keinesfalls, mit dessen Leiden sich manche seiner Fürsprecher aber umso vorbehaltloser identifizieren konnten oder wollten. Insofern polarisierte der Fall Bartsch die bundesrepublikanische Gesellschaft in massiver Weise.

Die Journalistin Ulrike Meinhof machte sich bereits im Januar 1968 in der Zeitschrift »konkret« zur vermeintlichen Fürsprecherin jenes Jugendlichen, den eine mediale Mehrheit im Lande nicht müde wurde als »Ungeheuer«, »Bestie« oder auch als »Teufel in Menschengestalt« zu charakterisieren. Tatsächlich ging es auch Ulrike Meinhof weniger um Gerechtigkeit gegenüber einem Einzelnen als vielmehr um die Gelegenheit, die bürgerliche westdeutsche Gesellschaft anzuprangern. Die nämlich, so schrieb sie, verschaffe sich durch ihren Hass auf den Kindermörder jenes gute Gewissen, »dass sie braucht, um zum Kindermorden in Vietnam schweigen zu können und zur Barbarei im Umgang mit Kindern im eigenen Land, in der eigenen Familie.« Aus der Sicht der späteren Terroristin, die 1976 im Gefängnis Stuttgart-Stammheim Selbstmord beging – im selben Jahr, da auch der Kindermörder

Bartsch starb – hat »das Gericht alles menschenmögliche getan, um zu verhindern, dass die Verhältnisse, die bei Jürgen Bartschs Entwicklung Pate gestanden haben, zum Prozessgegenstand werden.«[11] Sie war bei weitem nicht die Einzige, die das so sah. »Das autoritäre, nur zum Teil gewandelte deutsche Familiensystem nach autoritärem Schema, das die sadistischen Judenmörder hervorbrachte, brachte eine Generation später nach dem Krieg auch Jürgen Bartsch hervor«, schrieb 1972 der Journalist Paul Moor im ersten seiner beiden viel beachteten Bücher über Jürgen Bartsch.[12]

Das ungewöhnlich harte Urteil gegen Bartsch war, sofern es den zahlreichen Bundesbürgern, die der Todesstrafe nachtrauerten, nicht als zu lasch erschien, in der breiten Öffentlichkeit mit ausdrücklichem Applaus aufgenommen worden. Psychologen, deren Einschätzung im ersten Prozess nicht gefragt war, und Juristen der jüngeren Generation allerdings kritisierten das Urteil vehement. Nach dem 1967 gültigen Jugendstrafrecht hätte ein derartig junger Täter auch damals zu nicht mehr als zehn Jahren Haft verurteilt werden dürfen, egal, was er verbrochen haben mochte.

Schließlich hob der Bundesgerichtshof 1969 das umstrittene Urteil auf und verwies das Verfahren an das Landgericht in Düsseldorf. Während der Revision machte sich der Volkszorn Luft. Eine »Gesellschaft für Ordnung und Anständigkeit« etwa teilte dem verantwortlichen Landgerichtsdirektor Kurt Fischer mit: »So, Fischer, das war ein Warnschuss, wir halten die Finger am Abzug. Kommt Bartsch frei, dann weg mit Dir.«[13] Das war nur einer von Hunderten anonymer Briefe und Beschimpfungen, die damals bei Gericht eingingen. Vier Jahre nach der ersten Verurteilung kam es 1971 unter großem Protest und starker medialer Beachtung zu einer Wiederaufnahme des Verfahrens – und nach dieser zweiten Hauptverhandlung zu einem anderen völlig Urteil. War im ersten Prozess ein Anwalt für Bartsch tätig, den sein Adoptivvater ihm vermittelt hatte – der Anwalt hatte Vater Bartsch einst bei einem Verkehrsunfall vertreten –, so trat im zweiten Verfahren der Staranwalt Rolf Bossi für Jürgen Bartsch ein. Bossi sorgte, eine Neuigkeit in der deutschen Rechtsprechung, bei der Urteilsfindung für die Berücksichtigung eines psychologischen Gutachtens, das dem Täter traumatische Erlebnisse in der Kindheit bescheinigte. Daraus resultiere eine psychosexuelle Störung, für die der Täter nicht verantwortlich gemacht werden könne.[14]

War insbesondere der Adoptivmutter im ersten Verfahren von dem Vorsitzenden Richter attestiert worden, sie mache einen »ausgezeichneter Eindruck«, mutierten die sauberkeitsfanatischen Erziehungsberechtigten des Jürgen Bartsch langsam zu den eigentlichen Tätern – und der Täter zum Opfer einer »autoritären« Erziehung, jedenfalls bei einem Teil der veröffentlichten Meinung der späten sechziger und frühen siebziger Jahre. Die Adoptivmutter – sie hätte nach Aussagen ihres Ziehsohnes »lieber eine Puppe« gehabt als ein Kind – hatte ihr Adoptivkind bis zu dessen Verhaftung – (da war Jürgen immerhin schon 19 Jahre alt) eigenhändig in der Badewanne gewaschen. Denn sichtbarer Dreck war das, was sie in erster Linie für bekämpfenswert hielt.

Die Pflege- und späteren Adoptiveltern hatten sich, den Normen ihrer Generation und Zeit entsprechend, in erster Linie um ihr Geschäft gekümmert. Ließ sich ein schwieriges Kind in dieses Lebensgefüge nicht bruchlos einpassen, so störte es den geregelten Ablauf. Einerseits hatte das Ehepaar Bartsch dem vereinsamten Kind verboten, sich mehr als nötig mit Gleichaltrigen abzugeben oder sich etwa mit den Angestellten der Schlachterei »auf eine Stufe zu stellen«.[15] Jürgen sollte nicht durch ein unbedachtes Wort erfahren, dass er ein angenommenes Kind war. Andererseits sollten mögliche Spielkameraden nichts wissen von dem Konglomerat aus Zärtlichkeit und überbordender Grausamkeit, dem sich der Junge tagtäglich durch die Mutter ausgesetzt sah.

Was seine Herkunft anbelangt, blieb Jürgen Bartsch nicht unwissend: Der Jugendliche fand zu Hause zufällig die Akten der Adoption. Nach einem anfänglichen Schock sah er »es sogar als besonders gute Tat an, dass sie mich angenommen hatten: Unter anderem, weil sie nicht ›solche Schweinerei‹ gemacht hatten, um mich zu bekommen. Damals, Ende 1962, waren solche Dinge zwischen Mann und Frau für mich nämlich noch fürchterlich.«[16]

Ein paar Jahre nach der Adoption, mit zwölf Jahren, war Jürgen zwar der zweifelhaften Bemutterung für einige Jahre entkommen, wurde dafür aber abgeschoben. Nach Eröffnung einer zweiten Fleischerei hatte das Ehepaar Bartsch vollends keine Zeit mehr, sich um den Jungen zu kümmern. Zunächst sprangen Verwandte von Frau Bartsch ein, schließlich wurde ein Hausmädchen eingestellt, das sich bald überfordert fühlte. Jürgen wurde einem Kinderheim übergeben, kurz darauf kam er in das Don-Bosco-Heim in Marienhausen bei Köln, eine katholisches, internatähnliches Pädagogicum, in dem eine mehr oder weniger brutale Straf- und Prügelpraxis den Alltag der Zöglinge bestimmte. Hier wurde Jürgen von einem der Betreuer, einem Pater, sexuell missbraucht.[17] Und er entdeckte seine Liebe zu anderen Jungen. Aber nicht, ohne sich deshalb für zutiefst schuldig zu halten. Sex war Schmutz, so erfuhr er hier, eine Schweinerei – und Schweine werden geschlachtet.

Unbestritten: der Junge war, auch wenn er nur über eine achtjährige Schulbildung verfügte, ausgesprochen intelligent und konnte seine eigene Situation und auch seine Widersprüche, zum Erstaunen aller beteiligten Gutachter, weitaus besser reflektieren als viele Erwachsene. Gleichzeitig aber gab es in ihm eine große Sehnsucht nach Unverantwortlichkeit, nach Regression. Er sollte nach dem Willen seiner »Erziehungsberechtigten« nicht erwachsen werden. Und er konnte sich selbst auch nicht vorstellen, es jemals zu werden.

Im zweiten Verfahren mehrten sich die Stimmen, die den beispiellos grausamen Täter nicht mehr in erster Linie als Unmenschen, sondern als Kranken und, vor allem, als krank Gemachten beschrieben. Nun galt er als behandlungsbedürftig. Wie er jedoch behandelt und geheilt werden könnte, blieb unklar bis zuletzt. Die »Lösung« des »Problems Bartsch«, wenn es überhaupt eine gab, wurde von den Juristen an die Mediziner übergeben. Zwar wollten auch die Richter des zweiten Verfahrens vor dem Düsseldorfer Landgericht verhindern, dass der vierfache Kindermörder jemals wieder zu einer Gefahr werden könnte. Nach dem Ende der zehnjährigen Jugendstrafe sollte der dann 32-Jährige keinesfalls wieder in die Freiheit entlassen, sondern für den Rest seines Lebens in Sicherheitsverwahrung in einer Heil- und Pflegeanstalt leben. Dafür wurde die zwischen Soest und Lippstadt gelegene Anstalt Eickelborn ausgewählt. Hier experimentierten die behandelnden Ärzte zunächst mit dem triebdämpfenden Medikament Androcur, doch es half nicht. Psychoanalytiker oder Psychotherapeuten der verschiedensten Schulen aber wollten Bartschs Behandlung nicht beginnen. Denn eine Freilassung und ein möglicher Rückfall hätte jede um Anerkennung bemühte psychologische oder auch medizinische Disziplin diskreditieren können.

Ein stereotaktischer Eingriff, mithin eine Operation, um bestimmte Hirnareale, in denen sein verhängnisvoller Trieb vermutet wurde, zu zerstören, wurde rasch wieder verworfen: Wer wusste schon, wo im Gehirn diese Phantasien beheimatet waren, welche Areale also hätten zerstört werden müssen. Schließlich willigte Bartsch ein, ihn durch Kastration von seinem »Trieb« zu befreien – anderenfalls wäre er lebenslänglich in der Psychiatrie geblieben. Die Entscheidung fiel ihm umso schwerer, da er im Januar 1974 die Arzthelferin Gisela Deike im Gefängnistrakt der Eickelborner Anstalt geheiratet hatte. Die junge Frau hatte bereits früh Briefkontakt mit Bartsch aufgenommen und die sich anbahnende, jedoch nie vollzogene Ehe war von den behandelnden Ärzten als Beitrag zur Normalisierung ihres Patienten verstanden worden.[18]

Am 28. April 1976 verstarb Bartsch auf dem Operationstisch. Das ihm verabreichte Narkosemittel Halothan war falsch dosiert

Jürgen Bartsch vor seiner Vernehmung im Amtsgericht Düsseldorf, 22.6.1966

worden. War das ein Versehen gewesen? Oder Absicht? Gegen den
verantwortlichen Arzt, dem ein solcher »Kunstfehler« nicht zum
ersten Mal unterlief, gab es später ein Verfahren wegen fahrlässi-
ger Tötung; er wurde schließlich freigesprochen.[19] Wie das Urteil
über Jürgen Bartschs Leben, war auch die Reaktion auf seinen Tod
voller Gegensätze: Die einen hielten sein Ende für einen kaum
verkappten Mord, die anderen, die laut nach der Wiedereinfüh-
rung der Todesstrafe gerufen hatten, zeigten sich – ob klamm-
heimlich oder ganz offen – erleichtert.

Auch die DDR hatte – wenige Jahre später – »ihren« Triebtäter. Er hatte zwischen 1968 und 1971 bei Eberswalde drei Jungen ermordet. Anders als in der Bundesrepublik wurde der Fall in der sozialistischen Öffentlichkeit aber eher heruntergespielt. Der Psychologe Hans Szewczyk, der in diesem Fall als Gutachter und eine Art Profiler für die Kriminalpolizei agierte, griff mit Hilfe des Ministeriums für Staatssicherheit auf Unterlagen über den Prozess gegen Jürgen Bartsch zurück und ging von einem vergleichbaren Fall aus: Auch der Mörder von Eberswalde musste zuvor durch Versuche aufgefallen sein, sich gleichgeschlechtlichen Minderjährigen sexuell zu nähern. Tatsächlich war das der Fall. Am 11. November 1971 wurde der damals 19-jährige gelernte Koch Hans Erwin Hagedorn verhaftet. Längere Ausführungen über die gesellschaftlichen Hintergründe seiner Taten oder eine psychologisch begründete Abwägung der Motivationen fanden nicht statt. Nach nur sechs Verhandlungstagen, am 15. Mai 1972, befand ein Volksgericht Hagedorn für schuldig und verurteilte ihn zum Tode. Walter Ulbricht lehnte das umgehend gestellte Gnadengesuch ab. Zehn Monate später wurde das Urteil vollstreckt, der Täter, wie in der DDR üblich, durch den so genannten »unerwarteten Nahschuss« hingerichtet.

»... bis vor die Wand«

Der Baader-Meinhof-Prozess – 1975-77

Die vielfach berufene strahlende wirtschaftliche Zukunft der Bundesrepublik korrespondierte auf verschlungenen Wegen mit der kontaminierten deutschen Vergangenheit. Das war der eigentliche Kern der politischen und psychischen Befindlichkeit der Wirtschaftsmacht Bundesrepublik im Epochenjahr 1968. Sie wurde bestimmt durch eine rasch zunehmende Polarisierung im Zeichen des Kalten Krieges, die auf Seiten der damaligen Linken durch die Sorge motiviert war, dass sich die bürgerliche Demokratie auf eine faschistische Diktatur zu bewegte, und auf Seiten des Bürgertums oder dem, was davon noch übrig war, durch die Furcht geprägt wurde, es drohe die Diktatur des Proletariats und/oder die Anarchie.

Beides war, wie wir nicht erst heute wissen, eine Fehlwahrnehmung, aber zugleich eben auch der Humus, auf dem die »verhängnisvolle Dynamik des Teufelszirkels« prächtig gedeihen konnte, jenes Zirkels, »in dessen Verlauf die Gewalttat, auch die bloß angekündigte oder befürchtete Gewalttat der einen Seite die der jeweils anderen hochspielt«.[1] Im Zentrum dieses Zirkels standen die Verbrechen der so genannten ersten Generation der Roten Armee Fraktion (RAF) um Ulrike Meinhof, Gudrun Ensslin und Andreas Baader. Mit ihren mörderischen Taten, mit ihrem Verhalten im Vorfeld und während des gegen sie geführten Prozesses ab dem Mai 1975 sowie im Verlaufe ihrer privilegierten Haft im berüchtigten Gefängnis Stuttgart-Stammheim, ja noch mit dem Kollektiv-Selbstmord von Andreas Baader, Gudrun Ensslin und Jan-

Carl Raspe in Stammheim am 18. Oktober 1977 sollte dem vermuteten »faschistischen Polizeistaat BRD« die Maske »repressiver Toleranz« weggerissen, mithin sein angeblich ureigenes Wesen entlarvt werden, »um die nötige Kampfbereitschaft bei sich und den andern zu erzeugen.«[2] Nach wie vor erscheint es unbegreiflich, wie lange dieses System der (Selbst)-Ermunterung zur terroristischen Tat und zum Mord funktionieren konnte.

Es waren Generationsspannungen, die weltweit den eigentlich zentralen Auslöser für die Studentenbewegungen um 1968 bildeten. »Ihre Vorkämpfer sagten sich emphatisch von den politischen Werthaltungen und, im weitesten Sinne, von den menschlichen Idealen des noch dominierenden Vorkriegsbürgertums ihrer jeweiligen Gesellschaften los. Sie zogen die Bilanz dessen, was ihre Väter bezweckt und getan hatten, und verwarfen es.«[3] Die Losungen und Ziele der Studentenrevolte in den späten sechziger Jahren überschatteten eine bis dahin eher positive Wahrnehmung des »Bürgertums«. Die verblasste Sprache des Klassenkonflikts wurde, in akademischer Form, wieder aufgegriffen und zur beherrschenden Sprache des politischen Protestes. Sie stellte die Kritik an einer nach wie vor durch Hierarchien und die so genannte personalisierte Herrschaft gekennzeichneten Gesellschaft in den Mittelpunkt. Und überführte damit das Leitbild einer »bürgerlichen Gesellschaft« und ihrer Trägerschichten – sei es im Zuge der NS-Vergangenheitsbewältigung an den Universitäten, sei es durch die »Entlarvung« einer »bürgerlichen Wissenschaft« schlechthin – ins scheinbar endgültig Negative. Einher damit ging ein seit Beginn des 20. Jahrhunderts vorhandenes, durch die zwanziger und dreißiger Jahre noch forciertes Misstrauen in der deutschen Linken gegenüber der bürgerlichen Demokratie schlechthin.

Diese vorwiegend geschichtsphilosophisch begründete Verurteilung des Bürgertums kulminierte im Kontext der Studentenbewegung der sechziger Jahre in einer kompakten, in sich geschlossenen Ideologie. Sie hatte natürlich noch andere Inhalte und Ausformungen, aber mit der fortgeschriebenen Kritik der bürgerlichen Gesellschaft à la Lukács und des in seinem Schatten umhergeisternden Generalverdachts, die BRD wäre – bei allen errichteten »Fassaden« bürgerlicher Freiheit – ein faschistischer Staat, ist ein wesentlicher Dreh- und Angelpunkt aller, sich bald revolutionär gebenden Unversöhnlichkeiten genannt.

Es gehörte geradezu notwendig zu dieser Wahrnehmung der bürgerlichen Welt, dass die Verbrechen des Kommunismus nahezu komplett ausgeblendet wurden. Alle Empathie gehörte den Opfern der NS-Gewaltherrschaft, während die Genese dieser Herrschaft zumeist auf den kruden marxistischen Erklärungsansatz reduziert wurde, der Nationalsozialismus hätte als Agent des Kapitalismus agiert. Schon die Andeutung der blutigen Spur, die namentlich die Bolschewiki zwischen der »Vernichtung der Bourgeoisie als Klasse« unter Lenin bis zum großen Terror unter Stalin hinterlassen hatten, provozierte bei vielen Aktivisten der Linken den sofortigen Verdacht, durch derlei Hinweise sollten nur die Aktualität des »Faschismus« in der Bundesrepublik und die nationalsozialistischen Verbrechen relativiert und verharmlost werden.

Denn die NS-Verbrechen stellten ein weiteres Empörungspotenzial dar, das nicht zuletzt vor dem Hintergrund der mehr als laschen, über weite Strecken geradezu verschleppten und verhinderten juristischen Aufarbeitung immer wieder und durchaus nachvollziehbar stimulierbar war. Auch konnte man nicht darüber hinwegsehen, dass sich viele der alten Staatsdiener noch in Amt und Würden befanden. »Bereiten wir«, wie es bereits im August 1966 auf einem Flugblatt hieß, »den Aufstand gegen die Nazi-Generation vor.«[4]

Wie auch immer diese Generationsbrüche erklärt und gedeutet werden – der Tod des 26-jährigen Studenten der Romanistik Benno Ohnesorg am 2. Juni 1967 in Westberlin veränderte viel und für manche alles. Ohnesorg, pazifistisch eingestellt und Mitglied der Evangelischen Studentengemeinde, wurde im Verlaufe der Demonstration gegen den Besuch des Schahs von Persien in der Nähe der Deutschen Oper während eines brutalen Polizeieinsatzes von einem Polizisten erschossen. Nicht allein den einstigen Jugendfreund Ohnesorgs, den späteren Schriftsteller Uwe Timm, überkam nun ein großer »Furor«.[5] Und nicht jeder vermochte seine Empörung durch das Schreiben zu sublimieren. 15 000 Menschen begleiteten am 8. Juni 1967 den Trauerzug für den getöteten Benno Ohnesorg. Unter ihnen auch Bommi Baumann, der sich nur wenige Jahre später der Terrorgruppe »Bewegung 2. Juni« anschließen sollte: »Echt, sein Sarg, wo der an mir vorbeigefahren ist, hat's richtig kling gemacht. Da ist einfach irgendetwas abgefahren«. Ähnlich wie Baumann ging es manchen, denen Diskussionen, Wandzeitungen und Flugblätter, aber auch nur Eier oder Steine als Wurfgeschosse bei Demonstrationen nicht mehr ausreichten und die nun »abfuhren« in Richtung »knallhärtester Taten«.[6]

Der Tod Benno Ohnesorgs sowie die Freisprechung des verantwortlichen Polizisten vom Vorwurf der »fahrlässigen Tötung« trugen entscheidend bei zur Radikalisierung in der Wahl der Mittel bei der Bekämpfung dessen, was verächtlich bürgerliche Demokratie genannt wurde. Weitere wichtige Stationen auf diesem Weg waren der Anschlag auf Rudi Dutschke am 11. April 1968 und endlich die lange, schließlich aber erfolglose Kampagne gegen die so genannten Notstandsgesetze, die am 30. Mai 1968 im Bundestag verabschiedet wurden. Die Notstandsgesetze aber träfen, wie der Sprecher des Frankfurter SDS, Hans-Jürgen Krahl, kurz vor ihrem Inkrafttreten ausführte, »Vorsorge für einen neuen Faschismus, Vorsorge für Zwangs- und Dienstverpflichtung, für Schutzhaft und Arbeitslager.«[7]

Gegen diesen befürchteten »neuen Faschismus« galt es sich zu wehren, auch und gerade unter Preisgabe eines gewaltfreien Widerstandes bzw. der Gewalt nur gegen Sachen. Wenn etwa die

Notstandsgesetze auf einen befürchteten, womöglich in der Zukunft liegenden Ausnahmezustand reagierten, dann konnte, so das Argument, angesichts ihrer Verabschiedung von einer Art aktuellem, moralischem Ausnahmezustand ausgegangen werden, der illegale Gegengewalt rechtfertigte. Eine Infragestellung des staatlichen Gewaltmonopols, gewürzt mit revolutionärer Rhetorik, beherrschte das Reden und Schreiben vieler linker Gruppen in diesen Jahren.

Die »Gewalt des Systems«, die im Übrigen im Rahmen der Anti-Springer Demonstrationen und Straßenschlachten nach dem Attentat auf Rudi Dutschke in München mit dem Studenten Rüdiger Schreck und dem Pressefotografen Klaus Frings zwei weitere Todesopfer forderte, rechtfertigte Gegengewalt, auch gegen Menschen. Überdies gewann die von den Nachwehen des Kolonialismus, von Ausbeutung und Unterdrückung geprägte Lage in der so genannten Dritten Welt an Bedeutung und rückte ebenso in den Mittelpunkt des Interesses wie der brutale Krieg der USA und Südvietnams gegen das kommunistische Nordvietnam. Von nun an befanden sich Gewalt- und Verschwörungstheorien über den »gerechtfertigten bewaffneten Kampf« ebenso im Aufwind wie ihre mehr oder weniger professionelle Umsetzung in die terroristische Tat.

Erste Ergebnisse dieser neuen Eskalationssemantik zeigten sich schon, als am 14. Oktober 1968 ein Prozess vor der Vierten Großen Strafkammer des Frankfurter Landgerichts begann, dessen zu verhandelnder Gegenstand als »Initiationsakt des deutschen Terrorismus« bezeichnet worden ist.[8] Es ging um zwei Brandanschläge auf Frankfurter Kaufhäuser in der Nacht zum 3. April 1968. Menschen waren nicht zu Schaden gekommen, aber die per Zeitzünder zur Explosion gebrachten Brandsätze hinterließen große Zerstörungen.[9] Eine gewisse Vorbildfunktion für diesen Anschlag hatte der Brand im Brüsseler Kaufhaus »A L'Innovation«, bei der am 22. Mai 1967 251 Menschen den Tod fanden. Die nie ganz aufgeklärte Katastrophe inspirierte Fritz Teufel und Rainer Langhans, Mitbegründer der seit Januar 1967 existierenden Berliner Kommune I, zu einer Reihe von Kommune-Flugblättern, die bereits am 24. Mai in der Mensa der FU-Berlin verteilt worden waren. Flugblatt Nr. 8 trug die Überschrift: »Wann brennen die Berliner Kaufhäuser?«[10]

Im Moabiter Kriminalgericht wurden Langhans und Teufel deshalb seit dem 4. März 1968 wegen des Aufrufs zur »menschengefährdenden Brandstiftung« angeklagt. Das Strafverfahren hatte zwar schon neun Monate zuvor begonnen, musste aber zwischenzeitlich abgebrochen werden, weil die Kommunarden – wie auch schon zuvor bei etlichen Verfahren – den Prozess zum »Happening« umfunktioniert und Richter und Staatsanwälte erfolgreich zu provozieren vermocht hatten. Sie wurden freigesprochen, weil es nicht mit letzter Gewissheit nachweisbar war, ob sie tatsächlich den Vorsatz gehabt hatten, mit ihren Flugblättern zur Brandstiftung in Kaufhäusern zu ermuntern. Bei Andreas Baader und Gudrun Ensslin war die Botschaft, ob nun gewollt oder nicht, indessen angekommen. Ein paar Tage nach der Urteilsverkündung, am 22. März 1968, erschienen sie als Besucher in der Kommune I und erklärten ihre Absicht, in den kommenden Tagen »in westdeutschen Kaufhäusern ›zu zündeln‹«.[11] Wiederum ein paar Tage später saßen sie gemeinsam mit ihren Mittätern Thorwald Proll und Horst Söhnlein auf der Anklagebank in Frankfurt. Sie waren angeklagt der »menschengefährdenden Brandstiftung« gemäß Paragraph 306 des Strafgesetzbuches.

Gudrun Ensslin, 1940 als viertes von sieben Kindern einer württembergischen Pfarrersfamilie geboren, hatte sich im Sommersemester 1964 als Stipendiatin der Studienstiftung des deutschen Volkes an der FU-Berlin für die Fächer Germanistik und Anglistik eingeschrieben. Zuvor hatte sie an der Pädagogischen Hochschule Schwäbisch Gmünd die erste Staatsprüfung für das Lehramt an Grundschulen bestanden. Aber sie wollte mehr wer-

Proll, Söhnlein, Baader und Ensslin während des Kaufhausbrandprozesses

den als Grundschullehrerin. Gemeinsam mit ihrem Lebensgefährten, dem zwei Jahre älteren Bernward Vesper – Sohn des nationalsozialistischen Schriftstellers Will Vesper, dem der Sohn in einer Art Hassliebe verbunden war –, engagierte Gudrun Ensslin sich im West-Berlin der frühen sechziger Jahre politisch für die SPD. Ein Engagement, das erst, wie bei so vielen anderen auch, mit der Enttäuschung über die Bildung der Großen Koalition endete, die im Dezember 1966 von SPD und CDU/CSU geschlossen wurde. Auch als knapp drei Jahre später, im Oktober 1969, der einstige politische Emigrant und Regierende Bürgermeister von Berlin, Willy Brandt, Bundeskanzler wurde, änderte sich nichts an deren ablehnenden Einstellung gegenüber der SPD, die in trauter historischer Übereinstimmung mit der Politik der KPD in den dreißiger Jahren des verräterischen »Sozialfaschismus« geziehen wurde.

Kurz darauf trennte sich Gudrun Ensslin von Bernward Vesper, mit dem sie seit 1967 den gemeinsamen Sohn Felix hatte. Ihr politisches Forum war nun die APO und ihr neuer Freund Andreas Baader, der seit 1963 in der »Frontstadt« Berlin lebte, jener geteilten Metropole, in deren Westteil die Atmosphäre bestimmt wurde

durch »ein Gemisch aus Angst, Bedrohung, Stagnation, Filzokra-
tie, borniert er Arroganz und individueller Verklemmtheit«.[12] Baader, Sohn des Historikers und Archivars Bernt Baader, wuchs seit
seiner Geburt 1943 in München vaterlos auf. Bernt Baader war
vermutlich in sowjetischer Kriegsgefangenschaft umgekommen
und um den kleinen Andreas kümmerten sich im Wesentlichen
seine Mutter Anneliese, eine Großmutter und eine Tante, eine in
der vaterlosen Kriegskindergeneration nicht seltene Familienkon-
stellation. Baader, »so ein Marlon-Brando-Typ«, wie ihn Bommi
Baumann charakterisierte, war zu jener Zeit, da er mit Gudrun
Ensslin zusammentraf, in der Berliner Szene bekannt als »ein ganz
Verrückter«, der »nur von Terrorismus« redete.[13]

Am dritten Tag der Verhandlung im Frankfurter Kaufhausbrandprozess baten die Angeklagten um das Wort. Baader und
Ensslin als Wortführer des Quartetts – und künftiger Kern der ersten Generation der RAF – bekannten sich zum Anschlag auf das
Kaufhaus Schneider. Tatsächlich konnte ihnen der zeitgleiche
zweite Anschlag auf den Frankfurter »Kaufhof« nicht nachgewiesen werden. Sie beteuerten, dass es ihnen nur um Sachbeschädi-
gung, nicht aber darum gegangen wäre, Menschen zu töten oder
zu verletzen. »›Wir taten es‹, so Gudrun Ensslin in einer vorberei-
teten Erklärung, ›aus Protest gegen die Gleichgültigkeit, mit der
die Menschen dem Völkermord in Vietnam zusehen‹. Man solle ihr
aber nicht mit der billigen Erklärung kommen, dass man in einer
Demokratie den Protest laut äußern könne. ›Wir haben gelernt,
dass Reden ohne Handeln unrecht ist.‹« Und das, obwohl sie zugleich einräumt, dass die Aktion der Kaufhausbrandstiftung »ein
Fehler«, ja, »ein Irrtum« gewesen ist, worüber sie indessen nicht
mit Staatsanwalt und Richter diskutieren wollte, »sondern mit anderen«.[14]

Die so bedingungslose wie pathetische Bereitschaft zur Tat, die
hier zum Ausdruck kam, gehörte zentral zu jenem ideologischen
Arsenal, aus dem die sich bildenden terroristischen Kerntruppen

inmitten der gesamten Protestbewegung gegen Ende der sechziger Jahre immer mehr bedienten.[15] Es war eine Ideologie der bloßen Aktion, die sich um den eigentlichen Antrieb ihres Tuns nicht scherte oder ihn, zumeist nachträglich, als ein umständlich-theoretisch hergeleitetes oder auch nur hastig verkündetes Fanal verstanden wissen wollte, wie etwa Thorwald Proll, der sich rückblickend zum Kaufhausbrand äußerte: »In jeder Hinsicht war diese Aktion als Fanal gedacht. Als ein Fanal gegen die herrschenden Zustände, den Wirtschaftswunderalltag der sechziger Jahre, Konsumverhalten, was der Bevölkerung aufgezwungen wurde ... Und eben auch ein Fanal gegen den Imperialismus in der Dritten Welt, eben in Vietnam und Persien, das eben als Fanal zu setzen, als militante Aktion dagegen.«[16]

Angesichts solch inflationärer Aufzählung möglicher Gründe für einen Anschlag drängt sich die Vermutung auf, dass es dabei womöglich um irgendwelche Ziele gar nicht mehr ging. Die Gesinnung einer Tat und die Bedingungslosigkeit ihrer vermeintlich erforderlichen Realisierung standen im Mittelpunkt. Der Gerichtsmediziner und Psychiater Reinhard Rethardt, der für sein Prozessgutachten mehrmals mit Gudrun Ensslin gesprochen hatte, charakterisierte ihr Wesen wie folgt: »Sie hatte eine heroische Ungeduld. Sie leidet unter dem Ungenügen unserer Existenz. (...) Sie wollte den Nächsten en gros erfassen – gegen seinen Willen. (...) Sie denkt einen Gedanken unbeirrt bis zum Ende, bis vor die Wand.«[17]

Das Urteil im Kaufhausbrandprozess, das am 31. Oktober 1968 erging, lautete auf drei Jahre Zuchthaus. Die vom Vorsitzenden Richter Zoebe vorgetragene Urteilsbegründung ist aus heutiger Sicht von einer kaum leugbaren Hellsichtigkeit. Zwar wurde, erstaunlich genug zu dieser Zeit und in diesem Land, nicht »verkannt, dass der Vietnam-Krieg für sie (die Angeklagten, d. Verf.) zu einem ›Schlüsselerlebnis‹ geworden ist, ein Erlebnis, das jeden human gesinnten Menschen berühren sollte«. Aber ebenso klar war auch: »Die Vorstellung, vom Boden der Bundesrepublik aus mittels inländischen Terrors gegen inländische Rechtsgüter auf die Beendigung des Krieges in Vietnam einwirken zu können, ist unrealistisch.« Und weiter: »Mangels wirksamer Effektivität ist schon um deswillen politischer Widerstand unrechtmäßig; gleichzeitig beschwört dieser Terror im eigenen Land eine Situation herauf, gegen die gerade die Angeklagten protestieren wollen.«[18] Das war gut beobachtet, verkannte aber, dass dies genau das war, was erreicht werden sollte und sich in der Sprache späterer RAF-Kassiber zum Beispiel so las: »Es ist nicht die Frage, ob wir die reaktionäre Militarisierung wollen oder nicht; es ist die Frage, ob wir die Verhältnisse, die sie (die Herrschenden, d.Verf.) zur faschistischen Militarisierung zwingen, zur revolutionären Mobilisierung nutzen können.«[19] Für Richter Zoebe war es immerhin unumgänglich, dass eine »längere Freiheitsstrafe« für die Kaufhausbrandstiftung notwendig war, »um die Angeklagten von weiteren Straftaten abzuschrecken und die Öffentlichkeit vor den Angeklagten zu sichern.« Genau das sollte nicht gelingen.

Nach insgesamt 14-monatiger Untersuchungshaft vor und nach dem Prozess wurden Andreas Baader und Gudrun Ensslin am 13. Juni 1969 wieder auf freien Fuß gesetzt. Noch immer war das Urteil, nach mehreren Haftprüfungsanträgen und einem Revisionsantrag, über den der Bundesgerichtshof zu entscheiden hatte, nicht rechtskräftig. Gegen den zähen Widerstand der Vierten Strafkammer unter Richter Zoebe erging der Beschluss, dass nach 14 Monaten U-Haft Fluchtgefahr nicht mehr bestand. Bereits am 10. November verwarf das Bundesgericht die Revision; damit war das in Frankfurt gesprochene Urteil rechtskräftig, die Reststrafe musste angetreten werden. Andreas Baader, Gudrun Ensslin und Thorwald Proll flüchteten in Ausland. Proll wie auch Söhnlein traten später jedoch ihre Haftstrafe an. Baader und Ensslin kehrten schließlich illegal nach West-Berlin zurück. Hier kam es im Februar 1970 zur neuerlichen Begegnung mit der Journalistin Ulrike

Meinhof. Sie kannte die beiden bereits vom Kaufhausbrandprozess her, über den sie geschrieben hatte.[20] Ulrike Meinhof war fasziniert von den beiden untergetauchten Brandstiftern, insbesondere von Gudrun Ensslin, deren vermeintliche Geradlinigkeit und Konsequenz sie bewunderte.

Erst kurz zuvor, im Jahre 1968, hatte sich die zu diesem Zeitpunkt 34-jährige Ulrike Meinhof von ihrem Ehemann Klaus Rainer Röhl getrennt. Seit 1959 hatte sie für dessen Magazin »konkret« geschrieben und sich im Laufe der Jahre zu einer bekannten, linken Kolumnistin entwickelt. Bis 1967 bewegte sie sich in Hamburg innerhalb jener »private(n) Diskussionszirkel, Gesprächs- und Geselligkeitskreise (...), in denen sich sympathetisch zusammenfand, was mit der Entwicklung im großen nicht zufrieden war (...), kurz das den Luxus seiner Abweichung genießende und pflegende ›Establishment‹ etwas links vom ESTABLISHMENT.« Sie war in dieser Zeit »zum einen unerbittliche Gesellschaftskritikerin, zum anderen Teil der feinen, der gehobenen Gesellschaft«.[21] Aus dem Gefühl einer tiefen Lebenskrise heraus und den zunehmend radikaler werdenden, bislang noch politisch-journalistischen Versuchen, linke Theorie und revolutionäre Praxis miteinander zu verbinden, war sie mit ihren Kindern nach Berlin gezogen.

Gemeinsam mit Baader und Ensslin schmiedete sie nun Pläne, um die illegale, militante Existenz vorzubereiten. Nach der überraschenden Festnahme Andreas Baaders während einer Verkehrskontrolle drehte sich alles Bemühen der zurückgebliebenen Ulrike Meinhof und Gudrun Ensslin um seine Befreiung. Sie gelang am 14. Mai 1970. Der Untergrundkampf hatte begonnen. Seinen ersten Höhepunkt erreichte er fast genau zwei Jahre nach der Baader-Befreiung. Innerhalb von nur zwei Wochen forderten Bombenanschläge auf Polizeireviere und das Hamburger Springer-Haus, vor allem die Anschläge auf die Frankfurter und Heidelberger Hauptquartiere der US-Streitkräfte Tote und Verletzte. Allein bei den Anschlägen in Frankfurt und Heidelberg wurden vier Soldaten getötet und dreizehn schwer verletzt. Im Juni 1972 erfolgte in kurzen Abständen die Verhaftung der dilettantisch getarnten Mitglieder der »Rote Amee Fraktion«, wie sich die Gruppe um Ulrike Meinhof, Gudrun Ensslin und Andreas Baader nun nannte.

Nach langen Vorermittlungen begann am 21. Mai 1975 in Stuttgart-Stammheim das Verfahren gegen »Andreas Baader, Gudrun Ensslin, Ulrike Meinhof und Jan-Carl Raspe«. Zu verhandeln waren Morde, Mordversuche, Bankraub, Sprengstoffanschläge und insgesamt die »Bildung einer kriminellen Vereinigung«. Es sollte eines der aufwändigsten Strafverfahren der bundesdeutschen Justizgeschichte werden, nicht zu vergleichen mit dem Kaufhausbrandprozess, mit dem in gewissem Sinne alles begonnen hatte. Annährend 1000 Zeugen und über 70 Gutachten waren bestellt worden, eine 354 Seiten umfassende Anklageschrift lag vor, ebenso Asservate in Massen, von sicher gestellten Waffen, gefälschten Ausweisen bis zu Wohnungs- und Autoschlüsseln und Unmengen von Verlautbarungstexten, sowie schließlich eine hart neben der Haftanstalt Stammheim für 16 Millionen DM eigens errichtete Mehrzweckhalle, in der die Verhandlungen stattfanden, zusätzlich gesichert durch Betonmauern, Stacheldraht und Hunderte von Polizisten und Bundesgrenzschutzbeamte.

Bereits vor Beginn des Prozesses, im Dezember 1974, war im Bundestag parteiübergreifend das erste »Anti-Terror-Paket« verabschiedet worden. Danach konnten nun Anwälte vom Verfahren ausgeschlossen werden, wenn sie »dringend verdächtig« waren, an der zu verhandelnden Tat beteiligt gewesen zu sein oder sie bzw. die Täter sonstwie unterstützt zu haben. Verboten war nun auch die Mehrfachverteidigung, künftig – und das selbstverständlich nicht nur bei Terroristenprozessen – galt die Regel: ein Angeklagter, ein Anwalt. Damit sollte der Taktik der RAF vorgebeugt werden, das Verfahren mit einer möglichst großen Zahl von Verteidigern zu verzögern oder gar zum Scheitern zu bringen. Gleichzeitig allerdings wurden mit dieser Regelung auch die Durchführung von Großverfahren mit ganz anderen Prozessgegenständen als dem »Terrorismus« erschwert, in denen, etwa in wirtschaftskriminellen Zusammenhängen, allein schon wegen der Komplexität des zu beurteilenden Stoffes mehrere Anwälte notwendig waren.

Als gravierend erwies sich auch die Neuformulierung des Paragraphen 231 der Strafprozessordnung. Danach konnten nun auch Hauptverhandlungen durchgeführt werden, ohne dass die Angeklagten anwesend waren, sobald diese sich »vorsätzlich und schuldhaft in einen verhandlungsunfähigen Zustand versetzt hatten«.[22] Konterkariert werden sollte damit die seit Ende 1972 praktizierte Taktik der RAF, durch organisierte Hungerstreiks eine Verbesserung ihrer Haftbedingungen zu erreichen, zugleich aber auch die vermutete große, tatsächlich eher kleine Zahl der Unterstützer des »revolutionären Kampfes« zu beeinflussen.

Es drängte sich vor diesem Hintergrund vielen kritischen Zeitgenossen der Eindruck auf, dass es den Terroristen in kürzester Zeit gelungen war, dem ihnen verhassten Staat die »Maske« des freiheitlichen Gemeinwesens wegzureißen. Weitere Anti-Terror-Gesetze, die im August 1976 verabschiedet wurden, verstärkten diesen Eindruck noch. »Der Schreck ist den Herrschenden in die Knochen gefahren«, hatte Ulrike Meinhof angesichts wachsenden Fahndungsdrucks in einer Art Manifest der Gruppe schon 1971 so triumphierend wie nicht ganz unzutreffend geschrieben.[23]

Diese Reaktion war Teil einer doppelbödigen Argumentation: Solange der Staat und seine Organe in Prozessen oder auch im Verlaufe der Haft weitestgehend gemäß rechtsstaatlichen Prinzipien auf den Terror und jene, die ihn ausübten, reagierten, wurden sie der Heuchelei verdächtigt; sobald sie die rechtsstaatliche Prinzipien verletzten, also etwa Sondergesetze erließen oder die Bedingungen des Strafvollzugs verschärften, entsprachen sie zwar dem Bild, das die RAF sich von ihnen machte und das sie nach außen von ihnen zeichnete, aber zugleich gab dies neuerlichen Anlass zur Empörung. Eine Annährung oder auch nur eine Versachlichung der Kommunikation zwischen beiden Seiten war innerhalb dieser Logik unmöglich. Schuld an der Verschärfung der Lage trugen in der Wahrnehmung der RAF immer die anderen.

Das zeigte sich in aller Deutlichkeit im Verlaufe des Stammheimer Prozesses, der sich von Seiten der Angeklagten, aber auch von Seiten ihrer Anwälte und mitunter von Seiten des Gerichts als »eine einzige Farce« erwies,[24] und der ihn begleitenden Haft der RAF-Gefangenen im nebenan liegenden Gefängnistrakt. Kurz vor Beginn des Prozesses, am 10. November 1974, hatten Mitglieder der »Bewegung 2. Juni« bei dem Versuch, ihn zu entführen, den liberalen, sozialdemokratischen Richter und Präsidenten des Berliner Kammergerichts, Günter von Drenckmann, ermordet. Die Erklärung der in Stammheim einsitzenden Terroristen zu dieser »Hinrichtung« – ihre Haftbedingungen waren so liberal, dass sie solche Erklärungen abgeben und durch ihre Anwälte verteilen lassen konnten – ließ an Eindeutigkeit nicht zu wünschen übrig: »Wir freuen uns über eine solche Hinrichtung. Diese Aktion war notwendig, weil sie jedem Justiz- und Bullenschwein klargemacht hat, dass auch er – und zwar heute schon – zur Verantwortung gezogen werden kann.«[25]

Das entsprach ganz der Überzeugung der Angehörigen der ersten RAF-Generation, sie befänden sich als gefangene Revolutionäre in einem Krieg, in dem so gut wie alles erlaubt war, wenn es nur der Sache diente: brutale Gewalt und Drohungen. Und man brauchte Märtyrer, Blutzeugen gleichsam, die bereit waren, für das gemeinsame Ziel, die Vernichtung des vorgeblich »faschistischen Staates« und die Befreiung der RAF-Gefangenen, zu töten und zu sterben.

Den ersten Opfertod starb der mitinhaftierte Holger Meins nach langem Hungerstreik. Sein Begräbnis im November 1974 schien für manchen bisherigen bloßen Sympathisanten wie ein Fanal. Für die Unterstützer außerhalb Stammheims war klar, dass Meins ermordet, ja hingerichtet worden war. Prompt nahm ein »Kommando Holger Meins« den Stab auf, überfiel am 25. April 1975 die deutsche Botschaft in Stockholm und nahm sechs Geiseln. Zwei von ihnen wurden brutal ermordet, um zu beweisen, wie ernst es den Tätern mit der »Freipressung« aller einsitzenden RAF-Genossen war. Doch dann explodierten ungeplant die vorsorglich angebrachten Sprengladungen in der dritten Etage des Botschaftsgebäudes. Die Geiselnahme endete in einem Flammenmeer. Nachdem dieser Versuch der »Gefangenenbefreiung« gescheitert war, konzentrierte sich alle Energie der RAF-Kerntruppe in Stammheim darauf, die alltäglichen Bedingungen ihrer Untersuchungshaft zum Gegenstand des »Kampfes« zu machen.

Stammheim jedoch, dieses Codewort für die scheinbar endgültige Demaskierung des bürgerlichen als faschistischer Staat, stand zwischen dem 28. April 1974, dem Zeitpunkt der Überstellung der Gefangenen, bis zum 5. September 1977, als die Haftbedingungen durch »Kontaktsperren« und anderes mehr nach der Entführung des Arbeitgeberpräsidenten Hanns Martin Schleyer tatsächlich verschärft wurden, für absolut privilegierte Haftbedingungen. Der für den siebten Stock des Gefängnisses zuständige Vollzugsbeamte Horst Bubeck berichtet, dass er »mit seiner Mannschaft alle Hände voll zu tun (hatte), die Privilegien der vier vor der übrigen achthundertköpfigen Belegschaft zu verschleiern. Denn zum einen wollten sie keine Revolte unter den restlichen Gefangenen heraufbeschwören. Und zum anderen schämten sie sich, weil sie ein Privilegiensystem stützen mussten, das gegen sämtliche ihrer Vorstellungen von Gerechtigkeit im Knast verstieß.«[26]

Das Gericht wie auch andere Organe des Staates, die von den besonderen Haftbedingungen wussten, gestanden sie den RAF-Häftlingen zu, weil sie sich davon – vergeblich – ein Entgegenkommen der Angeklagten im Prozess erhofften. Gleichzeitig unternahmen sie nichts, um das von der RAF gezeichnete Bild von der

»Isolationshaft« öffentlich zu korrigieren, weil einem überwiegenden Teil der Bevölkerung, als dessen revolutionäre Avantgarde sich die Angeklagten verstanden, selbst diese vermeintlichen Haftbedingungen noch zu lasch waren.

Am 28. April 1977, am 192. Verhandlungstag des Prozesses in Stammheim, wurde das Urteil verkündet. Es erging nur noch für drei der Angeklagten und lautete auf lebenslänglich für Andreas Baader, Gudrun Ensslin und Jan-Carl Raspe. Die Verurteilten waren zur Verkündung nicht erschienen. Ulrike Meinhof hatte sich am 9. Mai 1976 in der Zelle das Leben genommen, vereinsamt, geschmäht von Baader und vor allem von Ensslin, gestraft mit Missachtung. »ich knalle«, so heißt es auf einem Kassiber in der üblichen Kleinschreibung, »an die decke, über ihre gemeinheit und hinterhältigkeit.«²⁷

Der suizidalen Gewalt und ihrer agitatorischen Überhöhung zum »Mord« war damit noch kein Ende gesetzt. Als die Entführung Hanns Martin Schleyers und die einer Passagiermaschine der Lufthansa nicht zu dem ersehnten »Gefangenaustausch« führten, töteten sich auch Andreas Baader, Jan-Carl Raspe und Gudrun Ensslin am 18. Oktober 1977 in ihren Zellen. Einen Tag später wurde die Leiche Hanns Martin Schleyers gefunden.

Die Deutung der RAF-Geschichte ist nach ihrer bekundeten Selbstauflösung 1998 nach wie vor im Fluss. Lange Zeit vermochten die von den »Gründungskadern« der RAF selbst fabrizierten Legenden und Mythen über die angeblich inhumanen Haftbedingungen und ihre märtyrerhafte Unbeugsamkeit sowie der vermeintliche Mord an ihnen weiterhin zu wirken. Das war nicht zuletzt ablesbar an der so unbelehrbaren wie uneinsichtigen Zähigkeit, mit der die Folgegenerationen den »illegalen Kampf« fortsetzten und weiter Politiker und Wirtschaftsführer ermordeten.

Über die teils harschen und mitunter die Grenzen der Legalität überschreitenden Reaktionen des Staates begannen manche aus der ehemals westdeutschen Linken zu vergessen, wie viele Menschen unter den Verbrechen der RAF zu leiden hatten und als Angehörige von Mordopfern bis heute zu leiden haben. Erst in den letzten Jahren gab es hier eine Wende der Bewertungen und eine zunehmende Schärfe in den Verurteilungen an. Hervorgehoben wird dabei insbesondere, in wie starkem Maße die in der RAF durch Verbrechen praktizierte »Lebensform« vor allem »Machterfahrungen mit sich brachte wie keine andere«, woraus sich ebenso sehr ihr eigenes, überhebliches Lebensgefühl speiste wie die davon ausgehende Faszination für die Sympathisanten außerhalb der Terrorgruppe.[28]

Aber waren die RAF-Terroristen einfach nur Kriminelle? Schon der erste große Stammheim-Prozess und seine Vorgeschichte belehrt uns eines Besseren. Die Gründer der RAF verstanden sich als eine Art Vollstrecker der Protestbewegung von 1967/68, deren »ganzen Erkenntnisstand«, wie Ulrike Meinhof in ihrer nie abgeschlossenen Geschichte der Terrorgruppe schrieb, die RAF »historisch zu retten« versuchte: »Es ging darum, den Kampf nicht mehr abreißen zu lassen.«[29]

Das ist der Gruppe in gewisser Weise und für einen relativ langen Zeitraum auch gelungen. Die verzerrte Wahrnehmung der politischen und wirtschaftlichen Realität im Land, die so größenwahnsinnige wie eindimensionale Ausblendung der Vergeblichkeit ihrer Ziele, die Fallhöhe, die zwischen dem höchst moralischen Anspruch auf revolutionäre Veränderungen und der kruden Brutalität ihrer Taten unübersehbar war, all dies ändert nichts daran, dass der eigentliche Antrieb für ihre terroristischen Aktivitäten einen politischen Charakter hatte. Der Philosoph Hermann Lübbe hat schon 1978, also unmittelbar nach dem »Deutschen Herbst« von 1977 und vor den folgenden Mordtaten der zweiten und dritten Generation der RAF, darauf insistiert: »Ihre Absicht ist, unsere Sorte von Demokratie zu liquidieren, und man kann dieser Absicht politische Qualität nicht deswegen absprechen, weil sie in der Tat extrem unrealistisch ist.«[30]

Ein Kanzlersturz, den keiner wollte

»Spionagefall G.« – 1975

Für Publikum und Presse gab der Prozess vor dem Düsseldorfer Oberlandesgericht nicht viel her, denn der Angeklagte schwieg beharrlich. Gelegentlich lächelte er, wenn Staatsanwalt oder Zeugen das eine oder andere Detail ausbreiteten – ob spöttisch oder ehrlich amüsiert, war schwer zu ergründen. Nur zur Person hatte der Angeklagte sich zu Beginn der Hauptverhandlung geäußert. »Name: Guillaume. Vorname: Günter. Geboren 1927 in Berlin. Letzte ausgeübte Tätigkeit: Persönlicher Referent von Bundeskanzler Willy Brandt.« Inhaftiert seit dem 24. April 1974 unter dem Vorwurf der geheimdienstlichen Tätigkeit zum Schaden der Bundesrepublik Deutschland. Der »Kanzlerspion« also, dessen Enttarnung Bundeskanzler Brandt zum Rücktritt genötigt und die sozialliberale Regierung in eine tiefe Krise gestürzt hatte.

Dabei entsprach der untersetzte Mann auf der Anklagebank so gar nicht dem Klischee des erfolgreichen Spions. »Wenn es doch wenigstens ein James-Bond-Typ gewesen wäre. Aber dieser kleine Dicke ...«, schrieb die »Süddeutsche Zeitung«.[1] Erfolgreich aber war er durchaus – sozusagen Markus Wolfs bestes Pferd im Stall, das dem Chef der Hauptverwaltung Aufklärung (HAV) des Ministeriums für Staatssicherheit (MfS) geheime Informationen aus dem Führungszirkel der Bonner Regierung lieferte, der Traum eines jeden Geheimdienstchefs.

Am 24. April 1974 um 6.30 Uhr wurde Günter Guillaume von Beamten der Sicherungsgruppe Bonn aus dem Bett geklingelt und festgenommen. Laut Haftbefehl des Generalbundesanwalts Siegfried Buback bestand dringender Verdacht auf geheimdienstliche Tätigkeit, vulgo Spionage für die DDR. In einem Anflug von Heldentum erklärte der Mann im Schlafrock noch zackig: »Ich bin Bürger der DDR und ihr Offizier. Respektieren Sie das!« Dann versuchte er den 17-jährigen, völlig ahnungslosen Sohn Pierre zu beruhigen, zog sich an und folgte den Beamten. Später hat Guillaume es vielleicht bereut, sich durch jenen markigen Spruch quasi selbst enttarnt zu haben. Denn bis zu diesem Zeitpunkt hatten die Ermittlungsbehörden kaum stichhaltiges Beweismaterial in den Händen – ein paar entschlüsselte Funksprüche, einige Auffälligkeiten im Lebenslauf des Ehepaars Guillaume, nichts wirklich Substanzielles. Nun hatten sie sogar ein Geständnis.

Bundeskanzler Willy Brandt wurde noch am selben Morgen auf dem Flughafen Köln-Bonn von Innenminister Hans-Dietrich Genscher und Kanzleramtschef Horst Grabert informiert. Er kam gerade von einem Besuch aus Ägypten zurück. Der gesundheitlich angeschlagene Kanzler zeigte sich erbittert von der Nachricht, obwohl ihm die Verdachtsmomente gegen Guillaume seit längerem bekannt waren. Er hatte sie jedoch eher für Hirngespinste irgendwelcher BND-Leute gehalten. Nun war Brandt auch von seiner eigenen mangelhaften Menschenkenntnis enttäuscht. Sein Tagebuch offenbart aber vor allem Verbitterung über die Führung der DDR: »Obwohl ich nicht ganz unvorbereitet war, löste der bestätigte Verdacht bei mir doch erheblichen Zorn aus: Was sind das für Leute, die das ehrliche Bemühen um den Abbau der Spannungen … auf diese Weise honorieren!«[2]

Willy Brandt hatte allen Grund, erzürnt zu sein, denn die von ihm geführte sozialliberale Regierung hatte seit 1969 vor allem auf dem Gebiet der Ost- und Deutschlandpolitik gewaltige Fortschritte erzielt. Durch die Verträge mit der Sowjetunion (August 1970) und mit Polen (Dezember 1970) wurden die Grundlagen geschaffen für eine dauerhafte Entspannung zwischen den einstigen Kriegsgegnern. Für den damit einhergehenden Verzicht auf die ehemals deutschen Ostgebiete hatten Brandt und seine Regierung teils wütende Angriffe von Seiten der CDU/CSU-Opposition einstecken müssen. Brandt hatte das auf sich genommen im Bewusstsein, dass nur durch eine Politik wie die von ihm verfolgte eine Aussöhnung mit den Völkern Osteuropas zu erreichen sei und dass, wie er aus Anlass des Moskauer Vertrages in einer Fernsehansprache betonte, »mit diesem Vertrag ... nichts verloren (geht), was nicht längst verspielt worden war«, und zwar durch den verbrecherischen Krieg Nazi-Deutschlands.[3] Bezüglich des Verhältnisses zur DDR hatte der Grundlagenvertrag von 1972 substanzielle Verbesserungen gebracht, erleichterte er doch die Folgen der Teilung für die Menschen. Diese Fortschritte hätte es eigentlich nicht geben können, wenn nicht beide Seiten ein gewisses Maß an Vertrauen in die jeweiligen Verhandlungspartner setzten.

Und nun das. Ein DDR-Spion in unmittelbarer Nähe des Bundeskanzlers. Alles andere als ein Vertrauensbeweis und geeignet, die Gesprächsatmosphäre auf Dauer zu vergiften. Brandt musste sich auch ganz persönlich getroffen fühlen. Dass der Ex-HAV-Chef Markus Wolf nach dem Untergang der DDR wiederholt erklärte, den Rücktritt von Bundeskanzler Brandt hätten er und die DDR-Führung sehr bedauert – man mag es glauben oder nicht –, steht auf einem anderen Blatt.

In Bonn war die Nachricht von der Enttarnung eines Spions im Kanzleramt die Sensation des Jahres. Die »Süddeutsche Zeitung« schrieb von »Entsetzen und Betroffenheit«, wenngleich die Bundesregierung sich sofort bemühte, den Fall herunterzuspielen. Der verhaftete Guillaume sei nur ein untergeordneter Beamter gewesen, der zudem nie mit sicherheitsrelevanten, geheimen Akten zu tun gehabt habe. In einer Aktuellen Stunde des Bundestags wiederholte der Kanzler am 26. April in ehrlichem Glauben diese Einschätzung. Eine fatale Fehlinterpretation, wie sich binnen kurzem erweisen sollte und wie es auch Brandt selbst bald zu dämmern begann. Bereits an diesem 26. April habe er gegenüber Vertrauten

»wohl mehr instinktiv – davon gesprochen, dass sich die Agenten-affäre zu einem ›Naturereignis‹ entwickeln könnte«. Und tatsächlich wurde sie zu einem politischen Erdbeben.[4] Der Skandal bestand nicht zuletzt darin, dass Guillaume überhaupt bis zu jenem Posten im Bundeskanzleramt gelangen konnte – eine Tatsache, die später denn auch manchen Sicherheitsbeamten und Politiker in arge Erklärungsnot brachte.

Günter Guillaume und seine Ehefrau Christel waren 1956 kurz nacheinander als »Perspektivagenten« aus der DDR in die Bundesrepublik übergesiedelt, laut ihrer Legende im Rahmen einer »Familienzusammenführung«, da Frau Guillaume als Tochter niederländischer Eltern zuvor problemlos aus der DDR nach Westdeutschland hatte umziehen können. Zunächst ließen sich beide in Frankfurt/Main nieder, wo sie eine Kaffeestube »Boom am Dom« betrieben. Auf Anweisung des MfS traten beide 1957 in die SPD ein, wo sie aufgrund von Fleiß und Umgänglichkeit eine – zunächst bescheidene – Karriere begannen. 1959 wurde Christel Guillaume Sekretärin im Parteibüro des SPD-Bezirks Hessen-Süd, während Günter Guillaume die typische »Ochsentour« innerhalb der Partei antrat. 1964 wurde er Geschäftsführer des SPD-Unterbezirks Frankfurt. Politisch gab er sich stets als Vertreter des rechten Parteiflügels, der immer wieder vor zu großer Nachgiebigkeit gegenüber der DDR warnte und bei den Jusos bald als »Kommunistenfresser« verschrien war.

Guillaume hatte sich bereits 1950, als 23-jähriger Fotograf, vom Ministerium für Staatssicherheit anwerben lassen. Dabei mag eine Rolle gespielt haben, dass er, nachdem sein Vater 1948 Selbstmord begangen hatte, in einem Stasi-Offizier einen väterlichen Freund gefunden hatte. Zudem habe ihn, wie er später zu Protokoll gab, auch ein schlechtes Gewissen wegen seiner Mitläuferrolle bei den Nazis geplagt. »Es sollte Wiedergutmachung für meine Teilnahme am Zweiten Weltkrieg sein«, äußerte Guillaume 1993 im Prozess gegen seinen früheren Dienstherrn Markus Wolf.[5]

Schon Anfang der fünfziger Jahre reiste Guillaume, inzwischen Mitarbeiter beim Ost-Berliner Verlag »Volk und Welt«, im Auftrag des MfS nach Westdeutschland, um in Verlagen und Druckereien Informanten anzuwerben. Um 1960 hatte der hoffnungsvolle Stasi-Agent sein Aktionsfeld in der BRD gefunden, die SPD, die in Hessen seit langem regierte und nun auch im Bund die Regierungsbeteiligung anstrebte. 1968 wurde Guillaume SPD-Fraktionsgeschäftsführer im Frankfurter Stadtrat. 1969 machte ihn Georg Leber, sozialdemokratischer Verkehrsminister in der Großen Koalition, zu seinem Wahlkampfleiter. Und wieder entledigte sich Guillaume dieser Aufgabe durch Fleiß, Umsicht, Kontaktfreude zur vollen Zufriedenheit seines Chefs. Leber wollte sich erkenntlich zeigen, indem er Guillaume einen Posten im Bundeskanzleramt vermittelte, wo seit Oktober 1969 mit Willy Brandt erstmals ein Sozialdemokrat regierte. Als Hilfsreferent sollte Guillaume in der Abteilung III – zuständig für Wirtschafts-, Finanz- und Sozialpolitik – vor allem die Verbindung zu den Gewerkschaften halten. Doch plötzlich tauchten Sicherheitsbedenken auf, die sich unter anderem auf Guillaumes frühere Tätigkeit beim von der Stasi kontrollierten Verlag »Volk und Welt« bezogen. Seine Fürsprecher indes – neben Verkehrsminister Leber insbesondere Abteilungsleiter Herbert Ehrenberg – hielten das alles für Bürokraten-Eifer und »Geheimdienst-Tineff« (Ehrenberg), wenn nicht gar für eine Intrige gegen einen verdienten Genossen vom rechten Parteiflügel. Sie konnten schließlich auch den anfangs skeptischen Kanzleramtschef Horst Ehmke überzeugen. Allein Staatssekretär Egon Bahr blieb wenig erfreut über diese Personalentscheidung, wie er in einem Vermerk vom 30. Dezember 1969 festhielt: »Selbst wenn Sie einen positiven Eindruck haben, bleibt ein gewisses Sicherheitsrisiko – gerade hier.«[6] Später kam Theodor Eschenburg, Mitglied einer von der Regierung eingesetzten Untersuchungskommission, zu dem Ergebnis, dass »in diesem Falle ... schlampig recherchiert und milde bewertet (wurde). Die Ansicht war weit verbreitet, der personelle Geheimschutz sei bloß ein lästiges bürokratisches Übel ...«[7]

Anfang 1970 bezog Guillaume sein Büro im Palais Schaumburg, dem Sitz des Bundeskanzleramts. Dort war er zuständig für die Kontakte zu den Gewerkschaften. Und wieder das gleiche Bild: der stets agile, fleißige und kontaktfreudige Referent machte bei Kollegen und Vorgesetzten nur den besten Eindruck. Im Bundestagswahlkampf des Jahres 1972 erklomm Guillaume eine weitere – die entscheidende – Stufe seiner Partei- (und gleichzeitig seiner Agenten-) Karriere, indem er einer von drei persönlichen Referenten von Bundeskanzler Brandt wurde. In Vertretung eines Kollegen organisierte Guillaume nun die Wahlkampfreisen des Kanzlers und hielt die Verbindung zu Partei und SPD-Fraktion. Eine neuerliche Sicherheitsüberprüfung hatte beim Eintritt ins persönliche Büro des Bundeskanzlers nicht stattgefunden, nachdem eine Routine-Überprüfung im Juli 1970 keine zusätzlichen Erkenntnisse erbracht hatte und Guillaume seither sogar mit Akten der Kategorie »streng geheim« umgehen durfte.

Ab Herbst 1972 war Guillaume stets in der unmittelbaren Umgebung von Kanzler Brandt, der sich nach dem Wahlsieg am 19. November 1972 auf dem Höhepunkt seiner politischen Laufbahn befand. Er begleitete den Kanzler auf dessen Reisen, bereitete Treffen vor und organisierte Wahlkampfauftritte. Dabei wuchs Guillaume allmählich in die Rolle eines Faktotums hinein, das auch mal dafür sorgte, dass der Kanzler bei offiziellen Anlässen die passende Krawatte zum Anzug trug. »Willys Schatten« nannten ihn seine Kollegen im Kanzleramt in einer Mischung aus Spott, Missgunst und Respekt. Brandt selbst ließ sich die Beflissenheit seines Referenten gefallen, zumal die Arbeit Organisationstalents Guillaume selten Anlass zu Klagen gab. Ein gewisse Reserviertheit des Kanzlers blieb jedoch, wie Brandt in seinen »Notizen zum Fall G.« betonte: Die »Mischung von Servilität und Kumpelhaftigkeit« sei ihm »gelegentlich auf die Nerven« gegangen.[8]

Im Frühjahr 1973 soll Brandt sogar versucht haben, den Referenten Guillaume loszuwerden. »Der wird lästig. Sieh doch mal zu, dass du ihn irgendwo unterbringst«, soll er seinem Amtschef Grabert gegenüber geäußert haben. Doch es änderte sich nichts. Das heißt, eigentlich änderte sich alles. Am 29. Mai 1973 eröffnete Innenminister Genscher dem Bundeskanzler, dass gegen Guillaume gravierende Verdachtsmomente vorlägen, über die ihn kurz zuvor der Präsident des Bundesamts für Verfassungsschutz, Günther Nollau, informiert habe. Doch blieb Nollau in seinen Formulierungen offenbar so vage, dass weder Genscher noch Brandt die Brisanz des Verdachts erkannten, zumal Genscher den obersten Verfassungsschützer für einen Wichtigtuer hielt.[9]

Beim Verfassungsschutz war man eher zufällig auf Guillaume gestoßen, als nämlich bei der Aufarbeitung lang zurückliegender Fälle am Rande drei Mal dessen Name auftauchte. Daraufhin nahm man sich auch einige Funksprüche an einen »Georg« wieder vor, die der Verfassungsschutz in den fünfziger Jahren entschlüsselt hatte, ohne sie bislang zuordnen zu können. »F. nicht über dein Telefon anrufen!« – »Schicke Post möglichst donnerstags!« – »Wehrpolitik der SPD wird angefordert.«[10] Auf Guillaume konnten sie passen, insbesondere die Geburtstagsgrüße für »Georg« im Februar, für »Chr.« im Oktober, den Glückwunsch »zum 2. Mann« im April 1957. Guillaume hatte im Februar, seine Frau Christel im Oktober Geburtstag. Im April 1957 war ihr Sohn Pierre geboren worden. »(Uns) erschienen diese Übereinstimmungen frappant. Das konnte kein Zufall sein«, so der damalige Verfassungsschutz-Präsident Nollau in seinen Erinnerungen.[11]

Allerdings hatte der Verfassungsschutz darüber hinaus noch keine handfesten Beweise für eine Agententätigkeit Guillaumes. Nollau empfahl deshalb, den Verdächtigen auf seinem Posten zu belassen, um ihn observieren und möglichst auf frischer Tat ertappen zu können. Brandt war einverstanden, maß dem Verdacht aber immer noch keine große Bedeutung zu. Guillaume arbeitete also wie bisher im persönlichen Büro des Bundeskanzlers, nunmehr unter den wachsamen Augen des Verfassungsschutzes.

Ganz so wachsam indes waren diese Augen auch wieder nicht. Als Bundeskanzler Brandt im Juli 1973 nach Norwegen in die Ferien fuhr, war Guillaume mitsamt Familie als einziger persönlicher Referent dabei. Ihm oblag es, während des Urlaubs die Verbindung nach Bonn zu halten. Dazu holte er alle eintreffenden Fernschreiben bei der in einem Nachbargebäude eingerichteten Kommunikationszentrale ab und übergab sie dem Kanzler, darunter auch einige mit dem Vermerk »streng geheim«. Für die mitgereisten Beamten des Bundesnachrichtendienstes war das völlig in Ordnung. Sie waren mit dem Schutz von Brandt beauftragt, vom Verdacht gegen seinen Referenten wussten sie nichts, so dass dieser nahezu unbeobachtet blieb. Ein eklatanter Koordinationsfehler der Geheimdienste.

Guillaume hatte in Erwartung »großer Fische« während des Norwegen-Urlaubs mit dem MfS die Übergabe von abfotografierten Dokumenten organisiert. Alles verlief scheinbar nach Plan. Auf seiner Rückreise Ende Juli 1973 mit Familie im eigenen PKW traf sich der Spion verabredungsgemäß in einem südschwedischen Hotel mit dem Kurier aus Ost-Berlin, dem er die Dokumente aushändigte. Darunter streng geheime wie zum Beispiel ein Schreiben des US-amerikanischen Präsidenten Richard Nixon über die Einbindung Frankreichs in die NATO, das eventuell Rückschlüsse auf die damalige Schlagkraft der NATO erlaubte.[12]

Im Frühjahr 1974 schließlich hatten Verfassungsschutz und BND ausreichend Verdachtsgründe gesammelt, so dass die Bundesanwaltschaft die Verhaftung von Günter Guillaume anordnete. Damit schien einem DDR-Spion in der Bundesrepublik das Handwerk gelegt und der Fall vorerst erledigt. Die Sache war ärgerlich und peinlich genug, aber – so konnte man es sehen – das »zweitälteste Gewerbe der Welt« gehörte nun einmal dazu, zumal im Kalten Krieg zwischen Ost und West. Auch Brandt und die sozialliberale Regierung waren geneigt, die Sache so zu sehen. Und so erklärte Brandt am 26. April im Bundestag – wohl noch guten Glaubens –, Guillaume sei nie mit Geheimakten befasst gewesen. Die Besprechungen im Kanzleramt drehten sich in diesen Tagen denn auch meist um eine geplante Kabinettsumbildung, nicht um den verhafteten Spion.

Doch dann wendete sich das Blatt. Zunächst wurde bekannt, dass Guillaume 1973 in Norwegen sehr wohl streng geheime Dokumente in die Hände bekommen hatte, Brandt im Bundestag also wissentlich oder, was wahrscheinlicher war, unwissentlich die Unwahrheit gesagt hatte. Und es tauchten Gerüchte auf, dass Brandts »Mädchen für alles« auf Wahlkampfreisen einiges von angeblichen »Damenbekanntschaften« des Kanzlers mitbekommen, zuweilen sogar eine aktive Rolle bei deren Anbahnung gespielt habe. Was immer dran war an derartigen Gerüchten, der Kanzler geriet zunehmend in Bedrängnis.

Zudem war der »Fall Guillaume« nicht das einzige Problem, mit dem Brandt im Frühjahr 1974 zu kämpfen hatte. Seit dem triumphalen Wahlsieg vom November 1972 häuften sich in der sozialliberalen Regierung und auch beim Kanzler persönlich Schwierigkeiten und Erschöpfungserscheinungen. Die westdeutsche Wirtschaft litt unter den Folgen der Ölkrise in Form wachsender Inflation und steigender Arbeitslosigkeit, während der öffentliche Dienst horrende Lohnerhöhungen durchsetzte, die den Haushalt stark belasten würden. Hinzu kam, dass nach den bahnbrechenden Erfolgen der ersten Regierungsjahre die Ost-Politik ins Stocken geraten war. Auch innerparteilich verstärkte sich die Kritik an Brandt, in besonders scharfer Form von Seiten des Fraktionschefs Herbert Wehner, der im Oktober 1973 während eines Moskau-Besuchs vor mitgereisten Journalisten eine geradezu wütende Attacke auf Brandt ritt: Der Kanzler sei »entrückt«, »abgeschlafft«. »Der Herr badet gerne lau.« Es war kennzeichnend für die Konfliktscheu und psychische Erschöpfung Brandts in jenen Wochen,

Kanzler und »Spion«: Willy Brandt und Günter Guillaume im April 1974

dass er Wehner nicht in die Schranken wies, dessen Angriff – noch dazu aus dem Ausland – ihn tief verletzte.[13] Der Kanzler, so der Eindruck vieler Beobachter in Bonn, ließ die Zügel schleifen.

Und nun noch ein Spion im persönlichen Büro, der womöglich irgendwelche Bettgeschichten an die Öffentlichkeit zerren könnte. Ein verheerendes Bild, ganz unabhängig vom Wahrheitsgehalt – Springer-Presse und Opposition würden sich das nicht entgehen lassen. Einen Vorgeschmack lieferte am 4. Mai die »Bild-Zeitung« mit der Schlagzeile »Machte Kanzler-Spion Porno-Fotos?«

Ab 29. April reihte sich im Kanzleramt Besprechung an Besprechung, in denen es darum ging, wer die Verantwortung zu übernehmen und wie sich der Bundeskanzler zu verhalten habe. Brandt selbst schwankte in diesen Tagen zwischen Kampfeswillen und Resignation, die zunahm und sich verschärfte bis hin zu Selbstmordgedanken.[14] Eine seit langem geplante Tagung in Bad Münstereifel sollte am 4./5. Mai die Entscheidung bringen. Inzwi-

schen hatte der oberste Verfassungsschützer Nollau führende Er-
mittlungsbeamte und auch SPD-Fraktionschef Wehner über den
Komplex »Damenbekanntschaften« ins Bild gesetzt und mit seiner
Einschätzung dabei nicht hinterm Berg gehalten. »Wenn Guillaume diese pikanten Details in der Hauptverhandlung auftischt, sind
Bundesregierung und Bundesrepublik blamiert bis auf die Knochen. Sagt er aber nichts, dann hat die Regierung der DDR ... ein
Mittel, jedes Kabinett Brandt und die SPD zu demütigen.«[15] Ähnlich argumentierte auch Wehner in einem Vier-Augen-Gespräch
mit Brandt am Abend des 4. Mai in Bad Münstereifel. Vom Verlauf
dieses Gesprächs gibt es naturgemäß verschiedene Versionen.
Nach Wehners eigener Darstellung hat der Fraktionschef und ge-
wiefte Parteistratege dem Kanzler drei Möglichkeiten genannt,
mit der entstandenen Situation – Wehner: »Du bist erpressbar!« –
fertig zu werden. Brandt könne 1. Kanzler und Parteichef bleiben;
2. als Kanzler zurücktreten, aber SPD-Chef bleiben und 3. beide
Ämter aufgeben. »Wie immer du dich entscheidest, ich stehe hinter dir. Aber es wird hart werden.« Darüber war Brandt sich im
Klaren, denn er hatte jene Kampagnen noch in lebhafter Erinne-
rung, die einst christliche Demokraten und deren journalistische
Büchsenspanner wegen seiner unehelichen Herkunft – Adenauer
hatte im Wahlkampf 1961 mehrfach vom »Kandidaten Brandt
alias Herbert Frahm« gesprochen – oder wegen seines Exils während der Nazi-Herrschaft geführt hatten. Letztlich wollte Brandt
sich das wohl nicht mehr zumuten, zumal er sich fragen mochte,
wie ernst gemeint Wehners Loyalitätsbekundungen tatsächlich
waren. Am 6. Mai 1974 schrieb Brandt einen handschriftlichen
Brief an Bundespräsident Gustav Heinemann. »Ich übernehme die
politische Verantwortung für die Fahrlässigkeiten im Zusammenhang der Affäre Guillaume und erkläre meinen Rücktritt vom Amt
des Bundeskanzlers.« Zuvor hatten insbesondere Außenminister
Walter Scheel (FDP) und Brandts designierter Nachfolger Helmut
Schmidt noch vergeblich versucht, ihn zum Bleiben zu überreden.

Es war zwar ein offenes Geheimnis, dass Schmidt das Amt des Bundeskanzlers anstrebte, aber als »Königsmörder« wollte er auf keinen Fall erscheinen.

Am 8. Mai trat Brandt vor die Presse und nannte drei Gründe für seinen Rücktritt. Er hätte erstens nicht zulassen dürfen, dass Guillaume in Norwegen Zugang zu Geheimakten bekam, zweitens sei das Verhältnis zur DDR und anderen Ostblock-Staaten »nicht mehr unbefangen«, und drittens »gab es Anhaltspunkte, dass mein Privatleben ... in den Spionagefall gezerrt werden sollte. Was immer noch darüber geschrieben werden mag. Es ist und bleibt grotesk, einen deutschen Bundeskanzler für erpressbar zu halten. Ich bin es jedenfalls nicht.«

Für einen Rücktritt hätte es in Bonn zweifellos auch andere Kandidaten gegeben, Innenminister Genscher zum Beispiel, in dessen Zuständigkeit die Sicherheitsüberprüfung aller Bundesbediensteten lag, oder Horst Ehmke, der als Kanzleramtschef Guillaume seinerzeit eingestellt hatte. Oder auch Günther Nollau, der Präsident des Verfassungsschutzes, dessen Amt in dem gesamten Fall nicht eben die beste Figur gemacht hatte. Es war aber Brandt, der die Konsequenzen zog, weil er die »politische Verantwortung« übernahm, weil er vielleicht doch an der Loyalität wichtiger SPD-Genossen zweifelte[16] oder auch – ein möglicherweise eher unbewusstes Motiv –, um ein Amt loszuwerden, dessen Belastung in den vergangenen Monaten überschwer geworden war. Zudem mag ihn enttäuscht haben, dass Personen, deren Urteil ihm, bei aller Distanz, doch sehr wichtig war – Schmidt, Wehner, auch seine Ehefrau Rut, obwohl das Ehepaar bereits stark entfremdet hatte –, ihn nicht energischer zum Bleiben gedrängt haben.[17]

Der Prozess gegen Günter Guillaume und seine Ehefrau Christel begann im Juni 1975 vor dem Oberlandesgericht Düsseldorf. Der da auf der Anklagebank saß und zuweilen süffisant lächelte, ansonsten aber schwieg, hatte also einen Bundeskanzler zu Fall gebracht. Darüber hatten die Düsseldorfer Richter allerdings nicht zu befinden. Sie mussten klären und strafrechtlich werten, was Guillaume an seine Auftraggeber in der DDR verraten und welchen Schaden er dadurch der Bundesrepublik zugefügt hatte. Ganz erheblichen Schaden, so die Einschätzung des Gerichts, das Guillaume nach einem aufwändigen Indizienprozess im Dezember 1975 wegen eines »besonders schweren Falls von Landesverrat« zu 13 Jahren Gefängnis verurteilte. Christel Guillaume erhielt als Komplizin acht Jahre Haft. Da es in dem Verfahren um »Landesverrat und Gefährdung der äußeren Sicherheit« ging, verhandelte das Gericht mehrmals unter Ausschluss der Öffentlichkeit, etwa wenn jene verratenen Informationen zur Sprache kamen.[18]

Für Guillaume und die Stasi war dieser Coup ein zwiespältiger Erfolg, über den sich offenbar keiner so recht freuen konnte. Nach dem Untergang der DDR beteuerten sowohl Guillaume als auch sein Auftraggeber Markus Wolf, dass sie den Rücktritt Brandts nie angestrebt, sondern vielmehr aufrichtig bedauert hätten. Der Rücktritt habe, so Wolf, »völlig im Widerspruch zu unserer damaligen politischen Orientierung (gestanden), alles zu tun, was im Interesse der Annäherung und Entspannung liegen könnte.«[19] Im September 1990 schrieb Wolf sogar einen Brief an Brandt, in dem er sich ausdrücklich dafür entschuldigte, dass die Stasi zu seinem Rücktritt beigetragen habe. Auch SED-Chef Honecker und der sowjetische Partei- und Staatschef Leonid Breschnew sollen über den Amtsverzicht von Brandt erschreckt, sogar wütend gewesen sein. So habe Honecker noch am 3. Mai 1974 über den Rechtsanwalt Wolfgang Vogel Fraktionschef Wehner ausrichten lassen, er, Honecker, habe stets angenommen, Guillaume sei als Spion »abgeschaltet« worden, als er Referent beim Bundeskanzler wurde. Breschnew schrieb umgehend einen persönlichen Brief an Brandt, in dem er beteuerte, von der Sache nichts gewusst zu haben, sonst hätte man empfohlen, diese »Zeitbombe zu entschärfen«.[20]

Ungute Gefühle hatte auch Günter Guillaume. Nicht wegen seiner Spionagetätigkeit als solcher – für die ließ er sich nach seiner Rückkehr in die DDR 1981 von Stasichef Mielke ausgiebig feiern, mit Orden auszeichnen und einem Haus am See belohnen –, sondern wegen seines Anteils am unrühmlichen Ende von Brandts Kanzlerschaft. Es spricht einiges dafür, dass Guillaume im Laufe der Zeit für Brandt eine aufrichtige Zuneigung, ja Bewunderung entwickelte. Guillaume in einem Interview 1990: »Dass ich ... zu einer Waffe wurde, die zu seinem Sturz führte, das tut mir furchtbar leid!« [21] Es scheint, dass Guillaume in seinen Bonner Jahren so etwas wie eine »gespaltene Loyalität« empfand – für den bewunderten Willy Brandt einerseits, für den Spionagechef Markus Wolf andererseits, jenes Ost-Berliner Idol, in dessen Auftrag er sein anderes Idol Brandt bespitzelte. Gefühlswallungen eines Kofferträgers, der ein Spion war.

Der tatsächliche Schaden, den Günter Guillaume durch Geheimnisverrat anrichtete, war indes wahrscheinlich weit geringer als von den bundesdeutschen Abwehrstellen zunächst befürchtet. In der Tat hatte Guillaume auch als persönlicher Referent keinen Zugang zu brisanten Vorgängen. Weder für Brandt noch für wichtige Mitarbeiter war er ernsthafter Gesprächspartner in politischen Fragen. Nach späterer Einschätzung der westdeutschen Behörden haben seine Berichte nach Ost-Berlin zumeist von irgendwelchem SPD-Klatsch gehandelt.

Blieb jener Koffer mit Geheimdokumenten, die Guillaume seinerzeit in Norwegen in die Hände bekommen und kopiert hatte. Nicht einmal in diesem Fall ist sicher, dass die darin enthaltenen Informationen wirklich nach Ost-Berlin gelangten. Der einstige Spionage-Chef Wolf bestreitet dies. Der Kurier habe nach Aushändigung der Dokumenten-Fotos bemerkt, dass er beschattet wurde, und das heiße Material kurzerhand in einen Fluss geworfen. [22]

Wie ein Staat sich selbst den Prozess macht

In Sachen Stefan Krawczyk und andere – 1988

Im Januar 1988 fassten DDR-Oppositionelle den verwegenen Plan, an der alljährlich in Ost-Berlin stattfindenden »Kampfdemonstration zu Ehren von Karl Liebknecht und Rosa Luxemburg«, einer der wichtigsten Propagandaveranstaltungen der SED, mit eigenen Transparenten teilzunehmen. Ihre zentrale Losung war das Luxemburg-Zitat »Freiheit ist immer die Freiheit des Andersdenkenden«, das die Forderung nach politischen Reformen in der DDR gleichsam historisch beglaubigen sollte, zählte Rosa Luxemburg doch zu den fast kultisch verehrten Leitfiguren der SED.

Doch die rund 150 Oppositionellen kamen am Morgen des 17. Januar nicht weit. Das Ministerium für Staatssicherheit war über das Vorhaben durch Spitzel genauestens informiert und schritt mit aller Härte gegen die Demonstranten ein. Bevor sie ihre Transparente überhaupt entrollen konnten, wurden die meisten schon von Stasi-Mitarbeitern oder Polizisten gepackt und zu den bereit stehenden Polizeifahrzeugen gebracht. Mehrere Oppositionelle gelangten nicht einmal in die Nähe des Demonstrationszuges, sondern wurden schon kurz nach Verlassen ihrer Wohnung verhaftet, wie zum Beispiel der Liedermacher Stefan Krawczyk. Der seit Jahren mit Auftrittsverbot belegte Musiker trug unter der Jacke ein zusammengefaltetes Transparent mit der Aufschrift »Gegen Berufsverbote in der DDR«.[1]

Die Staatssicherheit war sehr darauf bedacht, dass ihr gewaltsames Vorgehen nicht publik wurde, etwa durch Berichte im westlichen Fernsehen. Dazu heißt es in einem internen Stasi-Protokoll:

»Die eingesetzten Kräfte handelten entschlossen und führten alle identifizierten und verdächtigen Personen zu. Dabei wurden die ... ARD- und ZDF-Teams an Fernsehaufnahmen durch Verdeckung gehindert. Allerdings konnten sie nicht an Tonbandaufzeichnungen gehindert werden.«[2]

Anfang 1988 lag über der DDR eine gespannte Ruhe. Während in Moskau Michail S. Gorbatschow unter den Begriffen Glasnost und Perestroika die Sowjetunion zu reformieren versuchte, lehnten führende SED-Politiker Veränderungen in der DDR strikt ab. Traurige Berühmtheit erlangte der Ausspruch des SED-»Chefideologen« Kurt Hager, dass man selbst »nicht neu tapezieren« müsse, nur weil »der Nachbar seine Wohnung renoviert«. Immer mehr vor allem junge DDR-Bürger sahen das ganz anders. Seit Mitte der achtziger Jahre hatte sich vor dem Hintergrund einer anhaltenden wirtschaftlichen Misere, gesellschaftlicher Erstarrung und zunehmender Repressionen ein breites Spektrum oppositioneller Gruppen gebildet, die ihren Schwerpunkt auf bürgerliche Freiheiten und Menschenrechte (zum Beispiel die »Initiative Frieden und Menschenrechte«) oder auch auf Umweltfragen (»Umwelt Bibliothek Berlin«) legten. Die meisten dieser Gruppierungen arbeiteten eng mit evangelischen Kirchengemeinden zusammen, die so zu Kristallisationspunkten der DDR-Opposition wurden.

Im Januar 1988 sah das DDR-Regime nun eine Gelegenheit, gegen die immer regsamer werdende Opposition einen umfassenden Schlag zu führen. Bereits im Vorfeld der Luxemburg-Demonstration waren rund 160 Mitglieder der verschiedensten Gruppen festgenommen worden. Am 25. Januar folgte eine weitere Verhaftungswelle, die unter anderen die Bürgerrechtler Bärbel Bohley, ihren Lebensgefährten Werner Fischer, Freya Klier und Wolfgang Templin ins Gefängnis brachte. Die führenden Köpfe der Opposition sollten mundtot gemacht werden. Und wieder spielte die DDR-Justiz als Erfüllungsgehilfin des Regimes eine unrühmliche Rolle.

Auf dem Weg zur Luxemburg-Demonstration war auch Vera Wollenberger, Mitbegründerin der „Kirche von unten«, verhaftet worden.[3] Nach tagelangen Verhören im Stasi-Untersuchungsgefängnis Hohenschönhausen wurde sie mit der Anklage »Rowdytum« konfrontiert, das mit einem Jahr Gefängnis geahndet werden konnte. Ihr Prozess fand am 27./28. Januar 1988 im Stadtbezirksgericht Berlin-Lichtenberg statt. Über die Umstände des Verfahrens schrieb Vera Wollenberger später: »Der Gerichtsaal, zu dem wir aufstiegen, war ... so winzig, dass er zutreffender eine Gerichtskammer genannt werden musste. Die fünf Zuschauerstühle waren von Stasileuten besetzt. Aber die Tür zum Flur war weit geöffnet. In der Tür standen Bischof Forck, mein Mann, die Frau von Peter Grimm ... Hinter den dreien, sah ich noch eine Menge Köpfe ... Das tat mir unendlich gut.« Bis auf ihren Mann und Bischof Forck mussten jedoch alle Zuschauer den Raum verlassen.[4] Das Urteil lautete schließlich auf sechs Monate Haft wegen »versuchter Zusammenrottung«. Der Vorwurf des »Rowdytums« war fallen gelassen worden. Drei Mitstreiter Wollenbergers wurden ebenfalls zu sechs Monaten Haft verurteilt. Bedrohlicher noch klang die Anklage gegen Stefan Krawczyk, Freya Klier, Bärbel Bohley und andere, denen »landesverräterische Beziehungen« vorgeworfen wurden, auf die hohe Zuchthausstrafen standen.

Die Verhaftungen im Umfeld der Luxemburg-Demonstration hatten jedoch inzwischen eine breite Solidaritätswelle ausgelöst. So wurden ab dem 20 Januar im Gemeindehaus der Ost-Berliner Eliasgemeinde täglich Fürbitten für die Inhaftierten gehalten. Am 30. Januar nahmen an einem Bittgottesdienst in der Gethsemanekirche mehr als 1500 Menschen teil. Das Kalkül des SED-Regimes, die Opposition durch die Verhaftung ihrer Wortführer entscheidend zu schwächen und einzuschüchtern, ging nicht auf. Der staatliche Druck führte vielmehr zu breiter Solidarisierung und faktisch zur Stärkung der Opposition, so dass in diesen Tagen erstmals »ein Hauch offener Rebellion in der Luft« lag.[5]

Auch durch Prozesse gegen führende Oppositionelle war das »Problem« offenbar nicht mehr aus der Welt zu schaffen, weshalb die SED-Führung auf andere Methoden sann. Im Untersuchungsgefängnis begann Ende Januar 1988 ein regelrechter Verhandlungsmarathon zwischen Staatssicherheit, SED, Kirchenvertretern, den Verhafteten und ihren Anwälten. Die SED verfolgte dabei das Ziel, die Inhaftierten zur Ausreise in den Westen zu bewegen, machte einigen sogar das Angebot eines befristeten Visums, das die Rückkehr in die DDR ermöglichen würde. Doch die meisten Verhafteten bezweifelten, dass die SED-Führung ihre Zusage einhalten würde, und bestanden auf einer Entlassung in die DDR.[6] In der psychischen Ausnahmesituation des Gefängnisses, abgeschnitten von Informationen – insbesondere über die breite Solidaritätsbewegung in der DDR – erklärten sich zahlreiche Oppositionelle schließlich doch zur Ausreise bereit. Vera Wollenberger und Bärbel Bohley reisten mit einem Jahres- bzw. Halbjahresvisum nach Großbritannien. Stefan Krawczyk, Freya Klier und andere gingen Anfang Februar 1988 in die Bundesrepublik, betonten jedoch immer wieder, nicht freiwillig, sondern unter Zwang ausgereist zu sein.

Tatsächlich spielten Staatssicherheit und SED ein perfides Spiel. So war Rechtsanwalt Wolfgang Schnur, der mehrere Verhaftete vertrat, inoffizieller Mitarbeiter der Stasi. Auch gegen Gregor Gysi, der seinerzeit Oppositionelle verteidigte, erhoben später einige Mandanten Vorwürfe der Zusammenarbeit mit der Stasi, für die allerdings nie eindeutige Beweise vorgelegt wurden.[7]

Eine Zeitlang schien es, als sollte die SED mit ihrer »Strategie der Ausreise bzw. Abschiebung« Erfolg haben. Den Ausgereisten wurde mangelnde Standhaftigkeit vorgeworfen. Für Monate machte sich Mutlosigkeit breit. Doch auch die Abschiebung führender Oppositioneller konnte das Regime nicht mehr stabilisieren. Dem scheinbaren Sieg der SED folgte rund anderthalb Jahre später die endgültige Niederlage.

Der unendliche Streit um den § 218

»Inquisition« in Memmingen – 1989

Als die Erste Strafkammer des Landgerichts Memmingen am 5. Mai 1989 ihr Urteil sprach, kam es im Zuschauerraum zu teilweise wütenden Protest- und Unmutsäußerungen. Von »moderner Inquisition« war die Rede, von »Frauenfeindlichkeit« und »skandalösem Verhalten« der Richter. Diese hatten soeben den Frauenarzt Dr. Horst Theissen des illegalen Schwangerschaftsabbruchs in 36 Fällen für schuldig befunden und zu zweieinhalb Jahren Gefängnis sowie einem dreijährigen Berufsverbot verurteilt. Mit dem heftig umstrittenen Urteil ging nach 61 Verhandlungstagen und acht Monaten Dauer der spektakulärste Prozess in der Bundesrepublik um Verstöße gegen das Abtreibungsverbot gemäß § 218 Strafgesetzbuch in erster Instanz zu Ende.

Es war unbestritten, dass der verurteilte Arzt gegen geltendes Recht verstoßen hatte, indem er bei zahlreichen Frauen in seiner Praxis ambulant Schwangerschaftsabbrüche vorgenommen hatte, ohne dass diese Frauen eine gesetzlich vorgeschriebene Beratungsbescheinigung oder eine von einem anderen Arzt ausgestellte Bescheinigung über eine Indikation vorgelegt hatten. Der Memminger Arzt hatte – außerhalb des geltenden Rechts – selbst die Beratung und Feststellung einer Notlage vorgenommen und die Abtreibung dann auch selbst ausgeführt. Höchst umstritten im »Memminger Abtreibungsprozess« waren dagegen die Verhandlungsführung des Gerichts und das Auftreten der Staatsanwaltschaft gegenüber Angeklagten und Zeugen. In seiner Urteilsbegründung sparte der Vorsitzende Richter nicht mit teilweise polemischen

Vorwürfen gegen den verurteilten Arzt, den er eine »Art Überzeugungs- und Gesinnungstäter« nannte, der seine Patientinnen in die Kriminalität getrieben habe. Der Angeklagte sei ein »bisschen liberal, ein bisschen anthroposophisch, ein bisschen esoterisch und ein bisschen anarchisch«. Er habe es unterlassen, nachzufragen und »Lücken in der Argumentation seiner Patientinnen« aufzuspüren. Schließlich könne die Begründung einer Notlage auch einstudiert sein. Daher müsse »ein strenger Maßstab bei der Beurteilung angelegt werden. Der Frau müsse auch von vornherein ein gewisses Maß an Aufopferung zugemutet werden.«[1] Während der Urteilsbegründung verließen zahlreiche Zuhörer unter lautstarkem Protest den Saal.

Der Memminger Prozess ließ in der westdeutschen Öffentlichkeit erneut eine leidenschaftliche Auseinandersetzung um den § 218 aufbrechen. Die unterschiedlichen Reaktionen auf das Urteil zeigten in aller Schärfe, wie unversöhnlich sich in dieser Frage die Positionen gegenüberstanden. Während CSU-Generalsekretär Erwin Huber das Memminger Urteil ausdrücklich begrüßte, sprachen unter anderen Politikerinnen der Grünen von einem Sieg »bayerischer Scharfmacher und Frauenfeinde« auf Kosten von Frauen in sozialer und seelischer Notlage. Auch führende SPD-Politikerinnen bezeichneten den Memminger Richterspruch als einen »Skandal«. Ebenso kritisch äußerten sich Sprecher der Ärztekammern über das Urteil, mit dem ihrer Meinung nach Frauen und Ärzte eingeschüchtert werden sollten.

Den Anstoß zu diesem umfangreichsten § -218-Prozess in der Bundesrepublik hatte 1986 eine anonyme Anzeige gegeben, in der Dr. Theissen der Steuerhinterziehung beschuldigt wurde. Daraufhin rückte die Steuerfahndung in der Frauenarztpraxis an und beschlagnahmte die rund 1500 Karten der Patientinnenkartei, um dem Verdacht nachzugehen. Dieser erwies sich in einigen Fällen auch als stichhaltig, so dass Dr. Theissen dafür im Februar 1988 zu einem Jahr Haft auf Bewährung verurteilt wurde.

Im Laufe der Ermittlungen kam einem der Steuerfahnder vom Finanzamt Kempten der Verdacht, dass in der Praxis von Dr. Theissen illegale Schwangerschaftsabbrüche vorgenommen worden seien. Seine Vermutung teilte er der Staatsanwaltschaft Memmingen mit, die umgehend Ermittlungen einleitete. Zunächst gerieten mehr als 250 Frauen und rund 70 Ehemänner oder Partner wegen des Verdachts illegaler Abtreibungen ins Visier der Strafverfolgungsbehörden. Ihnen wurde vorgeworfen, sie hätten Abtreibungen vornehmen lassen, ohne dass eine medizinische oder soziale Notlage vorgelegen habe. In knapp 200 Fällen kam es zur Verurteilung der Frauen, das heißt zur Verhängung von Strafbefehler zwischen 800 und 3200 DM. Die meisten Frauen akzeptierten die Strafbefehle, viele möglicherweise auch, um sich ein gerichtliches Verfahren zu ersparen und in ihren kleinstädtischen oder dörflichen Wohnorten mit hoher sozialer Kontrolle Aufsehen zu vermeiden. Viele Frauen hatten bereits das oft wenig zurückhaltende Vorgehen der Ermittlungsbeamten – einige Frauen hatte die Polizei an ihrer Arbeitsstelle aufgesucht – als sehr belastend empfunden. Lediglich 45 verurteilte Frauen erhoben Einspruch, in zwei Fällen mit Erfolg. Parallel zu diesen Amtsgerichtsverfahren gegen die Patientinnen liefen die Ermittlungen gegen ihren Arzt Dr. Theissen, gegen den die Staatsanwaltschaft im Juni 1988 vor dem Landgericht Memmingen Anklage erhob. Die Staatsanwaltschaft warf ihm vor, zwischen Dezember 1981 und März 1987 in mindestens 156 Fällen illegale Schwangerschaftsabbrüche vorgenommen zu haben.[2]

Die Hauptverhandlung wurde unter großem Publikumsandrang am 8. September 1988 vor dem Landgericht Memmingen eröffnet. Gleich zu Beginn beantragte die Verteidigung die Einstellung des Verfahrens, da die Staatsanwaltschaft bei ihren Ermittlungen »unverhältnismäßig« in die Grundrechte des Angeklagten und zahlreicher seiner Patientinnen eingegriffen habe, indem sie die Patientinnenkartei beschlagnahmte und auswertete. Faktisch sei durch das Vorgehen der Ermittlungsbehörden die ärztliche Schweigepflicht in Frage gestellt worden. Es sei nicht hinnehmbar, so der Verteidiger, dass etwa Patientinnen in Konfliktsituationen nicht mehr unbefangen einen Arzt konsultieren könnten, weil sie befürchten müssten, dass Dritte davon Kenntnis erlangten. Unbefugte Dritte wie jene Steuerfahnder, die plötzlich bei Dr. Theissen aufgetaucht waren und die Kartei beschlagnahmt hatten.

Das Gericht wies den Einstellungsantrag zurück und es begann ein sich über Wochen hinziehender Prozess, bei dem unter lebhafter Teilnahme der Presse zahlreiche ehemalige Patientinnen als Zeugen gegen den angeklagten Arzt geladen wurden. Insgesamt vernahm das Gericht 79 Patientinnen von Dr. Theissen, die – oft unter Tränen – über ihre Gespräche mit dem Arzt und die Umstände des Schwangerschaftsabbruchs auszusagen hatten. Die häufig unerbittliche, alles andere als einfühlsame Art der Befragung insbesondere durch die beiden Staatsanwälte und einen Beisitzenden Richter riefen bei einem Teil der Zuhörer wie der Pressevertreter wiederholt helle Empörung hervor. Zeitungen berichteten, dass Frauen sich nach ihrem Auftritt vor Gericht in ihren Dörfern stigmatisiert fühlten und kaum mehr auf die Straße trauten. Der »Spiegel« schrieb über den Verlauf des Prozesses: »Mit jedem neuen Sitzungstag wird frisches Öl in das Feuerbecken geschüttet, in dem der Angeklagte bereits an seinen akuten Verfahrens- und Folgekosten verbrennt. Er ist schon ruiniert. Er hat seine Praxis verkaufen müssen. Doch diese Hauptverhandlung ist die Station eines Kreuzzugs, und die muss so abgewickelt werden, dass jeder Arzt in der Bundesrepublik sieht und schaudernd spürt, wohin es führt, wenn er sich wie Dr. Theissen verhält.«[3]

Eine spezielle, fast aberwitzige Note bekam der Memminger Prozess, als bekannt wurde, dass ein Beisitzender Richter einige Jahre zuvor selbst indirekt an einer Abtreibung beteiligt gewesen war. Zusammen mit seiner damaligen Freundin hatte er in ärztlichen Beratungsgesprächen, bei denen er nach eigener Aussage

eine aktivere Rolle als die Freundin gespielt hatte, eine Notlagenindikation erreicht und die Frau sodann einen Schwangerschaftsabbruch vornehmen lassen. Und ausgerechnet dieser Jurist saß
nun über einen Arzt zu Gericht, der wegen – illegaler – Abtreibungen angeklagt war, und ausgerichtet dieser Richter fiel bei seinen
Befragungen von Zeuginnen durch besondere Schärfe auf. Der
Besitzende Richter wurde abgelöst, der Prozess mit einem Ersatz-
richter fortgesetzt.

Das Verfahren endete in erster Instanz mit der Verurteilung Dr.
Theissens wegen illegaler Abtreibungen und Verstoß gegen das
Beratungs- und Indikationsfeststellungsgebot zu einer Gesamt-
strafe von zweieinhalb Jahren Haft ohne Bewährung.

Die Verteidiger gingen in Revision und hatten damit vor dem
Bundesgerichtshof Erfolg. Der BGH verwies den Fall zur Neuverhandlung an das Landgericht Augsburg, das im Januar 1994 das
Strafmaß auf anderthalb Jahre Haft mit Bewährung reduzierte. In
seiner Urteilsbegründung stellte das Augsburger Gericht unter
anderem fest, dass die Erstinstanz in 20 Fällen die Verjährung
nicht beachtet hatte. Zudem billigte es dem angeklagten Frauenarzt zu, sich in einem »schwierigen Spannungsfeld« zwischen
seiner ärztlichen Pflicht und der Not seiner Patientinnen befunden zu haben, und erwähnte auch, dass eine »Veränderung gesellschaftlichen Denkens stattgefunden« habe.[4] Damit bezog sich
das Gericht unter anderem auf die vergleichsweise liberale Praxis
in SPD-regierten Ländern bei der Bescheinigung einer sozialen
Indikation wie auch auf die erneute Einführung einer faktischen
»Fristenlösung« mit Beratungszwang durch das »Schwangeren-
und Familienhilfegesetz« vom Juli 1992, das jedoch vom Bundesverfassungsgericht 1993 in Teilen verworfen wurde. In unionsgeführten Bundesländern wie Bayern oder Baden-Württemberg
war es für abtreibungswillige Frauen nach wie vor weitaus schwerer, eine soziale Notlage bescheinigt zu bekommen. Dies hatte
unter anderem auch einen »Abtreibungstourismus« innerhalb

»Hexenprozess«: Demonstration in Memmingen im Februar 1989

Deutschlands zu Folge, nachdem in den sechziger und siebziger Jahren viele deutsche Frauen in die Niederlande gefahren waren, um einen Schwangerschaftsabbruch vornehmen zu lassen.

Der Memminger Prozess hatte erneut eine leidenschaftlich geführte gesellschaftliche Auseinandersetzung um den § 218 ausgelöst, in der sich zahlreiche Persönlichkeiten und Gruppen zu Wort meldeten. Dies war in der Bundesrepublik Deutschland seit den frühen fünfziger Jahren in Wellen immer wieder geschehen, gehört doch der § 218 seit je zu den umstrittensten Bestimmungen des Strafgesetzbuches.

Erst unter Einfluss des kanonischen (kirchlichen) Rechts wurde seit dem 13. Jahrhundert (Decretum Gratiani) die Abtreibung als Tötung eines Menschen betrachtet, sofern der Fötus beseelt war, was für männliche Föten ab dem 40. Tag nach der Empfängnis, für den weiblichen ab dem 80. Tag angenommen wurde. Sowohl dem römischen als auch dem germanischen Recht war der Gedanke fremd, der Embryo sei um seiner selbst willen zu schützen. Das römische Recht stellte den Schwangerschaftsabbruch dennoch unter Strafe, und zwar mit der Begründung, dass die Frau den Mann damit um seine Kinder betrüge.

Die kanonische Unterscheidung zwischen beseeltem und unbeseeltem Embryo wurde auch in die »Peinliche Halsgerichtsordnung« Kaiser Karls V. aus dem Jahr 1532 aufgenommen, die bei der Abtreibung eines »Kindt, das noch nit lebendig wer« weit geringere Strafen vorsah als bei der eines älteren Embryos. Dabei war die zeitliche Grenze nicht genau definiert und in der Folgezeit immer wieder juristisch umstritten.

Im 19. Jahrhundert wurde nicht mehr zwischen beseeltem und unbeseeltem Fötus unterschieden und in den deutschen Territorialstaaten bald jede Abtreibung unter Strafe gestellt. Bei dieser strengen Regelung blieb es auch in der Formulierung des § 218 des Reichsstrafgesetzbuches von 1871, die keine Ausnahme vorsah. In bestimmten Fällen konnten sich Frauen allerdings auf einen »rechtfertigenden Notstand« berufen, doch Ärzte, die eine Abtreibung vornahmen, machten sich generell strafbar. Mit Blick auf bestimmte Härtefälle, etwa einer Gefahr für Leib und Leben der Frau bei Fortdauer der Schwangerschaft, billigte das Reichsgericht mit Entscheidung vom März 1927 Frauen und Ärzten einen »ungeschriebenen, übergesetzlichen Rechtfertigungsgrund« (medizinische Indikation) zu. Zuvor war im Zeichen zunehmender Frauenemanzipation in der Weimarer Republik die Forderung nach Liberalisierung oder sogar Abschaffung des § 218 immer lauter geworden. So wurden etwa in eindringlichen Theaterstücken und Filmen die Not ungewollt schwangerer Frauen und die Gefahren illegaler Abtreibungen thematisiert.

Nach 1933 wurde in Deutschland im Sinne der nationalsozialistischen Rasse- und Gesundheitsideologie zusätzlich eine »eugenische Indikation« eingeführt, der zufolge Embryos, die sich wahrscheinlich zu kranken, behinderten Kindern entwickeln würden, straffrei abgetrieben werden durften. Andererseits wurden Schwangerschaftsabbrüche als »Angriff auf die Lebenskraft des deutschen Volkes« streng bestraft. Nach 1945 wurde die medizinische Indikation bei grundsätzlichem Abtreibungsverbot in der Bundesrepublik gemäß § 218 StGB beibehalten.[5]

Zur Zeit des Memminger Prozesses galt die 1976 vom Bundestag beschlossene Indikationslösung, die eine Abtreibung grundsätzlich für strafbar erklärte (Freiheitsstrafe bei Selbstabtreibung bis zu fünf Jahren, bei Fremdabtreibung bis zu zehn Jahren), bei Vorliegen bestimmter Voraussetzungen (Indikationen) einen Schwangerschaftsabbruch aber von Strafe freistellte.[6] Entsprechende Indikationen waren unter anderem eine kriminologische Indikation, so im Falle, wenn die Schwangerschaft auf einer Sexualstraftat (Vergewaltigung) beruhte, und die so genannte soziale oder Notlagenindikation, die geltend gemacht werden konnte, wenn das Austragen der Leibesfrucht für die Frau eine schwer wiegende Notlage bedeuten würde. Der Schwangerschaftsabbruch bei diesen Indikationen musste innerhalb von 12 Wochen erfolgen.[7] Genau das war Dr. Theissen vorgeworfen worden: dass er Abtreibungen ohne entsprechende Indikationen vorgenommen habe.

Die »Indikationslösung« von 1976 war an die Stelle einer »Fristenlösung« getreten, welche die sozialliberale Koalition 1974 trotz heftiger Proteste vor allem der katholischen Kirche verabschiedet hatte. Innerhalb von 12 Wochen sollte eine durch einen Arzt nach Beratung vorgenommene Abtreibung generell straflos bleiben.[8] Gegen diese Fristenlösung klagten die Länder Bayern und Baden-Württemberg beim Bundesverfassungsgericht, das das Gesetz 1975 für verfassungswidrig, weil unvereinbar mit Art. 2 Abs. 2 Satz 1 GG in Verbindung mit Art. 1 GG erklärte.[9]

Die Neuregelung des § 218 war nicht zuletzt Folge einer verschärften öffentlichen Auseinandersetzung seit Ende der sechziger Jahre. Immer mehr Frauen forderten im Zuge einer umfassenden Emanzipationsbewegung die Abschaffung, zumindest Lockerung des Paragraphen. Großes Aufsehen erregte dabei unter anderem eine von der Illustrieren »Stern« unterstützte Kampagne aus dem

Jahr 1970, bei der sich prominente Frauen dazu bekannten, abgetrieben zu haben.

Die Anwendungspraxis der seit 1976 geltenden »Indikationslösung«, die Frage also, wie das Vorliegen einer Indikation, etwa einer schwer wiegenden sozialen Notlage der Frau, festzustellen und rechtlich zu bewerten sei, blieb umstritten, zumal der Gesetzgeber es bewusst vermieden hatte, diese Indikationsgründe zu definieren. Damit sollte es dem Arzt ermöglicht werden, im vertrauensvollen Gespräch mit der Schwangeren eine eventuelle Notlage zu erkennen, ohne Einblick in Lohnbescheinigungen oder Kontoauszüge zu nehmen. Nach einer Entscheidung des Bundesgerichtshofs von 1985 obliegt dem Arzt »die letzte eigenverantwortliche Entscheidung darüber, ob eine Notlage vorliegt, auf seine ›ärztliche Erkenntnis‹ kommt es an, die er an den zum Schutze des Lebens strengen Voraussetzungen des § 218a StGB auszurichten hat.«[10]

Mit dem »Schwangeren- und Familienhilfeänderungsgesetz« von 1995 erfolgte eine weitere Neuregelung, nachdem eine Neufassung von 1992 mit faktischer Fristenlösung (legaler Schwangerschaftsabbruch innerhalb von 12 Wochen nach vorheriger Beratung) vom Bundesverfassungsgericht ebenfalls verworfen worden war. In seinem Urteil vom Mai 1993 betonte das Gericht unter anderem die durch das Grundgesetz gebotene Schutzpflicht des Staates gegenüber dem ungeborenen Leben, aber auch gegenüber seiner Mutter. Dieser Schutz sei nur gegeben, wenn der Schwangerschaftsabbruch grundsätzlich verboten sei. Das Verfassungsgericht stellte auch fest, dass der Staat den Rechtsbruch eines Schwangerschaftsabbruchs nicht immer bestrafen muss, sondern mit Rücksicht auf bestimmte Notlagen der Frau dulden kann. Als Voraussetzungen für eine straffreie Abtreibung werden seit 1.1.1996 nunmehr kriminologische (ethische) Indikationen (Schwangerschaft nach Vergewaltigung) sowie medizinisch-soziale Indikationen anerkannt. Eine Beratung von kompetenter Seite ist unabdingbar und gehört zum Kernbereich der Neuregelung.[11]

Zwischenzeitlich galt in Deutschland ein zweigeteiltes Recht zur Abtreibung, da die in der DDR 1972 eingeführte Fristenregelung nach der Vereinigung Deutschlands 1990 in den neuen Ländern noch bis Ende 1992 gültig blieb.

Mit keiner der genannten Regelungen des § 218 wurde jedoch erreicht, dass die Zahl der Abtreibungen in Deutschland deutlich gesunken wäre. Dies war immer auch Absicht des Gesetzgebers gewesen. Unbestritten ist allerdings, dass infolge der generellen Liberalisierung des § 218 seit den siebziger Jahren die Zahl der illegalen Abtreibungen mit höchsten Gefahren für Leib und Leben der Frau stark gesunken ist.

Die gesellschaftliche Auseinandersetzung um die Abtreibung hält in Deutschland auch nach mehreren Gesetzesänderungen und höchstrichterlichen Entscheidungen weiter an, zumal die seit 1996 gültige Indikationsregelung mit Beratungspflicht einigen gesellschaftlichen Gruppen, insbesondere der katholischen Kirche und Teilen der CDU/CSU, viel zu weitgehend erscheint. Dass die katholische Kirche seit 1999 die Ausstellung entsprechender Beratungsbescheinigungen verweigert, weil sie jede Abtreibung strikt ablehnt – außer in wenigen Ausnahmefällen, so bei einer doppelt-vitalen Indikation, wenn der bei Fortsetzung der Schwangerschaft eine Lebensgefahr für Mutter und Fötus besteht –, hat ihr auch innerhalb der Kirche zum Teil scharfe Kritik eingebracht.

Wie können Staatsverbrechen geahndet werden?

Honecker vor Gericht – 1992/93

Als am 12. November 1992 der Angeklagte den voll besetzten Gerichtssaal des Berliner Landgerichts betrat, erhoben sich die 150 Zuschauer und Journalisten von ihren Plätzen. Nicht aus Respekt vor dem klein gewachsenen Mann, der mit erhobener Faust seine Anhänger grüßte, sondern weil sie ihn besser sehen wollten – Erich Honecker, den einstigen Partei- und Staatchef der untergegangenen DDR. »Es war ein denkwürdiger Prozess, der in der neueren deutschen Geschichte seinesgleichen sucht. Wann war bei uns schon einmal ein Staatsoberhaupt angeklagt seit Heinrich dem Löwen vor achthundert Jahren?«[1] Nicht nur der Rechtshistoriker und Prozessbeobachter Uwe Wesel empfand das so, die meisten Presseberichte und Kommentare betonten die Einmaligkeit des Verfahrens. Erstmals sollte ein früheres Staatsoberhaupt von einem deutschen Gericht für Verbrechen, die unter seiner Regierungsverantwortung begangen wurden, zur Rechenschaft gezogen werden. Dafür gab es in der jüngeren deutschen Geschichte in der Tat kein Vorbild. In Nürnberg hatte 1946 ein Internationales Militärtribunal – nicht deutsche Richter – über führende Nationalsozialisten zu Gericht gesessen. Nach dem Ersten Weltkrieg wollten 1920 Frankreich und England dem abgedankten deutschen Kaiser Wilhelm II. den Prozess machen. Doch die deutsche Regierung wies dies Ansinnen voller Entrüstung zurück. Ab 1921 kam es auf Verlangen der Siegermächte in Leipzig zu einigen Kriegsverbrecher-Prozessen gegen deutsche Offiziere, die aber mit sehr milden Strafen endeten, wenn sie nicht ganz im Sande verliefen.

1992, zwei Jahre nach dem Untergang der DDR und der deutschen Wiedervereinigung, versuchte nun die Justiz, Verbrechen, die frühere SED-Größen begangen oder angeordnet hatten, strafrechtlich zu ahnden. Es ging dabei um »systembedingte« Taten, unter denen die deutsche Justiz strafbare Handlungen verstand, die durch das politische System der DDR angeordnet, gefördert oder geduldet worden waren. Konkret fielen darunter neben Gewalttaten an der Grenze auch Wahlfälschung, Rechtsbeugung, Gefangenenmisshandlung oder Denunziation. Beim Honecker-Prozess ging es ausschließlich um die Toten an Mauer und innerdeutscher Grenze.

Der unter enormem Medienauftrieb eröffnete Prozess gegen Honecker sollte belegen, dass dieses Mal die Großen eines Staates eben nicht – wie sonst so oft – ungeschoren davonkommen würden. »Fiat justitia«, auch im Falle von Regierungskriminalität. Nicht nur Anhänger des untergegangenen SED-Regimes bezweifelten jedoch, dass das »gut gehen könne«, denn juristisch bewegte man sich auf »dünnem Eis« (Uwe Wesel). Sollte hier einem gescheiterten politischen System, dem »real existierenden Sozialismus«, der Prozess gemacht, sollte es an den Pranger gestellt werden, wie die Angeklagten und ihre Anhänger meinten, wenn sie von »Rachefeldzug« und »Siegerjustiz« sprachen? Oder ging es allein um die persönliche Schuld der Angeklagten an konkreten Gewalttaten, wie Staatsanwaltschaft und Gericht immer wieder betonten. »Rachejustiz« oder »Gerechtigkeit für die Opfer des Regimes« – zwischen diesen beiden Polen bewegten sich dieser und andere Prozesse gegen frühere DDR-Größen in der öffentlichen Wahrnehmung.

Honecker und seine fünf Mitangeklagten – der frühere Stasi-Chef Erich Mielke, Ex-Verteidigungsminister Heinz Keßler, dessen Stellvertreter Fritz Streletz, der frühere SED-Chef in Suhl, Hans Albrecht, sowie der einstige DDR-Ministerpräsident Willi Stoph – mussten sich wegen Anstiftung zum Totschlag verantworten, weil sie als Mitglieder des Nationalen Verteidigungsrates der DDR (NVR) den Schusswaffengebrauch gegen Flüchtlinge an der innerdeutschen Grenze und der Berliner Mauer angeordnet hätten.

Zwei Fragen vor allem beherrschten in den folgenden Wochen die öffentliche Diskussion um diesen ersten großen Prozess gegen einst mächtige DDR-Politiker und Militärs. Zum einen die nach der Rechtmäßigkeit des gesamten Verfahrens. Wurde hier »Siegerjustiz« betrieben, noch dazu außerhalb rechtsstaatlicher Grenzen, wie frühere Parteigänger des SED-Regimes und auch die Angeklagten selbst behaupteten? Zum anderen war es die Frage nach der Verhandlungsfähigkeit des Hauptangeklagten Honecker. Bei dem 80-jährigen früheren Partei- und Staatschef war im Sommer 1992 Leberkrebs im fortgeschrittenen Stadium diagnostiziert worden. Noch vor Prozessbeginn entbrannte zwischen Staatsanwaltschaft, Gericht und Verteidigung wie auch in der Öffentlichkeit ein makabrer Streit darüber, wie lange Honecker noch zu leben habe und ob er einem Prozess überhaupt würde folgen können. Das Gericht hielt Honeckers Gesundheitszustand aufgrund mehrerer Gutachten für ausreichend, um dem Verfahren folgen zu können, und so eröffnete der Vorsitzende Richter Hansgeorg Bräutigam am 12. November 1992 vor der 27. Strafkammer des Berliner Landgerichts den Prozess gegen Honecker und andere.

Besonders heftig diskutiert wurde die Frage nach der juristischen Legitimität des gesamten Verfahrens. Wie stand es um die strafrechtliche Immunität eines früheren Staatsoberhaupts, die üblicherweise auch nach Ausscheiden aus dem Amt garantiert war? Allerdings gab es diesen Staat nicht mehr, dem Honecker einst vorgestanden hatte, und damit, so das Gericht, sei auch die Grundlage der Immunität entfallen.

Das wohl schwer wiegendste Problem des Honecker-Prozesses betraf jedoch das eherne Rechtsprinzip »nulla poena sine lege« (Keine Strafe ohne Gesetz). Es besagt, dass eine Tat nur dann bestraft werden darf, wenn sie zum Zeitpunkt ihrer Ausführung be-

Erich Honecker im November 1992 in Berlin-Moabit vor Gericht

reits strafbar war. Dadurch soll die Möglichkeit einer (eventuell
willkürlichen) rückwirkenden Bestrafung ausgeschlossen werden.
Im Falle des Honecker-Prozesses hätte dies bedeutet, dass die Angeklagten nur nach zur Zeit der Tat gültigen DDR-Gesetzen verurteilt werden durften. Rein formal aber waren die Schüsse auf
Flüchtlinge durch DDR-Gesetz gedeckt. So durch Paragraph 27
des »Gesetzes über die Staatsgrenze der DDR« aus dem Jahr 1982,
der den Schusswaffengebrauch anwies, wenn im Grenzbereich ein
Verbrechen begangen wurde. Dort hieß es ausdrücklich: »... bei
Anwendung von Schusswaffen ist das Leben von Personen nach
Möglichkeit zu schonen.« Aber eben nur »nach Möglichkeit.« Das
»ungesetzliche Verlassen der DDR« wiederum, also Flucht über
Mauer und Stacheldraht, galt nach Paragraph 213 des Strafgesetz-
buches der DDR als Verbrechen.

Aus dieser Schwierigkeit befreite sich die deutsche Justiz mit
der so genannten »Radbruch'schen Formel«. Gustav Radbruch, einer der wenigen linksliberalen Jura-Professoren in der Weimarer

Republik, hatte 1946 mit Blick auf die Pervertierung von Recht und Justiz durch die Nationalsozialisten in einem epochemachenden Aufsatz mit dem Titel »Gesetzliches Unrecht und übergesetzliches Recht« geschrieben, dass zwar grundsätzlich die Gesetze eines Staates (»positives Recht«) im Interesse der Rechtssicherheit unbedingte Gültigkeit haben müssten, »es sei denn, dass der Widerspruch des positiven Gesetzes zur Gerechtigkeit ein so unerträgliches Maß erreicht, dass das Gesetz als ›unrichtiges Recht‹ der Gerechtigkeit zu weichen hat.«[2] Bereits bei den Nürnberger Prozessen waren führende NS-Täter unter anderem aufgrund dieser Rechtsauffassung verurteilt worden.

Dieses Prinzip einer im Extremfall übergeordneten naturrechtlichen Gerechtigkeit galt nach Überzeugung des Gerichts auch für das Grenzgesetz der DDR, so dass die Formel »Keine Strafe ohne Gesetz«, wie sie auch in Artikel 103, Abs. 2 des Grundgesetzes festgeschrieben ist, im Falle der Honecker und anderen vorgeworfenen Taten nicht greifen konnte. Das Rückwirkungsverbot entfalle, wenn durch staatliche Gesetze »die in der Völkerrechtsgemeinschaft allgemein anerkannten Menschenrechte in schwerwiegender Weise« missachtet wurden, wie es das Bundesverfassungsgericht in einem Grundsatzurteil formulierte.[3] So hatten bereits die Richter in den ersten »Mauerschützen-Prozessen« argumentiert, die frühere DDR-Grenzsoldaten wegen Totschlags verurteilt hatten. Diese Rechtspraxis unter Anwendung der »Radbruch'schen Formel« wurde vom Bundesverfassungsgericht mit Urteil vom 24. Oktober 1996 bestätigt[4] und hatte auch vor dem Europäischen Gerichtshof für Menschenrechte Bestand, den Fritz Streletz, Heinz Keßler und Egon Krenz, nach ihrer Verurteilung anriefen.[5]

Der Prozess gegen Honecker und andere mochte sich auf »dünnem Eis« bewegen, aber er kam voran und das Eis schien zu halten. Die Zahl der Angeklagten hatte sich nach wenigen Verhandlungstagen auf vier verringert, nachdem das Verfahren gegen Stoph aus gesundheitlichen Gründen eingestellt und das Verfahren gegen den 84-jährigen Mielke abgetrennt wurde. Der frühere Staatssicherheitsminister musste sich ab 1993 vor einer anderen Strafkammer wegen Mordes an zwei Polizisten, begangen im Jahr 1931, verantworten. Er wurde schuldig gesprochen und zu sechs Jahren Gefängnis verurteilt.

Der Berliner Gerichtssaal war für Honecker vorläufiger Endpunkt einer regelrechten Odyssee, denn freiwillig hatte er sich der »Siegerjustiz« nicht stellen wollen. Der einst mächtigste Mann der DDR hatte wenige Wochen nach seinem Sturz und der Maueröffnung sein Haus in der Regierungssiedlung Wandlitz verlassen müssen und war nach kurzfristiger Inhaftierung und einem Krankenhausaufenthalt auf Vermittlung seiner Anwälte Wolfgang Vogel und Friedrich Wolff zunächst in einem Pfarrhaus in Lobetal bei Berlin untergekommen. Im April 1990 – inzwischen war die CDU als Siegerin aus den ersten freien Wahlen in der DDR hervorgegangen und Lothar de Maizière Ministerpräsident – folgte das Ehepaar Honecker einem Angebot der sowjetischen Streitkräfte und nahm auf dem Gelände des Militärhospitals Beelitz Quartier. Dort erfuhr Honecker im Dezember 1990, dass gegen ihn ein Haftbefehl ausgestellt war. Nach der deutschen Vereinigung am 3. Oktober 1990 war nun die bundesdeutsche Staatsanwaltschaft für Honecker zuständig, und die hielt ihn des mehrfachen Totschlags für dringend tatverdächtig.[6] Umgehend legten seine Verteidiger – der »Ost«-Anwalt Friedrich Wolff und seine West-Berliner Kollegen Wolfgang Ziegler und Nikolas Becker – Haftbeschwerde ein mit dem Argument: »Bei dem Verfahren gegen Herrn Honecker handelt es sich – ob man will oder nicht – um ein politisches Verfahren. Der Rechtsstaat zeichnet sich gegenüber anderen politischen Systemen dadurch aus, dass nicht jeder bestraft werden kann, den man gerne bestrafen will ...« Zudem sei der Schusswaffengebrauch durch Paragraph 27 des DDR-Grenzgesetzes gerechtfertigt gewesen.[7] Das Gericht sah das anders. Es ginge nicht um einen »politischen Prozess«, sondern um strafbare Handlungen wie Totschlag oder Anstiftung zum Totschlag. Zur prozessualen Bedeutung von Paragraph 27 DDR-Grenzgesetz sollten sich die Richter später in der Hauptverhandlung ausführlich äußern. Der Haftbefehl blieb bestehen.

Nun wurde es eng für Honecker. Doch aus Moskau kam Hilfe. Am 13. März 1991 wurden Honecker und seine Ehefrau Margot mit einer sowjetischen Militärmaschine in die sowjetische Hauptstadt ausgeflogen. Mit Wissen von Bundeskanzler Helmut Kohl übrigens, der allerdings im Interesse eines gedeihlichen Verhältnisses zu Staatschef Michail Gorbatschow nichts gegen Honeckers Flucht unternahm. Aber auch in Moskau kam Honecker nicht zur Ruhe. Zum einen verstärkte die Bundesregierung, insbesondere Justizminister Klaus Kinkel (FDP), bald ihre Bemühungen um die Auslieferung, zum anderen verloren in der auf ihren Untergang zusteuernden Sowjetunion Honeckers Beschützer aus der alten KP-Garde immer mehr an Macht und Einfluss. Am 10. Dezember 1991 schließlich forderte das Moskauer Justizministerium Honecker ultimativ zum Verlassen des Landes auf, andernfalls er nach Deutschland überstellt würde. Daraufhin flüchtete sich Honecker in die chilenische Vertretung in Moskau. Der chilenische Botschafter war Honecker persönlich verbunden, seit er nach dem Militärputsch vom September 1973 wie Tausende seiner Landsleute in der DDR Zuflucht gefunden hatte. Der chilenischen Regierung unter dem Christdemokraten Patricio Aylwin wurde der »letzte Botschaftsflüchtling der DDR«, wie Honecker nicht ohne Häme in jener Zeit oft tituliert wurde, aber zunehmend lästig. Als dann noch – unzutreffende – Gerüchte auftauchten, Honeckers Krebserkrankung sei simuliert, setzte Santiago dem einstigen Staatsoberhaupt der DDR ein Ultimatum, nachdem auch Moskau entschieden hatte, dem deutschen Auslieferungsbegehren stattzugeben. Am 29. Juli 1992 wurde Erich Honecker vor die Tür gesetzt und nach Deutschland ausgeflogen und dort umgehend in Haft genommen.

Nun saß er also in Berlin vor Gericht und musste sich für die Toten an Mauer und innerdeutscher Grenze verantworten. Die Anklage stützte ihren Vorwurf des Totschlags unter anderem auf das Protokoll einer Sitzung des Nationalen Verteidigungsrats vom 3. Mai 1974, auf der Honecker geäußert hatte: »Nach wie vor muss bei Grenzdurchbruchsversuchen von der Schusswaffe rücksichtslos Gebrauch gemacht werden, und es sind die Genossen, die die Schusswaffe erfolgreich angewandt haben, zu belobigen.«[8]

Der solcherart und auch durch andere Dokumente Belastete bemühte sich vor Gericht stets um Haltung, doch Honecker war von Alter und Krankheit sichtlich gezeichnet. Mehrmals musste nach Schwächeanfällen die Verhandlung unterbrochen oder vertagt werden. Über das Auftreten Honeckers im Gerichtssaal schrieb der »Spiegel«, er wirke »unruhig, nervös und auffallend blass.« Doch sobald sich Kameras auf ihn richteten, »wenn Blitzlichter zucken, strafft sich Honeckers Gestalt. (...) Haltung zeigen, nicht Mitleid wecken. Er lächelt, reicht die Hand, blättert in seinen Akten, als habe er einen Staatsvertrag zu unterzeichnen. (...) Er überspielt seine Schwäche, selbst wenn kalter Schweiß auf die bleiche Stirn tritt. Der Staatsratsvorsitzende eines kommunistischen Staates ist nicht krank, nicht todgeweiht. Er hat Stärke und Sieghaftigkeit zu verkörpern.«[9]

Am 3. Dezember 1992, dem sechsten Verhandlungstag, hatte Erich Honecker seinen großen Auftritt. Mit zumeist fester Stimme verlas er im Gerichtssaal eine mehr als einstündige Erklärung, in der er seine Sicht der historischen Entwicklung seit 1945 darlegte und sein politisches Handeln zu rechtfertigen suchte. Dabei ließ er keinen Zweifel daran, dass er den Prozess gegen ihn und seine Mitangeklagten als einen rein politischen Prozess betrachtete, wie sie schon gegen »Karl Marx, August Bebel, Karl Liebknecht und viele andere Sozialisten und Kommunisten« geführt worden seien. Der gesamte Prozess sei geprägt »vom Geist des Kalten Krieges«, »mit diesem Prozess wird das getan, was man uns vorwirft. Man entledigt sich der politischen Gegner mit den Mitteln des Strafprozesses.« Aus diesem Grunde lehne er es ausdrücklich ab, auf den strafrechtlichen Gegenstand des Verfahrens einzugehen. Lediglich an einer Stelle ließ Honecker etwas wie Bedauern über die Opfer des DDR-Grenzregimes durchblicken. »Der Tod an der Mauer hat uns nicht nur menschlich getroffen, sondern auch politisch geschadet ...« Die meiste Zeit jedoch verbreitete sich Honecker über die Konfrontation im Kalten Krieg, die der DDR angeblich keine andere Wahl gelassen habe, als ihre Grenzen militärisch zu sichern. »Ich habe für die DDR gelebt«, fuhr Honecker fort, sie habe »ein Zeichen gesetzt, dass Sozialismus möglich und besser sein kann als Kapitalismus.« Das Experiment sei aber leider gescheitert. Dieses Scheitern war für Honecker aber nicht etwa durch eine falsche, die Bedürfnisse der Menschen zunehmend missachtende Politik verursacht, sondern »weil die Bürger der DDR ... eine falsche Wahl trafen.«[10]

So respektabel die Art des Vortrags war, so enttäuschend war die Erklärung für alle, die vielleicht doch eine Spur von Einsicht oder gar Reue bei dem früheren Staats- und Parteichef erwartet hatten. Die meisten Kommentatoren teilten denn auch den Eindruck der »Süddeutschen Zeitung«: »Seine Vortagsrede war ein Zeugnis für Starrsinn ohne eine Spur von Einsicht und Mitleid.«[11]

Honecker schloss seine Erklärung mit den Worten »Tun Sie, was Sie nicht lassen können«, um so seine Geringschätzung des Gerichts zum Ausdruck zu bringen. Durch seine Anwälte ließ er mitteilen, dass er sich zur Sache im weiteren Prozessverlauf nicht mehr äußern werde.

Um die Sache ging es denn in den folgenden Wochen auch kaum noch, sondern vielmehr um Honeckers Gesundheitszustand und Verhandlungsfähigkeit. Immer neue Gutachten wurden eingeholt. In den ersten Januartagen 1993 beschloss das Gericht, das Verfahren gegen Honecker wegen dessen eingeschränkter Verhandlungsfähigkeit abzutrennen. Am 12. Januar kam dann die überraschende Wende. Die Honecker-Anwälte hatten das Berliner Verfassungsgericht angerufen (von dessen Existenz ein Großteil der Öffentlichkeit gar nichts wusste), das nun entschied, dass eine Fortsetzung des Verfahrens den schwer kranken Honecker in seiner Menschenwürde beeinträchtige, »da der Angeklagte mit an Sicherheit grenzender Wahrscheinlichkeit das Ende des Strafverfahrens nicht mehr erreicht.« Dem hatte sich das Landgericht zu beugen. Am folgenden Tag wurde der Haftbefehl aufgehoben und Honecker auf freien Fuß gesetzt. Umgehend bestieg der einst mächtigste Mann der DDR ein Flugzeug, das ihn nach Santiago de Chile brachte, wo er von seiner Frau empfangen wurde. Das Ehepaar Honecker bezog ein Haus am Rand der chilenischen Hauptstadt, wo Erich Honecker am 29. Mai 1994 starb.

Der Prozess gegen die verbliebenen drei Angeklagten im NVR-Prozess wurde nach Honeckers Ausreise fortgesetzt. Allerdings hatte das Verfahren nach Ausscheiden der »Symbolfigur« Honecker doch einiges an Brisanz und zugleich an öffentlicher Aufmerksamkeit verloren. Als Zeugen wurden in den folgenden Wochen unter anderem Ärzte gehört, die getötete Flüchtlinge obduziert, westdeutsche Zollbeamte, die gescheiterte Fluchtversuche beobachtet hatten. Auch bereits verurteilte »Mauerschützen« und hohe Kommandeure der Grenztruppen wurden als Zeugen zur konkreten Ausgestaltung des Grenzregimes und der Befehlslage befragt.

In ihren Schlussworten zeigten sich alle drei Angeklagte uneinsichtig. Heinz Keßler erkannte in dem Verfahren nur den Versuch, politisch Andersdenkende zu kriminalisieren. Er habe aber keine kriminellen Taten begangen, sondern sich stets an die Gesetze der DDR gehalten. Auch Fritz Streletz und Hans Albrecht wiesen jede persönliche Schuld am Tod von Flüchtlingen weit von sich.[12]

Am 16. September, nach 63 Verhandlungstagen, sprach das Berliner Landgericht sein Urteil. Wegen Anstiftung zum Totschlag wurden der ehemalige Verteidigungsminister Keßler zu sieben Jahren und sechs Monaten, der frühere Stabschef der Nationalen

Volksarmee Streletz zu fünf Jahren und sechs Monaten Gefängnis verurteilt. Der frühere SED-Chef von Suhl, Albrecht, erhielt wegen Beihilfe zum Totschlag dreieinhalb Jahre (unter Einbeziehung einer Strafe aus einem anderen Verfahren viereinhalb Jahre) Gefängnis.

Sowohl die Verurteilten als auch die Staatsanwaltschaft legten gegen das Urteil Berufung ein. Mit Entscheidung vom 26. Juli 1994 sprach der Bundesgerichtshof alle drei Angeklagten des Totschlags – nicht nur der Anstiftung – für schuldig. Anders als die Erstinstanz war der BGH überzeugt, dass sie in »mittelbarer Täterschaft vorsätzlich getötet« hatten. Die Richter begründeten das damit, dass die Angeklagten als Mitglieder des Nationalen Verteidigungsrates einem Gremium angehörten, »dessen Entscheidungen zwingende Voraussetzungen für die grundlegenden Befehle waren, auf denen das Grenzregime der DDR beruhte. Sie wussten, dass die auf den Beschlüssen des [NVR] beruhenden Befehle ausgeführt wurden. (...) Gehandelt haben die Angeklagten im Sinne des § 52 StGB [Totschlag] dadurch, dass sie an Entscheidungen des Nationalen Verteidigungsrats mitgewirkt haben, die anschließend ... in Befehle umgesetzt wurden. Diese führten zur Tötung in den sieben den Gegenstand des Verfahrens bildenden Fällen.«[13] Das Strafmaß wurde für Keßler und Streletz beibehalten, das für Albrecht auf fünf Jahre Haft erhöht.

Die Angeklagten ließen es sich nicht nehmen, den Instanzenweg der bundesdeutschen Justiz, für die sie als angebliche »Klassenjustiz« doch eher Geringschätzung empfanden, bis zum Ende zu gehen. Am 24. Oktober 1996 wies das Bundesverfassungsgericht einen Revisionsantrag der Verteidigung zurück. Auch der Europäische Gerichtshof für Menschenrechte bestätigte die Urteile.

Rund drei Jahre nach dem Honecker- bzw. NVR-Prozess begann am 15. Januar 1996 vor dem Berliner Landgericht der so genannte »Politbüro-Prozess«, in dem sich sechs Mitglieder des einstigen Machtzentrums der DDR, und zwar Egon Krenz, der letzte Partei- und Staatschef der DDR, Günter Schabowski, Günther Kleiber, Horst Dohlus, Kurt Hager und Erich Mückenberger, zu verantworten hatten. Auch ihnen wurde Totschlag und versuchter Totschlag begangen an Flüchtlingen an der innerdeutschen Grenze in insgesamt 66 Fällen vorgeworfen.

Krankheitsbedingt schieden nach kurzer Zeit Hager, Dohlus und Mückenberger aus, so dass sich schließlich nur noch drei Angeklagte vor Gericht zu verantworten hatten. Im Mittelpunkt der öffentlichen Aufmerksamkeit standen von Beginn an Egon Krenz und Günter Schabowski, jener Mann, der am Abend des 9. November 1989 durch unbedachte Äußerungen den Fall der Mauer unter dem Ansturm der Massen ausgelöst hatte. Eine zusätzliche Spannung gewann der Prozess dadurch, dass die beiden Angeklagten Krenz und Schabowski eine unterschiedliche Haltung zum Verfahren, zur DDR und zu ihrer persönlichen Rolle als einstige Teilhaber der Macht erkennen ließen.

Während Egon Krenz wie bereits sein politischer Ziehvater Honecker jede Schuld von sich wies, in oft stundenlangen Erklärungen den Prozess als politisch motivierte Abrechnung denunzierte (»Angeklagt bin ich, weil ich mich an einer antikapitalistischen Alternative auf deutschem Boden beteiligt habe.«[14]) und das Grenzregime mit den tödlichen Schüssen auf Flüchtlinge als Folge des Kalten Krieges zu rechtfertigen suchte, zeigte Günter Schabowski eine gewisse Einsicht und Reue. Auch er bezeichnete sich zwar im Sinne der Anklage als unschuldig, bekannte aber, er fühle sich »moralisch schuldig«: »Als einstiger Anhänger und Protagonist dieser Weltanschauung empfinde ich Schuld und Schmach bei dem Gedanken an die an der Mauer Getöteten.«[15]

In Teilen der Öffentlichkeit wurde ihm für diese Haltung Respekt gezollt, und in der Tat war Schabowski einer der ganz wenigen Angeklagten in Dutzenden Prozessen wegen »systembedingten Unrechts«, der zumindest einen Anflug von Reue zeigte. Die allermeisten Angeklagten – ob Mitglieder des Politbüros, Kommandeure der Grenztruppen oder Offiziere der Staatssicherheit – verschanzten sich hinter ideologischen Mauern: Grenzregime als Folge des Kalten Krieges, »immer nur dem Volk und dem Frieden gedient«, »dies ist kein Prozess, sondern ein Rachefeldzug«. So hatte es Honecker als einer der Ersten vorexerziert, und so betrieb es etwa ein Egon Krenz nun mit größerer Eloquenz und Penetranz. Aber auch Schabowski bestritt energisch, als Mitglied des Politbüros über Schüsse an der Grenze genauer informiert, geschweige denn an Entscheidungen über das Grenzregime beteiligt gewesen zu sein, was seiner Glaubwürdigkeit beim Gericht und in der Öffentlichkeit erheblich schadete.

Immer wieder legte sich bedrückende Stille über den Gerichtssaal, wenn aus den Akten Einzelheiten über die Erschießung von Flüchtlingen verlesen wurden. Unter die Haut ging es auch, wenn etwa der Vater eines erschossenen Flüchtlings, mit den Tränen kämpfend, sich direkt an die Angeklagten wandte.

In solchen Situationen äußerten auch die Beschuldigten ihr Bedauern (Krenz: »Ich muss sagen, dass mich das sehr bedrückt, wenn ich dem Vater eines Opfers gegenüberstehe ...«), fügten jedoch sogleich hinzu, dass das Grenzregime vor allem der Aufrechterhaltung der Stabilität und des Friedens in Europa gedient habe.[16] »Tote an der Grenze [waren] nicht zu vermeiden«, wie Krenz am 102. Verhandlungstag äußerte, wenn er das auch bedauere, denn das »habe ich immer als eine Negativseite meines Lebens erklärt.«[17] Und überhaupt habe letztlich nicht die DDR-Führung, sondern die Siegermacht Sowjetunion über die politischen Verhältnisse in der DDR und auch die Ausformung des Grenzregimes entschieden. Eine Art »Befehlsnotstand« also, auf den sich politische motivierte Straftäter gern berufen.

Das Gericht gelangte zu einer anderen Überzeugung. Am 25. August 1997, nach insgesamt 110 Verhandlungstagen, verurteilte die 27. Strafkammer des Landgerichts Berlin die drei Angeklagten Krenz, Schabowski und Kleiber wegen dreifachen Totschlags zu Gefängnisstrafen von sechseinhalb bzw. drei Jahren. Den Urteilen waren von den ursprünglich angeklagten 68 Fällen aus verfahrenstechnischen Gründen die Fälle 63 bis 66 für Krenz und 64 bis 66 für Schabowski und Kleiber zu Grunde gelegt. Allen drei Verurteilten billigte das Gericht erhebliche Milderungsgründe zu, die sich bei Günter Schabowski vor allem auf dessen aktive Rolle beim Sturz Honeckers und dem Fall der Mauer bezogen. Egon Krenz hielten die Richter zugute, dass er im Herbst 1989 den Einsatz von Waffen gegen Demonstranten verhindert hatte.[18]

Wie schon die im Honecker- bzw. NVR-Prozess Verurteilten gingen die drei Angeklagten des Politbüro-Prozesses in Revision, die jedoch vom Bundesgerichtshof mit Urteil vom 8. November 1999 verworfen wurde. Für den BGH stand fest, dass die »Beschlüsse des Politbüros ... Bedingungen der tödlichen Schüsse« waren.[19] Damit waren die Urteile rechtskräftig und Krenz, Kleiber und Schabowski mussten ihre Haftstrafe antreten. Während Kleiber und Schabowski ihre Urteile nunmehr »akzeptierten«, ging Egon Krenz bis vor den Europäischen Gerichtshof für Menschenrechte. Er machte geltend, dass eine Verurteilung aufgrund des Rückwirkungsverbots gemäß Art. 103 Abs. 2 GG unzulässig gewesen und damit aufzuheben sei. Dieser Antrag wurde vom Europäischen Gerichtshof für Menschenrechte mit Urteil vom 22. März 2001 verworfen – mit Bezug auf jene »Radbruch'sche Formel«, die das Rückwirkungsverbot aufhebt, wenn »der Widerspruch des positiven Gesetzes zur Gerechtigkeit ein ... unerträgliches Maß erreicht«, und die bereits sämtliche Vorinstanzen ihren Entscheidungen zu Grunde gelegt hatten.[20]

Damit waren die zwei spektakulärsten Prozesse im Zusammenhang »systembedingter Verbrechen« aus der Zeit der SED-Herrschaft beendet. Die deutsche Justiz hatte den Versuch unternommen, Straftaten zu sühnen, die einst mächtige DDR-Politiker qua Amt und geleitet von einer wenn nicht »menschenverachtenden«, so doch zunehmend »menschenvergessenen« Ideologie begangen hatten. Wenn es auch für viele Beobachter, nicht zuletzt für überlebende Opfer und die Angehörigen der Toten, angesichts der verhängten Strafen ein unzureichender Versuch war, so brach er doch mit dem sprichwörtlichen Prinzip »Die Kleinen hängt man, die Großen lässt man laufen.« Zugleich dokumentierten die Prozesse vor der Weltöffentlichkeit, dass auch einst Mächtige für ihr Tun zur Rechenschaft gezogen werden können.

Es waren zwei von mehreren Hundert einschlägigen Verfahren, die nach 1990 vor deutschen Gerichten geführt wurden. Allein wegen der Schüsse an Mauer und innerdeutscher Grenze mussten sich in mehr als 250 Verfahren so genannte »Mauerschützen« und einige ihrer Befehlsgeber verantworten.[21] Die meisten endeten mit Bewährungsstrafen zwischen sechs Monaten und zwei Jahren. Einige wenige Grenztruppen-Kommandeure wurden zu Haftstrafen von drei Jahren und mehr verurteilt.

Noch während die Prozesse stattfanden, wurde leidenschaftlich über ihren Sinn debattiert. Nicht nur ehemalige Parteigänger des SED-Regimes hielten eine umfassende Amnestie für den besseren Umgang mit der DDR-Vergangenheit. In einem Kommentar zum Honecker-Prozess schrieb Heribert Prantl, leitender Redakteur der »Süddeutschen Zeitung«: »Es mag ja sein, dass es unüblich ist, Spitzenpolitiker für kriminelle Politik strafrechtlich zu belangen … Dann ist es aber Zeit, dies zu ändern. Der Prozess gegen die ehemaligen Funktionäre ist deshalb auch ein Lernprozess: Die Justiz lernt, strafrechtliche Maßstäbe zu finden, die an politisches Handeln anzulegen sind.«[22]

Brandstifter

Die Prozesse um die Anschläge
von Mölln und Solingen – 1993/94

In der Nacht zum 23. November 1992 kamen bei einem Brandanschlag auf zwei überwiegend von Ausländern bewohnte Häuser in Mölln drei Türkinnen ums Leben, die 51-jährige Bahide Arslan, ihre zehnjährige Enkelin Yeliz und die 14-jährige Ayse Yilmaz. Bahide Arslan hatte noch versucht, die beiden Mädchen zu retten, als sie von den Flammen eingeschlossen wurde und im Flur zusammenbrach. Mehrere Hausbewohner sprangen in Panik aus den Fenstern und erlitten zum Teil schwere Verletzungen.

Der schleswig-holsteinische Ministerpräsident Björn Engholm eilte sogleich nach Mölln und sprach den Angehörigen sein Mitgefühl aus. Fernsehen und Zeitungen berichteten ausführlich und voller Emotionen vom Ort des schrecklichen Geschehens. Die Republik zeigte sich erschüttert. Viele Menschen wollten dem Treiben rechter Gewalttäter nicht mehr tatenlos zusehen. Am 6. Dezember 1992, zwei Wochen nach dem Anschlag von Mölln, wurde in München eine erste »Lichterkette« gegen Fremdenfeindlichkeit veranstaltet, an der sich mehr als 400 000 Menschen beteiligten. Derartige Lichterketten fanden in den folgenden Wochen auch in zahlreichen anderen deutschen Städten gewaltigen Zulauf.

Der Brandanschlag von Mölln war der vorläufige Höhepunkt einer ganzen Serie von Überfällen und Anschlägen auf Ausländer in Deutschland, bei denen in den ersten Jahren nach der Wiedervereinigung Deutschlands mehrere Menschen getötet und Hunderte verletzt wurden. So war es Ende August 1992 in Rostock-Lichtenhagen vor einem Asylbewerberheim zu tagelangen

Ausschreitungen gekommen, gegen die die örtliche Polizei nur sehr zögerlich einschritt. Am 25. August ging das mehrstöckige Gebäude vor den Augen einer johlenden Menge, die ausländerfeindliche Parolen und Nazi-Sprüche grölte, in Flammen auf. Rund 115 Bewohner konnten sich nur mit knapper Not retten. Ein Jahr zuvor, im September 1991, waren bei Überfällen auf ein Asylbewerberheim im sächsischen Hoyerswerda mehr als 30 Ausländer zum Teil schwer verletzt worden. Drei beteiligte Skinheads wurden später wegen schweren Landfriedensbruchs zu 18 Monaten Gefängnis auf Bewährung und 120 Stunden gemeinnütziger Arbeit verurteilt.

Seitdem die Vereinigungseuphorie von 1989/90 verflogen war, beunruhigten Anfang der neunziger Jahre rechtsradikale Gewalttaten immer stärker die deutsche Öffentlichkeit und lösten heftige Diskussionen über Ursachen und notwendige Gegenmaßnahmen aus. Tatsächlich verzeichneten die Behörden seit 1990 eine drastische Zunahme rechter Gewalt. Allein 1992 stieg die Zahl der Gewalttaten mit rechtsradikalem Hintergrund im Vergleich zum Vorjahr um mehr als 70 Prozent, von rund 1480 auf mehr als 2580.[1] Eine alarmierende Entwicklung, der zahlreiche Bürger nicht mehr tatenlos zusehen wollten. Um ein politisches Zeichen zu setzen, fand am 8. November 1992 in Berlin eine Großdemonstration gegen Ausländerfeindlichkeit statt, an der über 300 000 Menschen teilnahmen. Doch nur zwei Wochen nach der Berliner Kundgebung schockierte der Anschlag von Mölln weite Kreise der deutschen Bevölkerung.

Als mutmaßliche Täter wurden bald nach der Tat zwei Angehörige der rechtsextremen Szene von Mölln, der 25-jährige Michael P. und der 19-jährige Lars C., verhaftet. Im Juni 1993 begann gegen sie vor dem Oberlandesgericht in Schleswig der Prozess, zu dem Journalisten und Fernsehteams aus der ganzen Welt anreisten. Die Presse berichtete ausführlich vom Verlauf des Verfahrens, bei dem es nicht allein um den gewaltsamen Tod von drei Türkinnen ging, sondern auch darum, wie das vereinte Deutschland mit der um sich greifenden Gewalt gegen Fremde fertig zu werden gedachte. Dabei konnte man der deutschen Justiz keineswegs vorwerfen, dass sie das Verfahren gegen die Brandstifter von Mölln und seine gesellschaftliche Wirkung nicht ernst genug nahm. Es wurde nicht vor einer gewöhnlichen Strafkammer verhandelt, sondern vor dem Oberlandesgericht von Schleswig-Holstein, und die Vertretung der Anklage hatte die Bundesanwaltschaft an sich gezogen.

Wie sie da in Schleswig auf der Anklagebank saßen – verunsichert, mit kurzen Haaren, aber nicht mit Glatzen –, entsprachen die beiden Beschuldigten nicht gerade dem Klischee vom dumpfbrutalen Neonazi-Schläger. Und doch schienen Michael P. und Lars C. in vielen Aspekten ihrer Persönlichkeit typisch für Angehörige der rechtsextremen Szene im wiedervereinten Deutschland. Misserfolge in Beruf und Ausbildung ließen sie Anerkennung und Selbstbewusstsein anderswo suchen, in rechten Jugendgruppen, die neben dem von beiden lange vermissten Gefühl der Zugehörigkeit auch eine Erklärung für die persönliche Misere anboten: die Ausländer und Asylbewerber. Aber eine erschöpfende Begründung für das Abgleiten in rechte Gewalt bis hin zu einem mörderischen Brandanschlag konnte das nicht sein. Zudem stammte zumindest Lars C. keineswegs aus zerrütteten Familienverhältnissen, wie sie zur Erklärung derartiger Gewaltexzesse häufig angeführt wurden, sondern aus einer ordentlichen Familie, die sich um den verschlossenen Jungen offenbar lange Zeit ehrlich bemüht hatte.

Die Beweislage schien klar. Die beiden Angeklagten hatten die Tat kurz nach ihrer Verhaftung gestanden, und vor allem auf diese Geständnisse stützte sich die Anklage der Bundesanwaltschaft. Doch noch vor Beginn der Hauptverhandlung widerriefen sowohl Michael P. als auch Lars C. ihre Geständnisse. Lars C. trug mehrere Versionen vor, um sie alle wenig später zu widerrufen, blieb aber bis zum Schluss bei der Behauptung, mit der Brandstiftung in

Mölln nichts zu tun zu haben. Auch Michael P. bestritt nach Widerruf seines Geständnisses hartnäckig jede Tatbeteiligung. P. gab an, man habe ihm bei den ersten Verhören so zugesetzt, dass er schließlich gesagt habe, was man von ihm hören wollte. Psychiatrische Gutachten sollten im Prozess klären, was glaubhaft war – das Geständnis der Angeklagten oder ihr Widerruf.

Die Interessen der Verletzten und Hinterbliebenen vertrat der Berliner Anwalt Christian Ströbele als Nebenkläger. Er brachte durch sein Auftreten vor Gericht eine zusätzliche Schärfe in das Verfahren. Ströbele ging es nicht nur um eine strenge der Bestrafung der Täter, sondern auch darum, die »politische Dimension« der Brandstiftung aufzuzeigen, die er als Ausdruck einer wachsenden rechten Gefahr in Deutschland wertete.

Am 8. Dezember 1993 sprach das Oberlandesgericht Schleswig sein Urteil. Es befand beide Angeklagte des dreifachen Mordes, des versuchten Mordes in mehr als dreißig Fällen und der besonders schweren Brandstiftung für schuldig und verurteilte sie jeweils zur Höchststrafe: Michael P. zu lebenslänglich Gefängnis, den zur Tatzeit 19-jährigen Lars C. zu zehn Jahren Haft. Dabei stützte sich das Gericht vor allem auf die ursprünglichen Geständnisse, die es für glaubhaft ansah, zumal sie Einzelheiten enthielten, die nur die Täter hatten wissen können.

In der Öffentlichkeit wurde das Urteil überwiegend mit Genugtuung aufgenommen. Die meisten Kommentatoren bescheinigten dem Gericht, streng nach Recht und Gesetz geurteilt und sich keineswegs irgendwelchem Druck, sei es von Seiten der Nebenklage noch von Teilen der Öffentlichkeit, die nach einem »exemplarischen Urteil« verlangten, nachgegeben zu haben.[2] Ein Revisionsantrag der Verteidigung wurde später vom Bundesgerichtshof verworfen.

Inzwischen hatte ein weiterer Brandanschlag mit offensichtlich rechtsradikalem Hintergrund die deutsche Öffentlichkeit aufgeschreckt. Am 29. Mai 1993 kamen beim Brand eines von Türken bewohnten Hauses in Solingen zwei Frauen und drei Mädchen ums Leben, die 27-jährige Gürsün Ince, Hatice Genc, 18, die neunjährige Hülya Genc, die vierjährige Saime Genc und die zwölf Jahre alte Gülistan Öztürk. Ein türkischer Jugendlicher erlitt schwere Brandverletzungen.

Weite Kreise der deutschen Bevölkerung zeigten sich entsetzt und forderten von der Politik endlich Taten zur Eindämmung der rechten Gewalt. Bundeskanzler Helmut Kohl entschuldigte sich bei der türkischen Regierung für das »heimtückische Verbrechen«. In einer Regierungserklärung äußerte er seine Erschütterung über das »unfassbare Maß sittlicher Verrohung«, das in diesen Taten zum Ausdruck komme. Auch Bundespräsident Richard von Weizsäcker meldete sich zu Wort und erklärte in einer Trauerrede, dass für »die Zivilisation, zu der wir uns bekennen, … schon immer die Gastfreundschaft als Symbol« galt.[3]

Nach dem Anschlag von Solingen schien ein Ruck durch die Bevölkerung zu gehen. In Zeitungsartikeln und Fernsehrunden wurde leidenschaftlich über Ursachen und Gegenmaßnahmen diskutiert. Nicht zuletzt von der Justiz forderten viele Bürger größere Härte gegen rechtsextreme Gewalttäter.

Allerdings, auch jener »Aufstand der Anständigen« (Gerhard Schröder) hatte seine Facetten und Grenzen. Denn Ablehnung oder zumindest Vorbehalte gegenüber Ausländern waren Anfang der neunziger Jahre nicht auf eine kleine Gruppe Ewiggestriger mit Sympathien für rechtes Gedankengut beschränkt, als deren »Speerspitze« die jugendlichen Gewalttäter sich verstehen mochten. Eine Debatte über den »Ausländerzustrom« und die »Aufnahmefähigkeit des Landes« hatte die gesamte Gesellschaft erfasst. Im Mittelpunkt stand dabei die Auseinandersetzung um das Asylrecht, dessen uneingeschränkte Geltung gemäß Art. 16 Abs. 2 (»Politisch Verfolgte genießen Asylrecht«) angesichts sprunghaft steigender Bewerberzahlen zunehmend in Frage gestellt wurde. Tatsächlich war die Zahl der Asylbewerber seit Jahren gewachsen, auf mehr als 250 000 im Jahr 1991, von denen fraglos ein großer Teil nicht als politisch Verfolgte, sondern aus wirtschaftlichen Gründen nach Deutschland gekommen waren. Als sich die Zahl der Asylbewerber im Jahr 1992 dann auf 438 000 nahezu verdoppelte, hielten auch viele bisherige Skeptiker Maßnahmen zur Einschränkung des Zustroms für notwendig.[4] Die konservativ-liberale Koalition unter Kanzler Kohl drängte auf eine Einschränkung des Asylrechts und wurde darin bald auch von Teilen der SPD unterstützt. Grüne sowie die Kirchen hingegen lehnten eine Änderung strikt ab. Nach heftigen Auseinandersetzungen beschloss der Bundestag schließlich im Mai 1993 mit der notwendigen Zweidrittelmehrheit die Einschränkung des Asylrechts, mit dem der Zustrom von so genannten »Wirtschaftsflüchtlingen« eingedämmt werden sollte. Die Zahl der Asylbewerber ging in den folgenden Monaten und Jahren denn auch kontinuierlich zurück.[5]

Im Fall des Brandanschlags von Solingen waren nach kurzer Fahndung vier Jugendliche bzw. junge Männer zwischen 16 und 23 Jahren als mutmaßliche Täter verhaftet worden. Wie bereits nach den Ereignissen von Mölln zog auch im »Fall Solingen« die Bundesanwaltschaft die Ermittlungen an sich und dokumentierte damit, dass sie ausländerfeindliche Gewalt als ein staatsgefährdendes Delikt wertete.

Der Prozess vor dem Düsseldorfer Oberlandesgericht begann am 13. April 1994. Auf der Anklagebank saßen Felix K., Christian R., beide zur Tatzeit 16 Jahre alt, der 21-jährige Christian B. und Markus G., zur Tatzeit 23. Alle vier Angeklagten gehörten der rechtsextremen Szene von Solingen an. Wie schon in Schleswig war das öffentliche Interesse enorm, zumal die Kette rechtsextremer Gewalt in Deutschland seit den Ausschreitungen und Anschlägen von Hoyerswerda (1991), Rostock (1992), Mölln (1992) und Solingen (1993) nicht abgerissen war. Immer drängender stellten in- und ausländische Zeitungen die Frage, ob und mit welchen Mitteln Polizei- und Justiz dem gewalttätigen Treiben rechtsradi-

Der Tatort: Wohnhaus der Familie Genc am 29. Mai 1993

kaler Jugendlicher im wiedervereinigten Deutschland Herr werden könne. Auch die Frage nach der sozialen Herkunft der Täter beschäftigte die Prozessbeobachter. Gab es bestimmte Milieus, die das »Abgleiten« von Heranwachsenden ins rechtsextreme Lager begünstigten?

Im Verlauf der über sechzehnmonatigen Hauptverhandlung gegen die mutmaßlichen Brandstifter von Solingen entspann sich einmal mehr das auch aus anderen Neonazi-Prozessen bekannte Verwirrspiel um Geständnisse, Widerrufe, neue Geständnisse und erneuten Widerruf. Wie bereits im Verfahren gegen die Brandstifter von Mölln hatten psychiatrische Gutachter die schwierige Aufgabe, die Glaubwürdigkeit der jeweiligen Geständnisse und Widerrufe einzuschätzen. Schließlich standen drei Aussagen der Angeklagten über die Täterschaft gegeneinander. Zwei Angeklagte – Felix K. und Christian B. – bestritten vehement, mit dem Anschlag irgendetwas zu tun zu haben. Christian R. bezichtigte sich schließlich der Alleintäterschaft, wobei er die Bewohner des Hauses durch »Zündeln« nur habe »erschrecken«, nicht aber töten wollen. Markus G., der Älteste unter den Angeklagten, erklärte, alle vier Angeklagten hätten die Tat gemeinsam ausgeführt. Da er zur Tatzeit bereits 23 Jahre alt war, drohte ihm als Einzigem lebenslange Haft. Lange Zeit blieb er bei diesem Geständnis, bis auch er es schließlich widerrief.

Zu den irritierenden Aspekten des Düsseldorfer Prozesses gehörte, dass einer der Angeklagten so gar nicht dem Bild des jugendlichen Neonazis aus zerrütteten, zumindest benachteiligten Familienverhältnissen entsprach. Der 16-jährige Felix K. nämlich entstammte einer wohlhabenden Arzt-Familie. Beide Eltern waren politisch und sozial engagiert und genossen in Solingen hohes Ansehen. Felix K. leugnete jede Tatbeteiligung (allerdings nicht die Zugehörigkeit zur rechtsextremen Szene) und seine Eltern und Verteidiger ließen nichts unversucht, seine Unschuld zu beweisen. In mehreren Fernsehsendungen präsentierten sie ihre Version des Geschehens, so dass der Prozess um den Brandanschlag von Solingen zeitweise nicht nur im Gerichtssaal, sondern gleichsam auch im Fernsehen geführt wurde. Die Verteidigung von Felix K. versuchte vor allem, die Glaubwürdigkeit von Markus G., nach dessen Geständnis alle vier Angeklagte die Tat begangen haben sollten, zu erschüttern, wobei sie auch den Versuch nicht scheute, einen Keil zwischen Markus G. und seinen Verteidiger zu treiben. Denn dieser war vom ursprünglichen Geständnis seines Mandanten überzeugt.

Die Wahrheitsfindung wurde zusätzlich dadurch erschwert, dass bei der Spurensicherung am Tatort erhebliche Fehler begangen worden waren und die Brandsachverständigen im Prozess viele Fragen offen lassen mussten. Als dann auch noch bekannt wurde dass eine zentrale Figur der rechten Szene in Solingen ein V-Mann des Verfassungsschutzes war, drohte der Prozess zeitweise sogar zu platzen.[6]

Dennoch kamen die Richter zu einer klaren Entscheidung. Als sie am 13. Oktober 1995 ihr Urteil verkündet hatten, saßen die Angehörigen der Opfer regungslos auf den Zuschauerbänken, während Verwandte und Freunde der Angeklagten wütend protestierten. Das Gericht befand alle vier Angeklagten des fünffachen Mordes und Mordversuchs in vier Fällen sowie der besonders schweren Brandstiftung für schuldig und verurteilte sie zu Haftstrafen von 10 Jahren (Jugendstrafe) bzw. 15 Jahren für den volljährigen Markus G. Das Gericht hatte dessen ursprüngliches Geständnis für glaubhaft befunden.[7] Nachdem der Bundesgerichtshof einen Revisionsantrag der Verteidigung im Juli 1997 verworfen hatte, wurde das Urteil rechtskräftig.

Die Richter erhielten von Presse und Politikern viel Lob für ihr »konsequentes Durchgreifen« und ein Urteil mit »abschreckender Wirkung«. Doch ging die Zahl der ausländerfeindlichen und antisemitischen Gewalttaten in Deutschland ab Mitte der neunziger Jahre nur ganz allmählich zurück. Als im Juli 2000 bei einem Bombenanschlag in Düsseldorf mehrere jüdische Zuwanderer verletzt wurden, forderte Bundeskanzler Gerhard Schröder einen »Aufstand der Anständigen« wie es ihn mit Kundgebungen und Lichterketten nach Mölln und Solingen gegeben hatte.

Anmerkungen

Geschichte vor Gericht

1 Vgl. dazu Gerd Hankel, Die Leipziger Prozesse. Deutsche Kriegsverbrechen und ihre strafrechtliche Verfolgung nach dem Ersten Weltkrieg, Hamburg 2003

2 Zt. n. Auschwitz-Prozeß 4 Ks 2/63 Frankfurt am Main, herausgegeben von Irmtraud Wojak im Auftrag des Fritz-Bauer-Instituts Frankfurt am Main, Köln 2004, S. 229

3 Vgl. Wilfried Hassemer, Jan Philipp Reemtsma, Verbrechensopfer. Gesetz und Gerechtigkeit, München 2002, S. 30 ff.

Der Fall John – 1956

1 Vgl. »Otto John: eine deutsche Geschichte.« Film von Erwin Leiser (Videokassette seit 1998). Vgl. Jörg Friedrich, Das letzte Opfer von Hitlers Vernichtungsauftrag, in: Berliner Zeitung v. 5.4.1997; ders., Die Affäre John, in: Georg M.Hafner, Edmund Jacoby (Hg.), Die Skandale der Republik. 1949-1989. Von der Gründung der Bundesrepublik bis zum Fall der Mauer, Reinbek bei Hamburg 1994 (1989), S. 21-30

2 Michael Wildt, Generation des Unbedingten. Das Führungskorps des Reichssicherheitshauptamtes, Hamburg 2002, S. 41 ff

3 Otto John, Zweimal kam ich heim. Vom Verschwörer zum Schützer der Verfassung, Düsseldorf, Wien 1969, S. 350. Vgl. auch ders., »Falsch und zu spät«. Der 20.Juli 1944, Frankfurt, Berlin 1989 (1984)

4 Peter Hoffmann, Stauffenberg und die Kontakte der Umsturzverschwörer mit England 1943-1944, in: Klaus-Jürgen Müller, David N. Dilks (Hg.), Großbritannien und der deutsche Widerstand 1933-1944, Paderborn u.a. 1994, S. 95-104, S.100 f

5 Frankfurter Hefte, Heft 9 v. September 1954, Jg. 9, S. 641

6 John, Zweimal kam ich heim, S. 233

7 Ebd., S. 234

8 Cornelia Rauh-Kühne, Wer spät kam, den belohnte das Leben: Entnazifizierung im Kalten Krieg, in: Detlef Junker in Verbindung mit Philipp Gassert, Wilfried Mausbach, David B. Morris (Hg.), Die USA und Deutschland im Zeitalter des Kalten Krieges 1945-1990. Ein Handbuch, Bd. 1 1945-1968, Stuttgart, München 2001, S. 112-123, S. 121

9 Bernd Stöver, Der Fall Otto John, in: Arnd Bauerkämper, Martin Sabrow, Bernd Stöver (Hg.), Doppelte Zeitgeschichte. Deutsch-deutsche Beziehungen 1945-1990, Bonn 1998, S. 312-329, S. 317

10 John, Zweimal kam ich heim, S. 259

11 Stöver, Der Fall Otto John, S.318.

12 Ebd.

13 Ebd., S. 333/334

14 Vgl. Rainer Blasius, Der Seitenwechsler. Vor fünfzig Jahren meldete sich Bonns erster Verfassungsschutzpräsident Otto John aus Ost-Berlin, in: FAZ v. 22.7.2004; Thomas Ramge, Die großen Polit-Skandale. Eine andere Geschichte der Bundesrepublik, Frankfurt, New York 2003, S. 30/31. Vgl. auch Hartmut Jäckel, Des Geheimnis des Doktor John, in: Die Zeit, Nr. 28/2004

15 Bernd Stöver, Der Fall Otto John. Neue Dokumente zu den Aussagen des deutschen Geheimdienstchefs gegenüber MfS und KGB, in: Vierteljahrshefte für Zeitgeschichte 47 (1999), S. 103-136

Die Waldheimer Prozesse – 1950

1 In der SBZ/DDR errichtete die sowjetische Besatzungsmacht ab 1945 insgesamt zehn »Speziallager«, in denen einer alliierten Vereinbarung gemäß NS-Funktionäre, NS- und Kriegsverbrecher sowie andere »für die Besatzung und ihre Ziele gefährliche Personen« interniert wurden (Beschlüsse der Potsdamer Konferenz, August 1945). Auch Amerikaner und Briten unterhielten in ihren Zonen derartige Internierungslager. Allerdings waren die Lebensbedingungen in den sowjetischen Lagern insgesamt weit schlechter als in denen der Westalliierten. Nach neueren Schätzungen waren in den sowjetischen Speziallagern von 1945 bis 1950

insgesamt rund 189 000 Personen interniert, von denen mehr als 42 000 ums Leben kamen. Zudem benutz-te die Sowjetunion die Lager auch als politisches Unterdrückungsinstrument, indem sie tatsächliche oder vermeintliche Gegner der SED inhaftierte. Sieben dieser Speziallager waren bis 1948 geschlossen worden.

2 *Der Spiegel, 37/1992, S. 93*

3 *Der Chefinspekteur bei der ZK-Abteilung zum Schutz des Volkseigentums, Gustav Röbelen, in einer Rede vor Polizisten und Justiz-Angehörigen in Waldheim am 28.4.1950. Zit. n. Wolfgang Eisert, Die Waldhei-mer Prozesse. Der stalinistische Terror 1950, Esslingen 1993, S. 65*

4 *Zum Umgang mit NS-Tätern in der Bundesrepublik vgl. Jörg Friedrich, Die kalte Amnestie, Frankfurt a.M. 1984*

5 *SMAD: Sowjetische Militäradministration in Deutschland*

6 *In Waldheim hatte einst auch der Schriftsteller Karl May wegen kleinerer Betrügereien einige Zeit gesessen.*

7 *Eisert, Waldheimer Prozesse, S. 53*

8 *Bericht der Abteilung Staatliche Verwaltung des Parteivorstands der SED, 5.7.1950; zit. n. Eisert, Wald-heimer Prozesse, S. 78*

9 *Zit. n. Ebd. S. 56*

10 *Falco Werkentin, Politische Strafjustiz in der Ära Ulbricht, Berlin 1995, S. 182*

11 *In einjähriger, ab 1950 zweijähriger Ausbildung befähigte Richter, vgl. Hermann Wentker, Justiz in der SBZ/DDR 1945-1953, München 2001, S. 154*

12 *Eisert, Waldheimer Prozesse, S. 102*

13 *Werkentin, Politische Strafjustiz, S. 181*

14 *Hauptverwaltung Deutsche Volkspolizei, »Abschluss-Bericht über die Durchführung der Kriegs- und Nazi-Verbrecher-Prozesse in Waldheim«, 14.7.1950, in: Eisert, Waldheimer Prozesse, S. 242*

15 *Zit. n. Eisert, Waldheimer Prozesse, S. 117 ff*

16 *Zwischenbericht Nr. 1 an Walter Ulbricht, 19.5.1950, zit. n. Werkentin, Politische Strafjustiz, S. 184*

17 *Zit. n. Eisert, Waldheimer Prozesse, S. 150f*

18 *Ebd*

19 *Werkentin, Politische Strafjustiz, S. 185*

20 *Wilfriede Otto, Die Waldheimer Prozesse, in: Sergej Mironenko/Lutz Niethammer (Hg.), Die Sowjetischen Speziallager in Deutschland 1945 bis 1950, Bd. 1, Berlin 1998, S. 533-553, hier S. 549*

21 *Zit. n. Eisert, Waldheimer Prozesse, S. 195*

22 *Werkentin, Politische Strafjustiz, S. 191f*

23 *Eisert, Waldheimer Prozesse, S. 188f*

24 *Vgl. Werkentin, Politische Strafjustiz, S. 193. Die Anzahl der Urteile enthält Unstimmigkeiten, die nicht zu klären waren.*

25 *Otto, Waldheimer Prozesse, S. 552*

26 *Werkentin, Politische Strafjustiz, S. 406*

27 *Chefinspekteur Röbelen in einer Ansprache am 18.4.1950 in Waldheim, zit. n. Eisert, Waldheimer Prozes-se, S. 65*

28 *Abgedruckt in: Neue Rundschau, H. 2, 1990, S. 5-11, hier S. 11. Thomas Mann war durch den Vater ei-nes in Waldheim Verurteilten um diesen Appell gebeten worden. Eine Antwort Ulbrichts auf das Schreiben ist nicht bekannt.*

29 *Neue Juristische Wochenschrift, 1954, S. 1901*

30 *Werkentin, Politische Strafjustiz, S. 187f*

31 *Falco Werkentin, Recht und Justiz im SED-Staat, Bonn 1998, S. 16f. Das Münchner Gericht stellte fest, dass die 1972 verhandelten Taten nicht Gegenstand des Waldheimer Prozesses gegen Trimmborn gewesen sind.*

32 *Vgl. Neue Justiz 3/1994, S. 111-115, und Neue Justiz 9/1994, S. 409f*

33 *Friedrich Wolff, Verlorene Prozesse 1953-1998. Meine Verteidigungen in politischen Verfahren, Baden-Ba-den 1999, S. 136*

Der 17. Juni 1953

1 Heidemarie Schmidt / Paul Werner Wagner (Hg.),»... man muss doch mal zu seinem Recht kommen ...« Paul Othma – Streikführer am 17. Juni 1953 in Bitterfeld, Magdeburg 2001, S. 6f

2 Betriebszeitung »Fortschritt«, zit. n Schmidt / Wagner (Hg.),»... man muss doch mal zu seinem Recht kommen ...«, S. 11

3 Urteil gegen Paul Othma u.a. vom 1.10.1953, zit. n.: Schmidt / Wagner (Hg.),»... man muss doch mal zu seinem Recht kommen ...«, S. 15

4 Abgedruckt ebd., S. 74

5 Ebd., S. 81

6 Heidi Roth, Der 17. Juni in Sachsen Köln 1999, S. 534

7 Zit. n. Karl Wilhelm Fricke, Politik nd Justiz in der DDR. Zur Geschichte der politischen Verfolgung 1945-1968, Köln 1979, S. 301

8 Bezirksgericht Dresden, Verhandlungsprotokoll, zit. n. Roth, Der 17. Juni 1953 in Sachsen, S. 534

9 Fricke, Politik und Justiz, 1979, S. 303

10 Falco Werkentin, Politische Strafjustiz in der Ära Ulbricht, Berlin 1995, S. 161f Zum Zeitpunkt der offiziellen Aufstellung waren rund 120 Verfahren noch nicht abgeschlossen.

11 Ilko-Sascha Kowalczuk, Repression und Opfer. Eine strafjuristische Bilanz des Volksaufstands vom 17. Juni 1953, in: Hans-Joachim Veen (H), Die abgeschnittene Revolution. Der 17. Juni 1953 in der deutschen Geschichte, Köln 2004, S. 178

12 Regierungserklärung, 17.6.1953, B ch-SAPMO NY 4090, Nr. 437, Bl. 16

13 Zit. n. Werkentin, Politische Strafjustiz, S. 161

14 Positive Ausnahmen waren etwa Friedrich Wolff oder der zeitweilige Anwalt von Paul Othma und seiner Frau.

15 Zit. n. Fricke, Politik und Justiz, S. 289

16 Zit. n. Werkentin, 1995, S. 129

17 »Über die Lage und die unmittelba n Aufgaben der Partei«, ZK-Beschluss vom 21.6.1953, in: Dokumente der SED, Bd. IV, Berlin 1954, S. 44

18 Benjamin, Melsheimer,»Zur Durchführung des neuen Kurses in der Justiz, zit. n. Karl Wilhelm Fricke / Roger Engelmann, Der Tag»X« und die Staatssicherheit. 17. Juni 1953 – Reaktionen und Konsequenzen im DDR-Machtapparat, Bremen 2003, S. 209. Die Diskrepanz zwischen der Zahl der Angeklagten und der Gesamtzahl der aufgeschlüsselten Urteile ist möglicherweise darin begründet, dass Freisprüche nicht gesondert aufgeführt wurden.

19 Zit. n. Jan Foitzik,»Berichte des H hen Kommissars der UdSSR in Deutschland aus den Jahren 1953/54 über die politische und wirtschaftl he Lage der DDR im 3. Quartal 1953«, in: Materialien der Enquête-Kommmission»Aufarbeitung von Geschichte und Folgen der SED-Diktatur in Deutschland« Bd. II/2, Baden-Baden 1995, S. 1375

20 Jens Ebert / Insa Eschebach, »Räde führerin« und »SS-Kommandeuse«, Erna Dorn und der 17. Juni, in: Deutschland Archiv 27/1997, S. 5 ff

21 Fricke / Engelmann, Der »Tag X« u d die Staatssicherheit, S. 210

Rosemarie Nitribitt – 1957

1 Vgl. Martina Keiffenheim, Edelhu Nitribitt. Die Rosemarie aus Mendig, Aachen 1998, S.8 f.

2 Ebd., S. 16 f.

3 Ebd., S. 62

4 S .93 ff

5 S. 128 f.

6 William E. Simmat, Prostitution und Öffentlichkeit. Soziologische Betrachtungen zur Affäre Nitribit, Schmiden bei Stuttgard o.J. (1960), S. 50

7 Ebd., S. 56

8 Helmut Schelsky, Soziologie der Sexualität, Hamburg 1955, S. 41

9 Zit. n. Erich Kuby, Das Mädchen Rosemarie, Berlin 1988 (1959), S. 6 (Vorwort)

10 Simmat, Prostitution und Öffentlichkeit, S. 75

11 Ebd., S. 19/20

12 Kuby, S.6

13 Zit. n.: Torsten Preuß, Legenden um die blonde Rosi, in: Berliner Zeitung v. 13.12.1996

14 Kuby, S. 7

15 Keiffenheim, Edelhure Nitribitt, S. 11

16 Zit. n. Samuel Schirmbeck, Die Nitribitt. Ein Mord und viele Täter, in: Georg M. Hafner, Edmund Jacoby (Hg.), Die Skandale der Republik. 1949-1989. Von der Gründung der Bundesrepublik bis zum Fall der Mauer, Reinbek bei Hamburg , S. 32-41, S. 39

17 Keiffenheim, S. 9

18 Keiffenheim, S. 10 u. Bild-Zeitung v. 30.5.2005

19 Zit. n. Schirmbeck, Die Nitribitt, S. 41

20 Simmat, S. 13

Das KPD-Verbot – 1956

1 Urteil im KPD-Prozess, abgdruckt in: KPD-Prozess. Sonderdruck des Urteils, hrsg. von Gerd Pfeiffer/Hans-Georg Strickert, Karlsruhe 1956, S. 582

2 Diether Possser, Anwalt im Kalten Krieg. Ein Stück deutscher Geschichte in politischen Prozesses, München 1991, S. 179

3 Uwe Wesel, Der Gang nach Karlsruhe, Das Bundesverfassungsgericht in der Geschichte der Bundesrepublik, München 2004, S. 90

4 Till Kössler, Abschied von der Revolution. Kommunisten und Gesellschaft in Westdeutschland 1945-1968, Düsseldorf 2005, S. 455. Die Mitgliederzahl im Sommer 1956 ist umstritten. Einige Quellen nennen bis zu 90 000 KPD-Mitglieder.

5 Georg Fülberth, KPD und DKP 1945-1990, Heilbronn 1992, S. 88

6 Wesel, Der Gang nach Karlsruhe, S. 91

7 So der Rechtsanwalt und spätere Finanzminister von Nordrhein-Westfalen, Diether Posser, der in den fünfziger Jahren viele KPD-Mitglieder verteidigte. Posser, Anwalt in Kalten Krieg, S. 203

8 Fülberth, KPD, S. 92

9 Das KPD-Urteil, S. 700

10 Insgesamt wurden 26 einzelne Texte herangezogen, vgl. Liste in: Das KPD-Urteil, S. 595. Der Rechtshistoriker Uwe Wesel zollt dem damaligen Gericht auch als Referenten zum Thema »Marxismus« hohen Respekt. Die entsprechenden Passagen in der Urteilsbegründung bezeichnet er als »beste Darstellung in deutscher Sprache, verständlich geschrieben, knapp und völlig ausreichend. Wer sich schnell über den [Marxismus-Leninismus] informieren will ..., der findet hier eine gute Zusammenfassung.« Wesel merkt jedoch kritisch an, dass diese Darstellung den Stand von 1956, vor Beginn der Entstalinisierung wiedergebe. Vgl. Wesel, Der Gang nach Karlsruhe, S. 92

11 Das KPD-Urteil, S. 612

12 Posser, Anwalt im Kalten Krieg, S. S. 182; S. 192

13 Posser, Anwalt im Kalten Krieg, S. 210

Die Harich-Janka-Gruppe – 1957

1 Der Prozess gegen Walter Janka und andere. Eine Dokumentation, Reinbek 1990, S. 95

2 Generalstaatsanwaltschaft der DDR, Anklageschrift gegen Janka, Walter u.a., 14. Juli 1957, in: ebd. S. 95

3 Generalstaatsanwaltschaft der DDR, Anklageschrift gegen Harich u.a., zit. n. Fricke, Karl Wilhelm, Politik und Justiz in der DDR, Köln 1979, S. 353

4 Anklageschrift gegen Janka u.a., in: Der Prozess gegen Walter Janka und andere, S. 95

5 Wolfgang Harich, Keine Schwierigkeiten mit der Wahrheit. Zur nationalkommunistischen Opposition 1956 in der DDR, Berlin 1993, S. 49f

6 Laut Harich soll Janka ihn so bezeichnet haben. Vgl. Harich, Keine Schwierigkeiten mit der Wahrheit, S. 61

7   Die »Plattform« ist abgedruckt in: Harich, Keine Schwierigkeiten mit der Wahrheit; Zitate ebd. S. 113; S. 140; S. 144; S. 151; S. 131

8   Harich, Keine Schwierigkeiten mit der Wahrheit, S. 80

9   Harich, Keine Schwierigkeiten mit der Wahrheit, S. 87; Friedrich Wolff, Verlorene Prozesse 1953-1998. Meine Verteidigung in politischen Verfahren, Baden-Baden 1999, S. 51

10 Harich, Keine Schwierigkeiten mit der Wahrheit, S. 87

11 Begründung des Urteils gegen Janka u.a., zit. n. Der Prozess gegen Walter Janka und andere, S. 139f

12 Fricke, Politik und Justiz in der DDR, S. 365; S. 369

13 Bahro, Rudolf, Die Alternative. Zur Kritik des real existierenden Sozialismus. Frankfurt a. M., 1977. Bahro wurde nach internationalen Protesten gegen seine Verurteilung im Oktober 1979 aus der Haft entlassen und siedelte in die Bundesrepublik über.

Die Spiegel-Affäre – 1962

1   Süddeutsche Zeitung, 8.11.1962

2   Der Spiegel, 45/1962

3   Mitteilung der Pressestelle der Bundesanwaltschaft in Karlsruhe vom 27.10.1962, zit. n. Jürgen Seifert, (Hg.), Die Spiegel-Affäre, Bd. I, Olten 1966, S. 300

4   Leo Brawand, Rudolf Augstein, Düsseldorf 1995, S. 138

5   Wolfram Bickerich, Franz Josef Strauß. Eine Biographie, Düsseldorf 1996, S. 138 ff

6   Der Spiegel, 4/1962

7   Der Spiegel, 15/1961

8   Thomas Ramge, Die großen Polit-Skandale. Eine andere Geschichte der Bundesrepublik, Frankfurt a.M. 2003, S. 66

9   Otto Köhler, Rudolf Augstein. Ein Leben für Deutschland, München 2002, S. 129

10 Alle zitierten Leserbriefe in: Der Spiegel, 45/1962

11 Frankfurter Allgemeine Zeitung, 10.11.1962

12 Zit. n. Jürgen Seifert, (Hg.), Die Spiegel-Affäre, Bd. I, Olten 1966, S. 250

13 Verhandlungen des Deutschen Bundestages, Fragestunde vom 9.11.1962, zit. n. Jürgen Seifert (Hg.), Die Spiegel-Affäre, Bd. I, S. 402

14 Hans Peter Schwarz, Adenauer. Der Staatsmann: 1952-1967, Stuttgart 1991, S. 782f

15 Hermann Höcherl zit. n. Ramge, Polit-Skandale, S. 78

16 Schwarz, Adenauer, S. 783

17 Süddeutsche Zeitung, 8.11.1962

Vera Brühne – 1962

1   Münchner Merkur, 26.4.1962

2   Zit. n. Heide Soltau, Das blonde Gift. Das Urteil gegen Vera Brühne (1962), in: Uwe Schultz (Hg.), Große Prozesse. Recht und Gerechtigkeit in der Geschichte, München 1996, S. 373-381, hier S. 373

3   Der Spiegel, 18/1970, S. 177

4   Süddeutsche Zeitung, 5.6.1962

5   Max Pierre Schaeffer, Der Fall Vera Brühne. Die Wahrheit, München 1979, S. 121

6   Der Spiegel, zit. n. Michael und Gabriele Preute, Deutschlands Kriminalfall Nr. 1: Vera Brühne. Ein Justizirrtum?, München 1979, S. 110 ff

7   Vgl. Merith Niehuss., Familie, Frau und Gesellschaft. Studien zur Strukturgeschichte der Familie in Westdeutschland 1945-1963, Göttingen 2001, S. 316 ff

8   Preute, Deutschlands Kriminalfall Nr. 1, S. 107

9   Süddeutsche Zeitung, 5.6.1962

10 Zit. n. Soltau, Das blonde Gift, S. 374

11 Schaeffer, Der Fall Vera Brühne, S. 107

12 Preute, Deutschlands Kriminalfall Nr. 1, S. 133

13 Gaby Weber, Neue Recherchen und Mutmaßungen, in: Ulrich Sonnemann, (Hg.), Die Vergangenheit, die

nicht endet. Machtrausch, Geschäft und Verfassungsbruch im Justizskandal Brühne-Ferbach, Gießen 1985, S. 33-73, hier S. 42

14 Der Spiegel, 39/1973

15 Neben anderen etwa Ulrich Sonnemann, Der bundesdeutsche Dreyfus-Skandal. Rechtsbruch und Denkverzicht in der Justizsache Brühne-Ferbach, 1970; Ders. (Hg.), Die Verangenheit, die nicht endet. Machtrausch, Geschäft und Verfassungsbruch im Justizskandal Bühne-Ferbach, Gießen 1985

Der Auschwitz-Prozesss 1963-65

1 Auschwitz-Prozeß 4 Ks 2/63 Frankfurt am Main, herausgegeben von Irmtraud Wojak im Auftrag des Fritz-Bauer-Instituts, Frankfurt am Main, Köln 2004, S. 283

2 Ebd., S. 283

3 Jörg Friedrich, Die kalte Amnestie, Frankfurt a.M. 1984, S. 249

4 Marc von Micquel, Ahnden oder amnestieren? Westdeutsche Justiz und Vergangenheitspolitik in den sechziger Jahren, Göttingen 2004, S. 146

5 Und zwar gemäß Ausführungsgesetz zu Artikel 131 des Grundgesetzes (1951), vgl. Joachim Perels, Die Strafsache gegen Mulka und andere 4 Ks 2/63 – Juristische Grundlagen, in: Auschwitz-Prozeß, S.124-147, S. 124

6 Ulrich Herbert, Best. Biographische Studien über Radikalismus, Weltanschauung und Vernunft 1903-1989, Bonn 1996 (3. Aufl.), S. 456

7 Unmittelbarer Auslöser war ein Leserbrief an eine Provinzzeitung in dem sich Fischer-Schweder über die Ablehnung seines Antrags beschwerte. Diesen Brief lasen zwei ehemalige Untergebene Fischer-Schweders und erstatteten Anzeige. Vgl. Micquel, Ahnden oder amnestieren?, S. 151

8 Frankfurter Rundschau, 12./13.8.1958

9 Frankfurter Rundschau, 12./13.8.1958

10 Micquel, Ahnden oder amnestieren?, S. 160

11 Süddeutsche Zeitung, 30./31.8.1958

12 Der Monat 1958/59, S. 18 zit. n. Manfred Kittel, Die Legende von der zweiten Schuld, Frankfurt, Berlin 1993, S. 303

13 Vgl. Ulrich Brochhagen, Nach Nürnberg. Vergangenheitsbewältigung und Westintegration in der Ära Adenauer, Hamburg 1994, S. 240 ff

14 Vgl. Anette Weinke, Die Verfolgung von NS-Tätern im geteilten Deutschland, Paderborn 2002, S. 82

15 Micquel, Ahnden oder amnestieren?, S. 162 ff

16 Auschwitz-Prozeß, S. 236

17 Vgl. Reinhard Henkys, Die nationalsozialistischen Gewaltverbrechen. Geschichte und Gericht, Stuttgart, Berlin 1965 (2. Aufl.), S. 210

18 Zit. n. Auschwitz-Prozeß, S. 135

19 Rudolf Höß, Kommandant in Auschwitz. Autobiographische Aufzeichnungen, herausgegeben von Martin Broszat, München 1978 (1963), S. 124

20 Zit.n. Auschwitz-Prozeß, S. 136

21 Vgl. Wolfgang Benz, Bürger als Mörder und die Unfähigkeit zur Einsicht. Der Auschwitz-Prozeß, in: Uwe Schultz (Hg.), Große Prozesse. Recht und Gerechtigkeit in der Geschichte, München 2001 (1996), S. 382-391

22 Vgl. Bernd Naumann, Auschwitz. Bericht über die Strafsache gegen Mulka u.a. vor dem Schwurgericht Frankfurt, Frankfurt am Main 1968, S. 256, u. Hans Laternser, Die andere Seite des Auschwitz-Prozesses 1963/1965. Reden eines Verteidigers, Stuttgart 1966, S.186 ff.

23 Vgl. Bernd Naumann, Auschwitz, S. 262 ff.

24 Auschwitz-Prozeß, S. 376

25 Henry Ormond, Plädoyer im Auschwitz-Prozeß am 24.5.1965, München 1965, S. 40

26 Herbert Jäger, Betrachtungen zum Eichmann-Prozeß, in: Monatsschrift für Kriminologie und Strafrechtsreform, Heft 3/4, 1962, S.7. Vgl. ders., Verbrechen unter totalitärer Herrschaft. Studien zur nationalsozialistischen Gewaltkriminalität, Frankfurt am Main 1982 (1967)

27 Vgl. Reinhard Henkys, Die nationalsozialistischen Gewaltverbrechen, S.229 ff.

28 Jürgen Baumann, Beihilfe bei eigener voller Tatbestandserfüllung, in: Neue Juristische Wochenschrift, 1963, S. 561 ff.

29 Joachim Perels, Die Strafsache gegen Mulka und andere 4 Ks 2/63, S. 142

30 Auschwitz-Prozeß, S. 333

31 Ebd., S. 332-336, S. 336

32 Aus der Urteilsbegründung, zit. n. Bernd Naumann, Auschwitz, S. 274

33 Vgl. Peter Steinbach, Nationalsozialistische Gewaltverbrechen. Die Diskussion in der deutschen Öffentlichkeit nach 1945, Berlin 1981

34 Theodor W. Adorno, Metaphysik. Begriff und Probleme (1965), zit. n.: Irmtrud Wojak, Der erste Frankfurter Auschwitz-Prozeß und die »Bewältigung« der NS-Vergangenheit, in: Auschwitz-Prozeß, S. 53-70, S. 61

Der Kindermörder Jürgen Bartsch – 1967

1 Paul Moor, Jürgen Bartsch: Opfer und Täter. Das Selbstbildnis eines Kindermörders in Briefen, o.O. 1991, S. 23

2 Ebd., S. 407

3 Ebd., S. 24

4 Ebd., S. 25

5 Ebd., S. 56. Vgl. auch Hans-Wolfgang Sternsdorff, Eine Bestie wird besichtigt. Jürgen Bartsch – das Objekt einer Erziehung, in: Uwe Schultz (Hg.), Große Prozesse. Recht und Gerechtigkeit in der Geschichte, München 2001 (1996), S. 404-413, S. 404

6 Moor, S. 221

7 Ebd., S. 227

8 Ebd., S. 69

9 Ebd.

10 Ebd., S. 36

11 Z.t. n.: Ulrike Marie Meinhof, Die Würde des Menschen ist antastbar. Aufsätze und Polemiken. Mit einem Nachwort von Klaus Wagenbach, Berlin 1992 (1980), S. 112-116, S. 116, 112

12 Moor, S. 83 f.

13 Z.t. n. Sabine Melzer, »Du dreckiger Hund!« – Der Richter Thomas Melzer erhielt einen Drohbrief, in: Die Zeit Nr. 26/2004

14 Vgl. Rolf Bossi, Franz Werremeier, Ich fordere Recht, München 1975

15 Moor, S. 98

16 Ebd., S. 113

17 Sternsdorff, Eine Bestie wird besichtigt, S. 409

18 Vgl. »Also Du bist die Gisela« – Aus einem Fernseh-Gespräch mit Frau Bartsch, In: Der Spiegel v. 1.9.1977, S. 130-131

19 Vgl. Rasches Eingreifen, in: Der Spiegel v. 17.5.1976, S. 74

Der Baader-Meinhof-Prozess 1975-77

1 Norbert Elias, Studien über die Deutschen. Machtkämpfe und Habitusentwicklung im 19. und 20.Jahrhundert. Hg. von Michael Schröter, Frankfurt am Main 1998 (1989), S. 542.

2 Gerd Koenen, Das Rote Jahrzehnt. Unsere kleine deutsche Kulturrevolution 1967-1977, Frankfurt am Main 2002 (2001), S. 362.

3 Norbert Elias, Studien über die Deutschen, S. 528/29.

4 Zit.n. Wolfgang Kraushaar, Die »Revolutionierung des bürgerlichen Subjekts« – 1968 als erneuerte bürgerliche Utopie?, in: Manfred Hettling, Bernd Ulrich (Hg.), Bürgertum nach 1945, Hamburg 2005, S. 374-406, S. 388.

5 Zit.n. Julia Encke, Der Tod des schönen, fremden Freundes. Uwe Timm hat ein Buch über seinen Schulkameraden Benno Ohnesorg geschrieben, in: Frankfurter Allgemeine Sonntagszeitung v. 21.August 2005.

6   Zit. n. Butz Peters, Tödlicher Irrtum. Die Geschichte der RAF, Berlin 2004, S. 93. Vgl. Bommi Baumann, Wie alles anfing, München 1975.

7   Zit. n. Wolfgang Kraushaar, Die »Revolutionierung des bürgerlichen Subjekts«, S. 389, Anm. 42.

8   Gerd Koenen, Das Rote Jahrzehnt, S.360.

9   Stefan Aust, Der Baader Meinhof Komplex, München 1998 (1985), S. 64 ff.

10 Zit. n. Butz Peters, Tödlicher Irrtum, S.102/03.

11 Vgl. Stefan Aust, Der Baader Meinhof Komplex, S. 65.

12 Zit. n. Butz Peters, RAF. Terrorismus in Deutschland, München 1993 (1991), S.41.

13 Stefan Aust, Der Baader Meinhof Komplex, S.63.

14 Ebd., S.75.

15 Wobei zu beachten ist, dass »die Geschichte des deutschen Terrorismus nicht annähernd in der Geschichte der RAF auf(geht). Der Gedanke und die psychologische Disposition zur Aufnahme eines ›bewaffneten Kampfes‹ entstand mit dem Ende der von Studentenbewegung und APO an vielen Ecken zur gleichen Zeit. Jede dieser Gruppen entwickelte ihre eigene Physiognomie und Sprache, ihren eigen Stil und Habitus, ihre eigene Ideologie, Strategie und Taktik.« Gerd Koenen, Das Rote Jahrzehnt, S.365.

16 Zit. n. Butz Peters, Tödlicher Irrtum, S. 115.

17 Zit. n. Stefan Aust, Der Baader Meinhof Komplex, S. 76.

18 Zit. n. Butz Peters, Tödlicher Irrtum, S.114.

19 Zit. n. Gerd Koenen, Das Rote Jahrzehnt, S.369.

20 Vgl. Ulrike Marie Meinhof, Warenhausbrandstiftung, in: dies., Die Würde des Menschen ist antastbar. Aufsätze und Polemiken. Mit einem Nachwort von Klaus Wagenbach, Berlin 1992 (1980), S.153-156.

21 Peter Rühmkorf, Die Jahre die ihr kennt. Anfälle und Erinnerungen, Reinbek bei Hamburg 1972, S.224/25.

22 Zit. n. Stefan Aust, Der Baader Meinhof Komplex, S.323.

23 Zit. n. Stefan Aust, S.178.

24 Kurt Oesterle, Stammheim. Die Geschichte des Vollzugsbeamten Horst Bubeck, Tübingen 2002 (2.Aufl.), S.76.

25 Zit. n. Stefan Aust, S.306.

26 Ebd., S.86.

27 Zit. n. Butz Peters, Tödlicher Irrtum, S.346/47.

28 Wolfgang Kraushaar/Karin Wieland/Jan Philipp Reemtsma, Rudi Dutschke, Andreas Baader und die RAF, Hamburg 2005, S.113.

29 Zit. n. Stefan Aust, S.298.

30 Hermann Lübbe, Endstation Terror. Rückblick auf lange Märsche, in: Heiner Geißler (Hg.), Der Weg in die Gewalt. Geistige und gesellschaftliche Ursachen des Terrorismus, München, Wien 1978 (2.Aufl.), S. 96.

»Spionagefall G.« – 1975

1   Zit. n. Thomas Ramge, Die großen Polit-Skandale. Eine andere Geschichte der Bundesrepublik, Frankfurt a.M. 2003, S. 134

2   Zit. n. Arnulf Baring, Machtwechsel. Die Ära Brandt-Scheel, Stuttgart 1982, S. 730

3   Willy Brandt, Fernsehansprache vom 12. August 1970 aus Moskau, zit .n. Archiv der Gegenwart 1970, S. 15652

4   Willy Brandt, Erinnerungen, Berlin 1994, S. 319

5   Zit. n. Ramge, Die großen Polit-Skandale, S. 113

6   Zit. n. Baring, Machtwechsel, S. 725

7   Die Zeit, 29.8.1975

8   Willy Brandt, Notizen zum Fall G., in: Ders., Berliner Ausgabe, Bd. 7. Mehr Demokratie wagen. Innen- und Gesellschaftspolitik 1966 –1974, hrsg. von Helga Grebing u.a., Bonn 2001, S. 517

9   Baring, Machtwechsel, S. 729

10 Zit. n. Prisca Straub, Günter Guillaume – der Spion im Kanzleramt, Radio-Feature, Bayerischer Rundfunk

11 Günther Nollau, Das Amt. 50 Jahre Zeuge der Geschichte, München 1978, S. 255

12 Peter Merseburger, Willy Brandt 1913-1992. Visionär und Realist, Stuttgart 2002, S 724

13 Brigitte Seebacher, Willy Brandt, München 2004, S. 266

14 Hermann Schreiber, Kanzlersturz. Warum Willy Brandt zurücktrat, München 2003, S. 190

15 Nollau, Das Amt, S. 269

16 Insbesondere an der Loyalität von Herbert Wehner, wie Brandt etwa gegenüber seinem Vertrauten Klaus Harpprecht bereits am 6. Mai 1974 zu erkennen gab. Vgl. Klaus Harpprecht, Im Kanzleramt. Tagebuch der Jahre mit Willy Brandt, Reinbek 2000, S. 546

17 Martin Rupps, Troika wider Willen. Wie Brandt, Wehner und Schmidt die Republik regierten,. Berlin 2004, S. 222

18 Der Spiegel, 52/1975, S. 51

19 Zit. n. Ramge, Polit-Skandale, S. 112

20 Schreiber, Kanzlersturz, S. 200 ff

21 Straub, Guillaume

22 Schreiber, Kanzlersturz, S. 246 ff. Als Markus Wolf 1993 selbst in Düsseldorf vor Gericht stand, glaubten die Richter ihm diese Darstellung nicht. Vielmehr bildeten jene »norwegischen Akten« einen zentralen Punkt der Anklage, dem auch das Gericht in seiner Urteilsbegründung folgte. Die fraglichen Akten-Kopien sind allerdings auch nach dem Untergang der DDR nicht aufgetaucht.

In Sachen Krawczyk und andere – 1988

1 Ehrhart Neubert, Geschichte der Opposition in der DDR 1949-1989, Berlin _1998, S. 696

2 Bericht der Bezirksverwaltung Berlin des MfS vom 17.1.1988, zit. n. Stefan Wolle, Flucht als Widerstand? In. Klaus-Dietmar Henke u.a. (Hg.), Widerstand und Opposition in der DDR, Köln 1999, S. 309-326, hier S. 319

3 Nach der Scheidung von ihrem Mann, der sie jahrelang im Auftrag der Staatssicherheit bespitzelt hatte, nahm Vera Wollenberger wieder ihren Mädchennamen Lengsfeld an.

4 Vera Lengsfeld, Von nun an ging's bergauf … Mein Weg zur Freiheit, München 2002, S. 237

5 Wolle, Flucht als Widerstand?, S. 322

6 Vgl. einen Brief, in dem Bärbel Bohley ihrer Freundin Katja Havemann später die Umstände ihrer Ausreise schilderte. Abgedruckt in: Katja Havemann/Joachim Widmann, Robert Havemann oder Wie die DDR sich selbst erledigte, München 2003, S. 410ff

7 Vgl. Lengsfeld, Von nun an ging's bergauf …, S. 248 ff; Jens König, Gregor Gysi. Eine Biographie, Berlin 2005, S. 239

»Inquisition« in Memmingen – 1989

1 Der Tagesspiegel, 6.5.1989

2 Heike Mundzeck, Die Memminger Abtreibungsprozesse, in: Georg M. Hafner/Edmund Jacoby (Hg.), Die Skandale der Republik, Reinbek 1994, S. 369-385, S. 374

3 Der Spiegel, 6/1989, S. 82

4 Mundzeck, Memminger Abtreibungsprozesse, S. 385

5 Vgl. Gunther Arzt/Ulrich Weber, Strafrecht, besonderer Teil, Bielefeld 2000, S. 112f

6 Strafrechtsänderungsgesetz, in Kraft getreten am 21.6.1976, Bundesgesetzblatt I, S. 1213

7 Vgl. Arzt/ Weber, Strafrecht, besonderer Teil, Bielefeld 2000, S. 114

8 5. Strafrechtsreformgesetz vom 26.4.1974

9 Art. 2 Abs. 2 Satz 1 Grundgesetz »Jeder hat das Recht auf Leben und körperliche Unversehrtheit.« Art. 1 Grundgesetz »(1) Die Würde des Menschen ist unantastbar. Sie zu achten und zu schützen ist Verpflichtung aller staatlichen Gewalt. (2) Das Deutsche Volk bekennt sich darum zu unverletzlichen und unveräußerlichen Menschenrechten als Grundlage jeder menschlichen Gemeinschaft, des Friedens und der Gerechtigkeit in der Welt. (3) Die nachfolgenden Grundrechte binden Gesetzgebung, vollziehende Gewalt und Rechtsprechung als unmittelbar geltendes Recht.«

10 Zit. n. Mundzeck, Memminger Abtreibungsprozesse, S. 380

11 Horst Tilch/Frank Arloth (Hg.), Deutsches Rechts-Lexikon, München 2001, S. 3770f

Honecker vor Gericht – 1992/93

1 Uwe Wesel, Recht und schlecht. Über die Schwierigkeiten des Rechtsstaats mit einem Prozess gegen Erich Honecker, in: Kursbuch 111, 1993, S. 173-180, hier S. 173. Der Rückgriff auf den Prozess gegen Heinrich den Löwen von 1178/80 erschient allerdings gewagt, da es seinerzeit noch keinen Staatsverbund im modernen Sinne gab und Heinrich auch nicht »Oberhaupt« des Reiches war, sondern ein mächtiger Territorialfürst.

2 Gustav Radbruch, Gesetzliches Unrecht und übergesetzliches Recht, in: Süddeutsche Juristenzeitung, 1946, zit. n. Wesel, Recht und schlecht, S. 177

3 Beschluss des Bundesverfassungsgericht vom 24.10.1996, abgedruckt in: Klaus Marxen/Gerhard Werle (Hg.), Strafjustiz und DDR-Unrecht. Dokumentation, Bd. 2/2, Berlin 2002, S. 609 ff, hier S. 633

4 Beschluss des Bundesverfassungsgerichts vom 24.10.1996, abgedruckt in: Marxen/Werle, Strafjustiz und DDR-Unrecht, S. 609 ff

5 Urteil des Europäischen Gerichtshofs für Menschenrechte vom 22.3.2001, abgedruckt in: Marxen/Werle, Strafjustiz, Bd. 2/2, S. 915 ff

6 Norbert F. Pötzl, Erich Honecker. Eine deutsche Biographie, Stuttgart 2002

7 Friedrich Wolff, Verlorene Prozesse 1953-1998. Meine Verteidigungen in politischen Verfahren, Baden-Baden 1999, S. 265

8 Zit. n. Roman Grafe, Deutsche Gerechtigkeit. Prozesse gegen DDR-Grenzschützen und ihre Befehlsgeber, München 2004, S. 26

9 Der Spiegel, 47/1992

10 Abgedruckt in: Wolff, Verlorene Prozesse, S. 321-331, hier S. 321, S. 322f, S. 329f

11 Süddeutsche Zeitung, 4.12.1992

12 Grafe, Deutsche Gerechtigkeit, S. 29

13 Marxen/Werle, Strafjustiz, S. 605

14 Zit. n. Grafe, Deutsche Gerechtigkeit, S. 110

15 Zit. n. Grafe, Deutsche Gerechtigkeit, S. 112

16 Egon Krenz am 103. Verhandlungstag, zit. n. Grafe, Deutsche Gerechtigkeit, S. 227

17 Zit. n. Grafe, Deutsche Gerechtigkeit, S. 226

18 Das Urteil ist abgedruckt in: Marxen/Werle, Strafjustiz, Bd. 2/2, S 645 ff

19 Das BGH-Urteil ist abgedruckt in: Marxen/Werle, Strafjustiz, Bd. 2/2, S. 891 ff, hier S. 899

20 Das Urteil des Europäischen Gerichtshofs für Menschenrechte ist abgedruckt in: Marxen/Werle, Strafjustiz, Bd.2/2, S. 915 ff

21 Bei Marxen/Werle, Strafjustiz, wird die Gesamtzahl dieser Verfahren zum Stichtag 1.7.2002 mit 237 angegeben.

22 Heribert Prantl, Moabiter Lernprozess, in: Kursbuch 111, 1993, S. 181-187, hier S. 187

Die Anschläge von Mölln und Solingen – 1993/94

1 Wolfgang Benz (Hg.), Rechtsextremismus in Deutschland. Voraussetzungen, Zusammenhänge, Wirkungen, Frankfurt a.M. 1994, S. 310f

2 Vgl. Der Spiegel, 50/1993

3 Beide Zitate in: Konrad H. Jarausch, Die Umkehr. Deutsche Wandlungen 1945-1995, München 2004, S. 355

4 Manfred Görtemaker, Geschichte der Bundesrepublik Deutschland, München, 1999, S. 780

5 Jarausch, Die Umkehr, S. 334

6 Der Spiegel 22/1994; 23/1994

7 Der Spiegel 42/1995

Bildnachweis